Reference Service

問題解決のための
レファレンス
サービス 改訂版

長澤雅男
石黒祐子 共著

日本図書館協会

Reference and Information Services in Japanese Libraries: an introduction

問題解決のためのレファレンスサービス / 長澤雅男, 石黒祐子共著
改訂版
東京 : 日本図書館協会, 2023
xx, 319 p ; 21 cm
ISBN 978-4-8204-2305-8

機器種別: 機器不用
キャリア種別: 冊子
表現種別: テキスト
表現形の言語: 日本語
著作の優先タイトル: 問題解決のためのレファレンスサービス||モンダイ カイケツ ノ タメ ノ レファレンス サービス
創作者: 長澤, 雅男||ナガサワ, マサオ
創作者: 石黒, 祐子||イシグロ, ユウコ
BSH4: レファレンス　ワーク
BSH4: 文献調査
BSH4: 参考図書
NDC10: 015.2

は　し　が　き

　レファレンスサービスとは，〈何らかの情報要求を持っている図書館利用者に対し，その必要とする情報ないし情報源を入手できるように援助する図書館員によるサービスである〉。それは利用者を直接・間接に援助する各種の業務からなる。

　本書では，レファレンスサービス全般にわたって概説するとともに，そのうちの質問に応じて行われる回答サービスを中心に取りあげている。したがって，書名中の〈問題〉とは，〈解答を求めて提示された質問〉ということができる。

　本書の初版をまとめた当時は，コンピュータを利用した情報検索には，多くの場合，データベース利用料金，通信料などを要し，検索手続きが面倒であったため，わが国の図書館でコンピュータを利用したレファレンスサービスが行われるには至らなかった。したがって，問題解決の基本的ツールとしてはもっぱらレファレンスブックないしその CD-ROM 版を想定していた。

　しかし，今日では，飛躍的に高度化した検索機能を備えたインターネットを利用すれば，日常的に頻出する問題の多くは驚異的スピードと簡便さで調べることができるようになった。とくに，そこから得られる情報の多種多様性，マルチメディア対応，リンクによる連関性などの特色は，冊子体資料の到底およぶところではない。

　したがって，この改訂に当たっては，こうしたインターネット環境下におけるレファレンスサービスを念頭におかざるを得ない。もっとも，インターネットによれば，ありとあらゆる情報が即座に入手できそうな錯覚に陥りそうであるが，実際に調べものをしようとすると，情報の安定性や信頼性を欠いていたり，必要とする形式の情報が得られなかったりするために，冊子体資料に依存しなければ解決できない問題もまた少なくない。

　したがって，新しい情報環境においてレファレンス利用（調べもの利用）を有効にすすめるためには，インターネットと冊子体資料を統合的に活用する

必要がある。インターネットで簡単に調べられる問題についても，冊子体の資料で典拠を明らかにしたり，またインターネットからヒントを得て，冊子体の資料で確認したりする必要もあろう。

　このような観点から，この新版においては，冊子体資料のうち探索ツールとしてもっともふさわしいレファレンスブックを中核に据えつつも，インターネット利用の問題を合わせて取りあげることにした。

　図書館ではインターネットの使い勝手のよさから，ややもすると冊子体資料は使いづらく敬遠されがちであるが，レファレンスブックでしか解決できない問題は依然として数多く提起され，新しいメディアだけに頼りきることはできない現況にある。

　レファレンスブックは，いったん使い慣れれば，反復利用に耐える実に簡便なツールである。長年にわたるレファレンスブックの編集およびその利用によって蓄積された経験知は，インターネットのみを利用するにしても，レファレンスブックと併用するにしても，探索上の種々の有効な指針を与えてくれるはずである。

　本書は，これから利用者サービスに取り組もうとする図書館員を念頭においてまとめられているが，調べもののために図書館を利用する人にとっても，レファレンスサービスの舞台裏を知ることは図書館を活用するのに役立つはずである。

2007 年 1 月 15 日
長澤雅男　石黒祐子

改訂版にあたって

『新版　問題解決のためのレファレンスサービス』を出版してから 16 年余が経ち，このたび新たに改訂版を出版することとなった。これだけの永い歳月が流れる間に，旧版で取りあげていたレファレンスツールには，改訂されたり，デジタル化されたりするものが見られるようになり，しだいにその数を増してきた。また，「国立国会図書館デジタルコレクション」，「JAPAN SEARCH」，「文化遺産オンライン」など，インターネットを活用したさまざまな新たな検索システムも登場し，レファレンスサービスを取り巻く状況は，旧版を出版した 2007 年当時からは大きく変貌した。そのため，旧版の内容には現状とそぐわない部分がしだいに増えてきたのは明らかであったが，改訂版を出版するには大幅な変更が必要なこともあり，手を加えずに，このまま絶版にと考えていた。

　しかし，それでも，旧版を利用してくださる方がたがいらっしゃることから，増刷を重ねてきたが，これ以上，このままの内容で出版するのは利用される皆さまに申し訳なく，思案の末，改訂にとりかかることにした。

　本書は旧版と同じく，第Ⅰ部「レファレンスサービスとレファレンスプロセス」と第Ⅱ部「レファレンス質問とその解答事例」からなる。第Ⅰ部は，レファレンスサービスの基本について述べているので，新たに書き換えた箇所はあるが，おおむね旧版の内容を残している。

　第Ⅱ部は，探索事項別に質問を設け，冊子体とインターネットを利用した解答事例を示す構成としている。冊子体ツールを利用した解答事例については，旧版で利用していたツールに後日改訂版が出された場合以外はほぼ変更しなかったが，インターネットを利用した解答事例については，旧版で使用したツールが更新されていたり，新たなツールが利用できたりする場合が多く，探索方法も変わることから，ほぼ全箇所内容を更新している。質問自体は，変更した箇所もあるが，旧版と比較することで探索方法が変わったことが分かるため，あえて同じ質問を残している。

　また，旧版では，姉妹編である『情報源としてのレファレンスブックス』

で解説している文献を参照しながら利用できるように，姉妹編で使用している文献番号や参照箇所を付記していたが，同書は『レファレンスブックス選びかた・使いかた』としてその後タイトルを変更しているうえに，増刷のたびに少しずつ修正を行っているため，旧版に付記していた文献番号には姉妹編とのずれが生じていた。そのため今回の改訂では正しい番号に直している。

　著者のひとり，長澤は 2018 年 3 月に生涯を終えたが，恩師である Frances Cheney 先生から受け継いだ，長澤のレファレンスサービスについての考えかたや知見はできるだけ本書に留め，読者の皆さまへお伝えすることを念頭において改訂作業にあたった。私の知識や理解が足りず，不十分な部分も多々あるかと思う。本書を利用される諸賢のご教示，ご批判を得てさらによいものにしていければと思う。

　今回の改訂にあたっては，多くのレファレンスツールやデータベースを利用したが，会員制データベース，レファレンスブック，CD-ROM など，主として鳥取県立図書館所蔵の資料を利用させていただいた。ここに深甚の謝意を表したい。

　また，日本図書館協会　出版部　内池有里さんには，改訂版の出版を後押ししてくださったうえに，大幅な改訂にともなう編集作業においても多大な協力をしていただいた。最後になったが，厚く御礼申し上げたい。

2023 年 6 月 30 日
石黒祐子

凡　　例

1　本書は2部からなる。第Ⅰ部ではレファレンスサービスと質問回答のためのレファレンスプロセスについて解説している。第Ⅱ部は，質問例題およびその解答例であり，この章立ては姉妹編の『レファレンスブックス　選びかた・使いかた　四訂版』3刷（日本図書館協会　2022）の8章と一致している。

2　第Ⅱ部の各章は3節からなる。第1節「何を求めるか」でレファレンス質問を類別し，第2節「何を使って調べるか」で探索ツールを紹介し，第3節「どのように探索するか」で質問例題とその解答例をまとめている。

3　質問例題のうち，前半5問は，やや複雑な問題あるいは他の章で紹介した探索ツールと併用する解決法が望ましい問題であり，後半10問（質問と解答例）は，主として当該の章で紹介した探索ツールで解決できる問題である。解答手順は，原則としてインターネットを使った場合と冊子体のレファレンスブックを使った場合を比較できるよう並列的に適記し，一方で足りる場合と，併用が望ましい場合とを明らかにしている。

4　インターネットによる検索の場合，検索サイトはGoogle，Yahoo! JAPAN（本文ではYahoo! と表示）およびBing を代表例として使用する。なお，URLは2023年5月1日現在で確認。

5　必要に応じ，『レファレンスブックス　選びかた・使いかた　四訂版』3刷への参照を指示するために，同書の略称を〈選〉とし，同書の章節あるいはページなどの番号を添えて注記した。たとえば，(選1.3)，(選p.78)は，それぞれ〈同書，第1章3節〉，〈同書，78ページ〉を示している。ただし，図書番号を持つレファレンスブックを指示する場合は，〈選〉は省略し，書名の後の（　　）に図書番号のみを添えている。たとえば，『広辞苑』(**201**)。

6　記号の使用法

　『　』…… 書名，雑誌名など，タイトルの表示

　「　」…… Web サイト，章・節などの見出し語の表示

　〈　〉…… キーワード，項目見出し，強調する部分などを表示

　（　）…… 補足説明，注記などを添える場合

　" 　"…… 文章などの引用箇所を示す場合

目　　次

第Ⅰ部　レファレンスサービスと レファレンスプロセス

第1章　情報ニーズと図書館サービス

第2章　図書館におけるレファレンスサービス

第3章　情報源とレファレンスコレクション

第4章　レファレンス質問とレファレンスプロセス

第5章　質問の受付と内容の確認

第6章　探索戦略と質問の分析

第7章　探索の手順と情報（源）の入手

第8章　回答の提供と事後処理

第Ⅱ部 レファレンス質問とその解答事例

第3章　事物・事象の探索

第4章　歴史・日時の探索

第5章　地理・地名の探索

第6章　人物・団体の探索

第7章　図書・叢書の探索

第8章　新聞・雑誌の探索

挿図・表目次

『レファレンスブックス　選びかた・使いかた』　目次

Reference Service 第I部

レファレンスサービスと
レファレンスプロセス

情報ニーズと図書館サービス

1.1 情報の利用と情報ニーズ

1.1.1 情報の利用

　われわれは，さまざまなかたちで外界から多様な情報を受け取りながら情報の発信も行なっている。何らかの情報を利用しようとする場合のみならず，情報利用とは関係がなさそうな場合も含め，人はさまざまな環境のもとで絶えず何らかの情報のやりとりをしている。

　たとえば，日ごろ，われわれは家族とか友人と談笑したり，テレビを見たり，ラジオを聴いたりしている。その際，これを聞こう，あれを見ようというはっきりした意図があるわけではないかもしれない。これらのことも情報授受のかたちとみなすことができる。

　今日では，多くの人にとって複数の情報メディアとの同時接触が習慣化している。たとえば，新聞を見ながら，テレビから流れる音声に一瞬聞き耳を立てるとか，反射的に映像に目を向けるといったことは誰しも経験していることである。

　こうして，外界から受け取った情報に，人それぞれが，時と場合に応じて，反応したり，解釈を加えたりしている。たとえば，夕焼け空を仰いで翌日の天気を予想したり，咲きそめた花を眺め春の訪れを感じ取ったりすることも，広い意味での情報利用のかたちであるといえよう。

　このように，さまざまな情報環境のもとで，人びとは多様な情報を受け取ったり，伝えたりしながら日常生活を営んでいる。しかし，これらの情報活動は必ずしも情報を得ようとか，与えようといった情報の伝達授受に対する明確な意識に支えられているわけではない。

　これに対して，やや意識的な情報への対応姿勢をとる場合がある。それは，たとえば，自分の仕事とか，趣味などとの関わりにおいて情報が必要である

と感じているときにおいてである。本章では，このような意識レベルで情報が求められる場合を念頭において情報ニーズのありかたを 3 種類に大別し，それに図書館サービスがどのように即応すれば有効かについて説明したい。

1.1.2　情報ニーズとその種類

a)　現状認識のための情報ニーズ

　われわれは自分たちがおかれている社会・文化の今日的変化に即応し，世のなかの新しい動きに遅れまいとして，意識的，無意識的に，さまざまな情報を求めようとする。こうした情報に対するニーズはしばしば情報環境に順応しようとして生じるものであり，現状認識のための情報ニーズということができる。

　一般の人々にとって，この種の情報ニーズは社会・文化一般に関する情報に関わるだろうが，個々人のおかれた環境および個別的な関心に基づいて，多種多様な内容にわたるはずである。したがって，何かについて情報が必要というよりは，〈何か情報はないだろうか〉といった漠然としたかたちで情報が求められる。

b)　問題解決のための情報ニーズ

　上述のような〈何か情報はないだろうか〉といった漠然とした情報ニーズではなく，知りたいのは何なのか，ある程度，問題ないし関心の焦点が定まっている場合の情報ニーズがある。これは何らかの問題を抱えている人が，それを解決しようとするための情報ニーズであるから，問題解決のための情報ニーズということができる。

　ここにいう問題は〈東京オリンピックはいつ(when)開催されたか〉，〈ポーツマス条約に調印した日本代表は誰(who)であったか〉，〈世界で三番目に高い山はどこ(where)にあるか〉，〈浜銀杏とは何(what)か〉，〈鰹節にかびをつけるのはなぜ(why)か〉，〈ハングライダーはどのように(how)すればうまく乗れるのか〉などのように，比較的単純な疑問から，それらが複雑に絡み合った問題まで多種多様であり，いろいろな状況において，そうした問題の解決が求められる。

　もっとも，とりとめのない疑問が頭をよぎったとしても，その多くは気に

も留めることなく忘れ去られてしまうだろう。問題解決を必要とするほどの
動機づけがないからである。

c) 課題調査のための情報ニーズ

　問題解決のための情報ニーズは日常生活あるいは職業活動をこなす過程で
つね日ごろ生まれるもので，比較的容易に解決できそうな問題に対応したと
きに生じることが多いといってよい。

　これに対して，課題調査のための情報ニーズは，それ相応のまとまった情
報を必要とするような問題を抱える事態に当面した場合に生じるニーズであ
る。たとえば，企業家が何か新規の事業に着手しようとする場合とか，研究
者が新たな研究ないし調査活動に取り組もうとする場合などである。

　前者の場合は事前に市場調査など予備的な調査をして，よりよい企画を立
案すること，後者の場合は先行研究を調査し，研究上の示唆を得るとともに，
重複研究を避けることがその成否を大きく左右する。学生が卒業論文その他
の本格的な論文を書こうとするような場合も後者に類する事前の十分な準備
を必要とする。

　いずれの場合も，相談相手，専門家などの意見，指導などに大きく依存す
るとか，独自の予備調査を行うとかすることもあろうが，それで足りるとは
限らない。したがって，しばしばできるだけ網羅的に関係情報ないしさまざ
まな資料を徹底的に調査する必要が生じる。ここにいう資料は一般に文献と
よばれるものを意味しているところから，この種の調査は文献調査とよばれ
ている。

1.2　情報ニーズに即応した情報源

　前節において，多様な情報ニーズを，便宜上，三つのタイプに類別した。
ここでは，図書館サービスとの関係を念頭において，それぞれのニーズを満
たすのに役立つ情報源の主な種類を対応させ，主としてそれらを利用した図
書館サービスとの関係を示す「情報ニーズと図書館サービス」(表Ⅰ-1-1)に
基づいて説明を加えることにする。

　ところで，ここにいう情報源とは何か。人はさまざまな情報ニーズを，時

表 I-1-1　情報ニーズと図書館サービス

情報ニーズ	記録情報源	情報サービス		図書館の種類			
種　類	種　類	種　類	方　法	公共	大学	学校	専門
現状認識のための情報ニーズ	速報紙(誌) データベース (含 Web サイト)	カレントアウェアネスサービス	最新資料の提供 最新情報の提供	○ ○	○ ○	○ ○	◎ ◎
問題解決のための情報ニーズ	レファレンスツール その他の資料 (含 Web サイト)	レファレンスサービス	利用案内(指導) 質問回答サービス	◎ ◎	◎ ◎	◎ ◎	△ ◎
課題調査のための情報ニーズ	一次資料 二次資料 (含 Web サイト)	書誌サービス	文献調査 二次資料の作成	△ △	△ △	△ △	◎ ◎

◎重点的に実施する　○実施する　△実施することがある

と場合に応じて，いろいろな方法で満たそうとする。自分自身の知識とか経験に基づいて問題を解決しようとすることもあろうが，それで足りないと思えば，他からの情報を求めて，それに依存しようとする。そのような情報を求めることのできる源泉(sources)を情報源という。

　それが何であろうと，情報を求める人が，それから情報を得ることができるならば，すべて情報源といえる。したがって，その種類は実に多種多様である。そのうち，記録形式をとる情報源を記録情報源とよび，その他の情報源を非記録情報源とよぶことにする。いうまでもなく，図書館が収集し，組織し，保管し，提供する資料は，ここにいう記録情報源であるが，インターネット利用の広がりによって，デジタル化された資料・情報へのアクセスを保障することも不可欠となっている。

1.2.1　現状認識のための情報ニーズとその情報源

　現状認識のための情報ニーズを満たす情報源としては，日常的には，話し相手やテレビ，ラジオ，さらにインターネット上のニュース，Facebook や Instagram などの SNS，ブログなどが主なものと考えられる。とりわけカレントな情報ニーズを満たすために，こうした非記録情報源やインターネット上の情報源を利用することが多い。

　カレントな情報を求める場合，かつては記録情報源より非記録情報源に対する依存度が比較的高かったが，インターネットの利用が日常化した今日，記録情報源であってもインターネットによって入手できる情報への依存度はかなり高くなっているといえよう。速報性のある新聞，雑誌，その Web 版などは広く利用される。専門分野では，カレントな情報ニーズに応えるために速報紙(誌)が編集されたり，インターネットによって情報発信されたりしている。

　もちろん，得られた情報がどのように利用されるのか，さらにどのような行動に結びつくのかは利用者によってさまざまである。たとえば，仕事との関係で，業界紙に目を通し，原材料の値上がりの記事を見て，株価の予測に思いを巡らす人もいれば，製品調達に走る人もいる。また，趣味で釣りの雑誌を購読している人が釣り場の近況を知らせるニュースに目をとめ，釣りシーズンの到来を察知するとか，さっそく出かけようと釣竿の手入れに取りかかるといった行動に移る人もいるだろう。

　とりわけ，研究調査に従事している人は，最新の研究情報や専門分野の動向に対する関心が強く，自分の必要とする情報に接する機会を最大限に生かそうと試みる。たとえば，多くの研究者や調査員は自分の専門分野とか関連領域の雑誌や速報誌，Web サイトに定期的にざっと目を通す習慣を身につけることによって，新しい研究動向をいち早くキャッチしようとする。

　このような現状認識のための情報ニーズがある場合，何について知りたいのか，あらかじめはっきり決めたうえで，それについて Web サイトを見たり，新聞や雑誌を読んで確認しようとしているのではない。それぞれに求める情報は違うにしても，あらかじめ関心の焦点を定めないで，書かれているものにざっと目を通し，たまたま関心のある事柄が見つかったならば拾い出そうといった仕方で情報を求める点に共通性がある。つまり，何か目新しいこと，興味を惹きそうなことはないかと物色し，たまたま自分の関心を惹く情報があれば，それを入手しようというやりかたである。

1.2.2　問題解決のための情報ニーズとその情報源

　しかし，われわれは，日常，さまざまな状況において，ぜひ確かめたい問

題あるいは無視することのできない問題などにしばしばぶつかるものである。このような場合，まずわれわれは問題を解くにはどうすればよいか，あれこれ思案する。いわば脳内で情報処理を行なっている。

　思案に余れば，他に情報を求めようとする。そんな場合，まず身近にいる家族とか友人に尋ねるのが手っ取り早い。それでは解決できないとなると，さらに，これはと思い当たる人に尋ねるか，あるいは電話で問い合わせるとか，インターネットで調べようとパソコンに向かうかもしれない。

　他方，何かに書かれていないのか，手もとにある図書，雑誌，その他の記録情報を利用しようとすることもあろう。しかし，それだけで満足な解決策が得られるとは限らない。簡単に解決できそうにないと察したならば，この段階で，あきらめてしまう人もあろう。

　だが，何とかして情報を求めようとする意欲が強ければ，どうするだろうか。各種のテレフォンサービスが盛んに行われているし，公共機関の相談窓口も応答してくれるようになってきた。インターネット上にも学習相談，法律相談，税務相談，身上相談，医療相談など，実に多様な相談窓口が開設されている。したがって，問題の種類によってそれに応じた専門的なサービスが受けられると分かっているときには，それぞれの専門担当者に尋ねることもできよう。

　しかし，こうした相談窓口だけですべてが解決できるわけではない。また実際に，ある疑問が生じ，それについて確かめようとするときに，ちょうどよい相談の機会に恵まれるとは限らない。一般に，それをどこに問い合わせればよいのか，あるいは誰に尋ねればよいのかさえ分からなくて戸惑うことが多いのではなかろうか。

　そんなときに，図書館に行ったり，電話や電子メールで問い合わせたりするならば，図書館はこれに応接するはずである。図書館はこうした利用者の質問に回答する責務を担っているからである。しかし，現状では，図書館は本を貸し出すところとは分かっていても，そんな質問をするところといった認識は一般化してはいない。図書館側の対応が必ずしも適切でないこともあって，利用者が問題を抱えていても，それを解決するために図書館を利用しようという発想にはつながらないのである。

1.2.3　課題調査のための情報ニーズとその情報源

　日常的に生起する個別的な問題を解決するためではなく，ある特定の課題に取り組もうとするときには，事前の調査が必要になる。その課題が重要であればあるほど，あらかじめ周到な調査を行うために，その課題に関わる種々の情報を徹底して収集する必要がある。このような場合，情報ニーズに応じて利用される情報および文献資料の種類は多様であり，かつ数量的にもかなりの点数にのぼるものと予想される。

　そこで，情報的価値の高い資料を選んで利用することが考えられる。たとえば，資料を一次資料と二次資料とに大別する方法も，情報源としての価値を評価する立場から行われているが，課題調査のための情報探索ニーズがある場合には，前者が広く求められる。すなわち，一次資料はオリジナルな情報を記録した資料であり，特に調査研究のための情報が求められるときに，そのオリジナリティが評価されるからである。一次資料としては学術雑誌(その収載論文)，研究・調査報告書，学位論文，特許資料などが代表的なもので，いずれもオリジナリティがあるところに特徴がある。

　他方，二次資料はこれらの一次資料の書誌データあるいは一次資料に収載されている情報を加工ないし再編成して資料化したものであり，書誌，目録，索引などの案内指示的なレファレンスブックのほか，辞書，事典，便覧，年表，年鑑などの事実解説的なレファレンスブック，それらのデジタル版も含まれる。

　徹底的に情報あるいは資料が求められる場合には，これらの二次資料を利用することによって組織的な探索を行う。すなわち重複のない，かつ漏れのない探索を行い，一次資料を広く渉猟し，そのなかから必要な資料を求める必要がある。

1.3　図書館の情報サービス

1.3.1　カレントアウェアネスサービス

　一般の図書館では，現状，上述のような現状認識のための情報ニーズを十分受けとめるだけの組織的なサービス態勢を整えることはむずかしい。その

理由としては，個別の利用者のニーズが多岐にわたり，しかもそのニーズをあらかじめとらえておくのが困難であること，図書館の主な情報源は依然として図書，雑誌などの印刷物であり，迅速かつ直接的な情報の提供はむずかしいことなどがあげられる。カレントな新聞・雑誌などを集め，利用者がくつろいでそれらに目を通せるようなブラウジングコーナーを設けるといった施設の整備にとどまる場合が多く，その利用者の範囲も限られる。とはいえ，以前に比べると，Web サイトを通じて積極的に情報発信を行う図書館は多くなったし，利用者があらかじめ関心のある主題を図書館の Web サイトに登録することで新着図書情報を得やすくするしくみを取り入れる図書館も見られる。

　他方，相対的に均質で，限られた人数の利用者に対して，主題的に限定したサービスを行うことのできる専門図書館とか情報センターのような場合には，利用者のニーズをあらかじめ把握しておいて，それぞれのニーズに応じた情報(資料)を提供することが比較的容易であり，かつそれを効率的に実施することができる。

　従来行われてきた新着資料の目次の複製配布(コンテンツサービス)，速報誌の(編集)頒布，索引・抄録誌の(作成)提供，さらに利用者の個別的ニーズに対応した選択的情報提供(selective dissemination of information：SDI)サービスなどの能動的サービスの多くが，今日ではインターネット上において行われている。

　図書館側から情報(資料)について速報するという，利用者に働きかけて行われるこの種の能動的サービスを総称してカレントアウェアネスサービス(current awareness services)という。インターネットを利用したこの種のデータベース提供サービスの展開には目覚ましいものがある。

1.3.2　レファレンスサービス

　一般に，図書館は図書その他の資料を貸し出すだけでなく，一種の相談窓口の役割を果たすレファレンスサービスを行なっている。レファレンスサービスについては次章で改めて説明するが，この種のサービスの提供は図書館にとって基本的な責務であり，何かについて知ろうとする利用者の質問に対

して応答するかたちで行われている。

　小規模な図書館では，そのための専任の担当者を配置するのは無理であろうが，中規模以上の図書館ならば，専任の担当者すなわちレファレンス担当者をおいて積極的なサービスをしているところが少なくない。そのような図書館では，後述するように，レファレンスブックを中心に，各種の図書，雑誌などの館内情報源を組織し，館外の情報源もネットワークを通じて利用できる態勢を整え，さまざまな情報ニーズに応えようと待ちかまえている。

　問題を解決するのに図書館を使うのが有用であるというのは，日常，ふと頭に浮かぶ疑問のうち，簡単なインターネット検索では調べられない，かなり多くの問題が図書，雑誌などの記録物，あるいは図書館で提供されるデータベースによって解決できるからである。

　もちろん，自分の手もとに必要な図書や雑誌を集めておくのも一つの方法ではあるが，個人でやれることにはおのずから限度がある。大多数の人にとって，今日のような大量出版の時代に，何が必要になるか分からないのに，多種多様な資料をあらかじめ確保しておくのは到底不可能であるだけでなく，無駄なことである。

　むしろ住んでいる地域で，あるいは働いている職場で，あるいは通っている大学や学校で，共用の情報源として構築されている図書館のコレクションを積極的に活用した方がよい。とりわけ，問題がややこしくなってくると，利用者の情報ニーズを意欲的に受けとめ，質問回答に当たってくれる図書館員がいるならば，その援助が役立つはずである。

　とはいえ，図書館には自分が求めている資料があるはずはないとか，図書館は使いにくくて面倒だといった先入観にとらわれて，図書館を使おうとしない人が少なくない。ましてや，図書館員による質問回答サービスを受けることなど思いおよばない利用者は今日でも少なくないのではなかろうか。

　また，たまたま図書館に訪れたとしても，図書館には欲しい資料がなかったという不満を抱いたまま，図書館から帰ってきたという経験のある利用者も多かろう。今日のような多種多様な資料の大量出版の時代には，個々の図書館がすべての資料を揃えて利用者に応えるのは不可能なことだから，そうした事態が生じるのはやむをえない。

　そのような要求があれば，予約サービスもあるのだから図書館に対して要求を持ちかける必要がある。図書館がそれに応じて資料を増やすなり，他館から借用するなりすれば，かなりの程度資料要求は満たせるはずである。

　しかし，実際には，資料があっても探索方法に不慣れであるために資料不足が訴えられる場合も少なくない。図書館は使いかたさえ心得ているならば，小規模なコレクションであっても結構役立つものなのに，利用者が必要に応じてさまざまな情報源への手がかりを求める方法を身につけていないために，利用されないまま書架上に眠っている資料は多い。また新聞，事典など契約しなければ使えない有料データベースが図書館で提供されていても，それらが無料で使えることを知らない利用者は多いのではないだろうか。

　こうした実状を顧みるならば，適切な図書資料を収集し，それらを利用しやすいように整備しておくだけでなく，その使いかたについて利用者に援助(指導)することもまた，レファレンスサービスの一環として行われなければならない重要な責務であることが分かる。

1.3.3　書誌サービス

　図書館では，多種多様な資料を収集しており，そこから情報を求めるために，しばしば過去にさかのぼって組織的かつ徹底的に関係資料の探索すなわち文献調査が行われる。

　文献調査の対象としては，一次資料に限らず，その他の資料も考えられるが，とくに探索を組織的に行うためには，その分野の適切な書誌，目録，索引などの二次資料(文献)があれば有用である。二次資料はオリジナリティの面で欠けるところがあるとしても，各種の情報が加工・再編成された結果としての記録物である。したがって，情報の整合性ないし体系性が確保されており，それを手がかりにすれば，多種多様な資料を比較的容易に求めることができるからである。

　幸い，この種の文献調査はインターネット上で，図書館の OPAC，その横断検索，さらに各種のデータベース検索システムの活用によって以前ほど手間をかけないでできるようになった。したがって，従来から主として研究・調査に資する専門図書館において行われていた利用者の要求に対応する徹底

したサービスでも，一般の図書館で行うことがあながち不可能ではなくなってきている。しかし，不特定多数の利用者をサービス対象とする一般の図書館で本格的なサービスとして全面的に採用されるまでには至っていない。

　文献調査の成果として資料が得られたならば，それらはリストに編成して利用者に提供される。これには特定の主題関係資料，人物(著者)関係資料，特殊資料などをリスト化した各種の書誌，目録類のほか，選書リスト，読書リスト，新着資料リストなど，二次資料の作成・提供が広く含まれる。この種の書誌サービスは利用者の求めに応じて実施されるだけでなく，図書館側の能動的な企画としても採用されることがある。

第 2 章

図書館におけるレファレンスサービス

・
・
・

2.1 図書館の機能

　ひとくちに〈図書館〉といっても，いろいろな種類がある。一般に，図書館の主要な館種としては，公共図書館，大学図書館，学校図書館，専門図書館などがあげられる。これらの館種に属する図書館のうちにも，相互にかなり性格を異にする図書館が含まれており，それぞれはさらに類別することができる。

　こうした図書館の種類や性格を特徴づけるのは，収集対象とされる資料の種類と利用者群である。ここにいう資料の種類として，まず思い浮かべられるのは図書，雑誌などの印刷資料ではなかろうか。これらは伝統的に図書館の主な収集対象として図書館蔵書を形成してきた長い歴史があり，しかも，大多数の図書館において共通に見られる種類の資料である。

　しかし，今日では，紙面に記録された書写資料や印刷資料だけでなく，多様な形態の記録媒体(視聴覚資料，マイクロ資料，電子資料，データベースなど)が図書館の収集対象に加わってきたことによって，図書館の諸機能にさまざまな影響・変化をもたらしている。

　ここにいう図書館の諸機能とは，資料の収集，組織，保存，提供などである。これらの基本的な機能は館種を問わず，図書館共通に備わっているところから，しばしば図書館を定義するのに用いられる。すなわち，図書館は資料を収集，組織，保存し，これを利用者に提供する機関であると。

　いうまでもなく，これらの機能はすべての図書館で一様に発揮されるわけではない。上述のように収集される資料の種類が異なれば，図書館蔵書が内容や形態の面で変化し，それに伴って各機能に変化を与え，さらにその利用者構成によって個別の図書館の性格を特徴づけることになる。

　しかし，ここでは図書館を一般化してとらえ，「図書館の基本的機能」(図

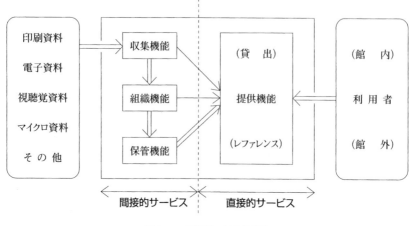

図Ⅰ-2-1　図書館の基本的機能

Ⅰ-2-1）を参考にしながら，図書館の主要な機能とそれら相互の関係を簡単に説明しておこう。

　今日までに生産され，現在流通している資料は膨大かつ多様である。そうした状況で，個別の図書館が収集できる資料はきわめてわずかな部分でしかない。したがって，図書館は収集の段階で，相当きびしい選択の必要に迫られる。

　つぎに，収集された資料は容易に識別できるようにその目録が作られたり，分類されたりする。すなわち，一方で資料の検索媒体が作られ，他方で組織された資料はその内容あるいは形態に応じて所在位置が決められ，保存の過程へと進む。以上のように，収集対象としての資料が処理される流れを見るならば，各機能は収集から保存へと矢印の方向をたどることになる。

　しかし，図書館は資料の保存を主目的としているのではない。むしろ利用者に対し資料を提供すること，つまり提供サービスを究極の目的とし，その手段として資料の収集から保存への過程があるといってよい。以下では，このような観点から図書館サービスについて解説する。

2.1.1　直接的サービス

　どんなに貴重な資料を豊富に収集し，保存していたとしても，それだけで
は書庫としての働きを持つことはできても，現代的意味における図書館とは
なりえない。現代の図書館は収集，組織，保存している資料をその利用者に
提供することを主要な目的とする一種のサービス機関だからである。

　この目的を中心に据えるならば，資料の収集，組織，保存といった諸機能
は提供のための手段と考えられる。したがって，サービス機関としての図書
館の特性を発揮するには個々の利用者の要求に基づいてサービスが行われる
べきであり，「図書館の基本的機能」に示される矢印とは逆方向（右から左）
へと図書館機能を展開する必要がある。すなわち，利用者の要求に基づいて
提供機能を果たすための保存であり，そのために組織し，利用を念頭におい
て適切な資料を収集するのが基本的流れである。

　ここにいう提供機能を果たす二大機能が，資料の貸出とレファレンスの機
能である。資料の貸出はいうまでもなく，利用者による資料の館外利用に関
わるが，館内での閲覧利用のかたちをとる場合もある。

　これに対して，レファレンス機能は情報ないし情報源を求める利用者の要
求に応じて発揮される。それは資料利用のかたちをとる場合も少なくないが，
いわゆる読書を主目的とした閲覧利用ではなく，〈調べもの利用〉すなわち〈レ
ファレンス利用（reference use）〉を主目的としている点で，貸出と区別する
ことができる。

　もっとも，この区別は必ずしも自明ではなく，しばしば両々相まって機能
するところに有効性が発揮される。たとえば，利用者の資料探索に対応する
のはレファレンス機能であるが，選び出した資料は多くの場合，読書のため
に借り出される。また，資料の館内閲覧は利用者自身によるレファレンス利
用が目的である場合が少なくない。

　これらの提供機能はサービス機関としての図書館にとっては不可欠な機能
であり，これらが図書館業務として展開される場合，個々の利用者に直接対
応するサービスであるところから，直接的サービスとよぶことができる。

2.1.2　間接的サービスとの関係

　資料の収集，組織，保存などの諸機能もサービス機関の業務として見るならば，等しくサービスであるには違いない。しかし，利用者との関係においては間接的であるところから，上述の提供サービスに対して，間接的サービスとよぶことができる。

　直接的サービスを効率的に実施するためには，それを支える間接的サービスが充実していなければならない。すなわち，直接的サービスと間接的サービスが，サービス機関としての目的に即して，相互に密接な関係を保ちながら有機的に機能することによって図書館は総体として効率的なサービスを展開することができる。

　図書館は不特定多数の利用者を対象とするサービス機関であり，これらの利用者の要求に応えるために，まず間接的サービスの態勢が整えられる。間接的サービスにおいては，不特定多数の利用者集団のニーズを踏まえて，いわば平均的利用者を想定し，一定の財源によって最適規模の情報源を構築することを目標とする。

　その際，機関の目的，資料の質・量などを勘案したうえで，資料を選択収集し，目録その他の検索ツールを整備するとともに，個々の資料の書架上の位置を決定するために分類作業が行われる。その一貫性を保つために資料の選択，収集，分類・目録などの基本方針とか作業規程が定められている。

　したがって，すぐれた間接的サービスの方針とか規程が定められたならば，それに則って，多数を占める利用者の最大公約数的な要求を満たすことができるはずである。

　ところが，資料あるいは情報を求めている利用者のニーズは本来個別的なものであり，間接的サービスにおいて想定される利用者一般のニーズは，便宜上，抽象的にとらえられたものであるにすぎない。したがって，個々の利用者が個別・具体的なニーズに基づいて，資料あるいは情報に対する多種多様な要求を図書館に持ちかける場合には，間接的サービスだけによって利用者のあらゆるニーズに応えることはできない。

　たとえば，質・量ともに比較的限定された情報源を蓄積し，他方では比較的少数の均質的な利用者にサービスを提供する専門図書館のような場合に

は，平均的な間接的サービスの基準を設定するのは比較的単純である。それ
によって個別的利用者の情報ニーズとサービス基準とのあいだのギャップが
あったとしても，個々の利用者は自分自身で比較的容易にそのギャップを埋
めることができるだろう。

　他方，公共図書館のように，不特定多数の利用者からあらゆる主題分野に
わたる一般的あるいは専門的要求が寄せられることを想定しなければならな
い館種の場合には，個別の利用者にそのまま満足を与えるような間接的サー
ビスの基準を設定し，それを実現することは困難である。

　利用者の個別具体的な要求と，一貫性を目指す間接的サービスの基準との
あいだに，たとえギャップがあったとしても，利用者が比較的容易にその
ギャップを埋め，自分で情報源を探し出して必要な情報なり資料なりを求め
ることができるならば，利用上の支障とはならない。利用者は必要に応じて
主体的にレファレンス利用を行うことができるからである。

　しかし，個別・具体的な要求と利用上のギャップが著しい場合には，それ
を埋め，間接的サービスの方式に慣れることができない利用者は増えること
になる。もちろん，利用者の個人差とか，要求内容の違いとかによってギャッ
プを調整できるかどうかは相対的であろうが，仮に調整できなければ，図書
館がうまく利用できないことになり，利用者にとっては利用上の障害がある
と意識される。

　したがって，図書館の間接的サービスと利用者のニーズとのあいだに
ギャップがあるために，そのニーズを満たすことができない場合，個別サー
ビスによって埋めることができるならば，利用上の障害は取り除かれること
になる。こうした目的で行われる直接的サービスのうち，担当者による人的
援助のかたちをとるサービスが図書館のレファレンスサービスである。

　この種のサービスがまず公共図書館分野で手がけられたのはそれなりの理
由があった。すなわち，不特定多数の利用者に応接しなければならない公共
図書館において，上述のギャップがもっとも顕著なかたちで現れるからで
ある。

　もともと，レファレンスサービスは特定のコレクション（蔵書）の利用に際
して，仲介的な援助を与えるものとして始められた。そのようなサービスで

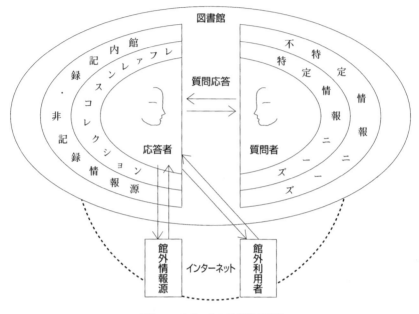

図Ⅰ-2-2　レファレンス機能の関連

あるならば，閲覧目録をはじめとする検索ツールの精度を高め，利用しやす
くすることによって，人的援助による直接的サービスの必要性は軽減される
ものと考えられる。一般に利用者は自分で容易にできることまで，他人に頼
ろうとはしないものであるから，利用者もそれを歓迎するはずである。

　もっとも，すでに述べたように，個人差のある利用者の誰でもが自由に使
いこなせる図書館を作ることは並大抵ではない。まして，不慣れな利用者に
とって多種多様な資料その他の情報源を検索するシステムを自由に利用する
ことは実際上困難であるといってよい。

　さらに，利用する必要のある情報源は，後述(第3章)するように，必ずし
も自館の蔵書に限定されるわけではない。館内外の利用者の情報要求に的確
に応えるためには，個別的な要求内容および状況に応じて，インターネット
上の情報資源を利用するとともに，従来からの館外情報源，たとえば他の利
用できるコレクションや専門家などをも含む広範な情報源を利用しなければ
ならない。

　こうした多様な情報源を駆使して臨機応変に仲介的な援助の手をさしのべることができるのも，情報源の特性に関する専門的知識を持ち，利用者の要求内容を的確に把握できる人間による援助なればこそである。

　たとえ利用者が不確かな疑問を提起したとしても，人が仲介する援助ならば，質問応答を通じて内容確認をしたうえで要求を取りあげ，適切な探索ツールないし必要とされる情報源に結びつけることができる。こうした関係を示したのが「レファレンス機能の関連」（図I-2-2）である。

　専門図書館のような場合には，上述のように間接的サービスと利用者の要求とのギャップを埋める働きとしての人的援助の必要性は相対的に強くないであろう。しかし，他面では，利用者の要求は比較的強く，かつ緊急性が求められる。したがって，インターネット情報資源や非記録情報源を含む多様な情報源を統合的に駆使する人的援助によって，こうした要求を満たすことができるならば，情報サービスとしての有効性は高まるといえよう。

　要するに，レファレンス機能としての人的援助は物的援助としての検索ツールの不備を補足するだけにとどまるものではない。直接的サービスと間接的サービスは二者択一的な関係にあるわけではなく，両者が相互補強的に機能することによって，より一層有効な援助としての力を発揮することになる。

2.2　レファレンスサービス

2.2.1　レファレンスサービスの意義

　レファレンスサービスの重要性については改めて説明するまでもない。わが国でもレファレンスサービスはもっとも大切なサービスの一つであり，図書館にとって不可欠であるとか，図書館はレファレンスサービスのために存在するなどといわれている。現に，多数の図書館においてそのサービスが実施されてもいる。

　しかし，それが正しく理解されているかどうかとなると，多分に疑わしいところがある。いざ〈レファレンスサービスとは何か〉と問われるならば，多くの場合，利用者の質問に対する回答サービスであるという趣旨の返答がなされるのではなかろうか。レファレンスサービスすなわち質問回答サー

スとみなす風潮があるからである。こうしたレファレンスサービスの狭いとらえかたは本来的な望ましいサービスの定着を妨げている一因でもある。

　もちろん，質問回答サービスはレファレンスサービスにとって重要なサービスではあるが，それはレファレンスサービスのすべてではない。レファレンスサービスは質問回答サービス以外にも，さまざまな業務を含んでいる。単に質問に答える担当者がいれば，レファレンスサービスができるというわけではない。

　いうまでもなく，質問回答サービスに基づいて各種のレファレンスサービスが展開される場合が多い。しかし，その円滑な展開のためにはレファレンスコレクションの構築，インフォメーションファイルの編成などの情報源の整備，さらに協力レファレンスサービスのためのネットワークの形成などの各種の関連サービスが行われなければならない。

　したがって，ここではレファレンスサービスをつぎのように定義することからはじめよう。すなわち，レファレンスサービスは何らかの情報（源）要求を持っている図書館利用者に対し，その必要とする情報ないし情報源を効率よく入手できるように援助する図書館員によるサービスであり，それを有効に行うための関連諸業務からなる。ここにいう〈関連諸業務〉を欠いているならば，レファレンスサービスはその場しのぎの質問回答サービスに堕するおそれがある。

　もっとも，質問回答サービスすなわちレファレンスサービスとみなすことは利用者にとっては分かりやすく，それなりの意義がある。したがって，上述の定義と区別するために，これを狭義のレファレンスサービスとよぶことにする。

　レファレンスサービスのありかたは，一方で情報要求を持っている利用者がどんな利用者であるか，他方で利用できる情報源はどんな情報源であるかによって大きく異なる。たとえば，公共図書館，大学図書館，学校図書館，専門図書館など，図書館の種類によって特徴づけられる利用者の特性や，求められる情報源の違いによって，そのサービス内容はおのずから異なってくるはずである。

　すなわち，レファレンスサービスの名のもとに，主として図書館利用指導

に力を入れている学校図書館もあれば，情報提供に重点をおく専門図書館もある。こうした図書館におけるサービス実態の相違に基づいてレファレンスサービスがとらえられるところに，利用者のみならず，図書館関係者のあいだでさえ，それがかなりまちまちに理解される原因がある。

　さらに，レファレンスサービスに対する理解に混乱をもたらす要因として情報源の多様化があげられる。たとえば，印刷資料以外の多様な資料が図書館に導入され，さらにインターネットを活用した新しいサービスがレファレンスサービスの一環として展開されてきたことが，個々の図書館におけるサービス内容に大幅な変化をもたらし，その統一的理解を阻んでいる。したがって，以下に，レファレンスサービスの基本的な機能について検討を加えることにしよう。

2.2.2　レファレンスサービスの機能

　すでに述べたように，図書館の提供機能を果たすものとして，資料の貸出とレファレンスの両機能をあげることができる。そして，後者は情報ないし情報源を求めている図書館利用者のレファレンス利用に対応する人的および物的援助機能である。このうち，人的援助機能は図書館員が利用者と直接対応する局面において，利用案内(指導)と情報(源)提供の二つの機能として発揮される。いうまでもなく，これらの機能は各館種の図書館において一様に発揮されることはないだろうし，またその必要もない。

　利用案内(指導)機能は要求される情報あるいは情報源(資料)の利用法を案内ないし指導することを目的としており，図書館利用者が情報あるいは情報源を容易に利用できるように仕向けるための働きかけである。他方,情報(源)提供機能は要求される情報あるいは情報源そのものを提示ないし提供することを目的としている。すなわち，利用案内(指導)機能は図書館およびその資料の利用法あるいは探索法について尋ねられた場合に発揮され，情報(源)提供機能は特定の情報あるいは情報源が求められた場合に発揮される。その限りにおいて，両機能は矛盾なく利用者の要求に応えるものとなる。

　しかし，実務上はしばしば両機能が対立し，相互に矛盾するものと考えられている。たとえば，ある利用者が特定の情報を求めているときに，その要

求を受けた担当者が利用指導の意義を強調し，その情報の探索法を指導した
場合を想定しよう。

　利用者が探索法を教わったとしても，特定の情報を確実に求めることがで
きるようになるという保証はない。そのような場合，利用者は中途半端な援
助しか受けられなかったとか，利用目的がそらされたと受け取り，図書館サー
ビスに不満を抱くことにもなりかねない。

　もともとレファレンス機能は公共図書館において最初に手がけられたサー
ビスにおいて発揮されるようになったものである。アメリカの初期の公共図
書館は成人教育のための機関としての性格を強く打ち出していたために，図
書館員のあいだにも，その教育的責務を自認するものが多かった。したがっ
て，情報要求を受けた場合には，時間の許す範囲で，できるだけその探索法
の指導を加味しながら援助することが望ましいとされ，事実そのように実施
してきた事例が多く知られている。

　利用指導を強調する図書館としては，このほかに，教育機関に設置された
図書館，すなわち，学校図書館，大学図書館などがある。つまり，教育機関
に設置されているという理由に基づいて，利用指導機能が強調されているわ
けである。

　もちろん，大学図書館では利用指導だけでなく，情報（源）提供にも相応の
力を注いでいる。しかし，それぞれにどの程度のウェイトをおくべきかとな
ると，大学図書館では概して利用指導機能の優位性を主張するものが多い。
利用指導は主として学生の学習活動との関係においてとらえられており，学
生の要求に応じ，求められるままに情報を提供することは，学生の自発的学
習の意欲を殺ぐという判断に基づいている。

　その意味では，大学図書館においても教員その他研究を目的としている利
用者を対象とする場合には，利用指導が強調される根拠は失われることにな
る。とくに，研究者をサービス対象としている大学図書館，さらに専門図書
館とか情報サービス機関では，情報（源）提供機能を最大限に発揮することが
目指される。

　ただし，専門家であるから利用指導は不必要であるとはいいきれない。特
定の研究領域についての専門家であったとしても，必ずしもその研究に役立

つ情報探索の専門的知識・技術を備えているとは限らないからである。

　仮に，情報源について専門的な知識と探索技術を備えていたとしても，特定のコレクションを利用する際には，その利用経験がなければ，戸惑うこともあるはずである。

　以上に述べたところから明らかなように，利用指導と情報(源)提供という二つの機能は，実務面における多くの要因によって，それぞれ強調の度合が異なってくる。とりわけ，(1)利用者と情報源とを特徴づける図書館の種類，(2)図書館の規模・組織機構，(3)コレクションの特徴およびその組織状況，(4)利用者構成・人数およびそのバックグラウンド，(5)担当者の人員およびその能力などが重要な関わりを持っている。

　なお，資料が手もとに十分揃っていないために，利用指導をすべき場合にでも，他の図書館から入手した情報そのものを提供することをもって代える場合もある。したがって，両機能は相互に対立するものとしてではなく，むしろ相互代替的な機能としてとらえるべきであろう。

2.3　レファレンスサービスの展開とその業務

2.3.1　レファレンスサービスの展開

　レファレンスサービス発展の跡をたどると，各種の図書館共通に，利用案内(指導)優位から情報(源)提供優位への移行傾向が見られる。さらに，情報源の量的増大，各種資料の氾濫，利用者側の情報要求の高まりといった新しい事態に図書館が直面したことにより，レファレンスサービスの究極の目的は情報そのものの提供であると考えられるようになった。

　こうした動向のもとで，個別の利用者に対する利用指導の相対的な機能低下は避けられないものとなった。とくに，専門図書館や情報センターでは，情報提供機能を最大限に発揮することが最良のサービスであるとみなされ，利用指導機能は本来的に関心外のことになっている。この種の図書館の利用者は，情報そのものを求める場合に，それを探し出す方法とか探索技術の習得を期待してはいないとみなされているからである。

　さらに，専門図書館や情報センターでは，印刷資料のみならず，多様な情

報メディアについて利用者の関心を喚起し，積極的に情報を提供することによって，要求を醸成しようとする能動的情報サービスに取り組むようになっている。

　大学図書館においても，大学教育に資する機関として教育的な機能を強調し利用指導に重点をおく傾向があったが，しだいに情報提供を強化する必要が叫ばれるようになった。事実，大学図書館は高等教育機関であることを根拠にしたとしても，それをもって直ちにサービスの教育機能を強調する理由づけにはならないからである。

　したがって，大学図書館のレファレンスサービスにおいては，個別的な利用指導は最小限にとどめ，正規の教科を設けて利用指導を行うことが望ましいと考えられるようになった。実際に，情報検索法ないし情報活用教育の科目を設けるとか，卒論指導や専門科目の研究法などと関連づけた資料・情報の検索・利用のための指導が行われているところは少なくない。

　このような正規の利用指導が行われているならば，レファレンスサービスにおける個別的な利用指導への要求も高まり，両々相まって有効性を発揮することになる。

　上述のように，専門図書館はいうまでもなく，大学図書館でも，しだいに情報提供機能を強調するようになった背景として，インターネット情報資源をはじめとする情報源の驚異的増大，知識の専門化・融合化の顕著な発展などの諸要因があげられる。

　このような状況下にあって，国立情報学研究所による CiNii をはじめとする各種のサービス，事業活動，情報ネットワークの形成などが大学図書館における情報サービスの支援に大きく与っていることはいうまでもない。

　一方，公共図書館分野では，「図書館法」第 3 条において，"職員が図書館資料について十分な知識を持ち，その利用のための相談に応ずるようにすること"とか，"時事に関する情報及び参考資料を紹介し，及び提供すること"といったレファレンスサービスの根拠になる規定が昭和 25 年以来存在していたにもかかわらず，他の館種の図書館と較べ，レファレンスサービスへの取り組みは概して消極的かつ低調に推移してきたといってよい。

　たとえば，「中小レポート」(『中小都市における公共図書館の運営』)は，

貸出サービス推進の原動力となった報告書として知られているが，レファレンスサービスについては簡単な言及にとどまる。すなわち“地域の実情に即しもっとも効果的な必要最小限度の相談サービスとして，…地域の日常生活に関する情報，郷土史に関すること，図書及び読書に関すること”[1] と述べているだけである。

　さらに，1970 年に出版された『市民の図書館』では，“資料の提供という基本機能は，貸出しとレファレンスという方法であらわれる”としているものの，“貸出しには，資料を貸出すことのほかに，読書案内と予約サービスを含み，…レファレンスは利用者の研究や問題解決を援助することで，利用者の調査研究への援助と，参考質問に対する回答に分けられる。調査研究でも参考質問の解決でも，利用者は図書館の資料を借りて行なうことができる。つまり貸出しによって利用者自身が問題を解決し研究を進めることができる”[2] と，あくまでも貸出の重要性を強調している。

　こうした貸出中心の図書館サービスの方向付けがなされたことによって，当時沈滞していた多くの図書館を目覚めさせ，図書館が貸出を通して利用者に接近したことは大いに歓迎された。図書館が単なる図書の保存場所ではなく，サービス機関であるという認識をひろめたことは高く評価されるところである。

　その結果，公共図書館の数が増加するとともに規模も増大したが，それに伴ってレファレンスサービスを行う環境が整ったわけではない。相対的には軽視され，貸出の片手間に行えばよいとか，貸出用にはできないレファレンスブックに図書費を配分することには消極的な図書館が少なくなかった。

　実際，レファレンスサービスの実績を評価するのはむずかしく，レファレンス資料を整備しても貸出回数，回転率などといったサービスを評価する数値には貢献しないからである。したがって，貸出サービスが広く普及した今日においても，依然として貸出業務のみに専念する風潮から脱却できない公共図書館は少なくない。

　今日の公共図書館は，人事面でも資料面でも，多くの制約のもとに運営されている。貸出とレファレンスサービスとが相互補完的な機能を発揮するならば，地域社会における図書館の存在意義は高まるという認識が普及するま

でには，まだ多くの障害を乗り越えなければならない。

　現実には，図書館を取り巻く情報環境は大きく変わってきている。とりわけ情報のデジタル化とコンピュータネットワークの普及は急速である。図書館が新技術の導入を怠り，図書の貸出のみに専念していたのでは，その社会的役割はしだいに減退し，社会の進展から取り残されるおそれがある。

　このような状況を見越し，都道府県立図書館や政令指定都市などの図書館では，自館のホームページからレファレンス質問を受け付け，各種の情報を提供する図書館がしだいに高い比率を占めるようになった。さらに，個別の蔵書目録（OPAC）の公開のみならず，地域の図書館の連携・協力によって広域的な横断検索システムが整備されるなど，レファレンスサービスを支える条件整備への積極的な取り組みを行うところは増えていった[3]。

　とりわけ国立国会図書館の蔵書検索（NDL-OPAC），雑誌記事索引データベースなどの利用が可能となり，さらに同館を中心とする総合目録ネットワーク事業，レファレンス協同データベース事業など，ネットワークを活用した全国的な図書館の連携・協力のための基盤が形成されてきたことは，先に述べた CiNii とともにレファレンスサービス展開に有利な条件を整えるのに有効であった。

　そうした時期に，あらためて図書館のありかたが検討され，新しい図書館の方向性が示されたことは注目に値する。すなわち，2006 年 4 月，文部科学省に設置された「これからの図書館の在り方検討協力者会議」では，『これからの図書館像－地域を支える情報拠点をめざして－』[4]と題する報告書を公表した。

　この報告書は，図書館サービスに求められる新たな視点とその方策についての提言であり，“これからの図書館は，調査研究の支援やレファレンスサービス，時事情報の提供等を充実することによって，「地域や住民にとって役に立つ図書館」となり，地域の発展に欠かせない施設として存在意義を明確にすること”が必要との趣旨から取りまとめられている。

　特筆すべきは，従来，相対的に貶められてきたレファレンスサービスの重要性を前面に打ち出している点である。この報告書において，図書館が地域を支える情報拠点となるよう提案している取り組みのうち，とくにレファレ

ンスサービスとの関わりが強いのはつぎの 2 点である。第 1 に"住民の生活，仕事，行政，学校，産業など各分野の課題解決を支援する相談・情報提供の機能の強化"，第 2 に"図書館のハイブリッド化(印刷資料とインターネット等を組み合わせた高度な情報提供)"である。

　すなわち，"地域の課題解決に向けた取組に必要な資料や情報を提供し，住民が日常生活をおくる上での問題解決に必要な資料や情報を提供するなど，地域や住民の課題解決を支援する機能の充実が求められる"とし，地域の実情に応じた課題解決支援(行政支援，学校教育支援，ビジネス(地場産業)支援，子育て支援など)や，医療・健康，福祉，法務等に関する情報や地域資料などの情報提供サービスをあげている。

　そのためには，図書中心の蔵書構成に固執することなく，多様な冊子体資料とインターネット情報資源を組み合わせて利用できるハイブリッド図書館を整備し，"地域のポータルサイト"を目指すことが緊急の課題であると述べている。

　このほか，児童・青少年サービスの充実，公共図書館相互の連携・協力にとどまらず，他館種の図書館や関係機関，学校などとの連携・協力，さらに図書館の組織・経営面，人事面のありかたなど，レファレンスサービスの発展のために役立つ重要な指摘がなされている。現在ではすでに実施されている諸活動もあるが，この報告書により多くの図書館にとって取り組むべき課題が少なからず提起されている。

　また近年では，2019 年の終わりごろから長く続いた新型コロナウイルス感染症の影響を経て，非来館型サービス，デジタルコレクションの提供，積極的な情報発信などの課題も浮き彫りとなった。利用者からの信頼を得るためには，地域の中核的な図書館においては，たとえば人文・自然・社会科学等分野ごとのレファレンス担当者を置くなど，質の向上を目指したレファレンスサービスの充実も望まれる。デジタル技術が急速に進展し，さまざまな場面で DX(デジタル・トランスフォーメーション)化が求められる状況を踏まえ，それぞれの図書館が地域の特性に基づいて，今後のレファレンスサービスへの取り組みを展開されることを期待したい。

[注]

1）　日本図書館協会『中小都市における公共図書館の運営』1963. p.102.
2）　日本図書館協会『市民の図書館』1970. p.19－20.
3）　全国公共図書館協議会『公立図書館におけるレファレンスサービスに関する実態調査報告書　2003 年度』2004. 52p.
4）　これからの図書館の在り方検討協力者会議『これからの図書館像－地域を支える情報拠点をめざして：報告』［文部科学省］2006. 94p.

2.3.2　レファレンス業務の種類

レファレンスサービスに関わる諸業務は各図書館におけるレファレンス機能の具体化にほかならない。したがって，それぞれの図書館において，その業務のありかたは異なるが，ここでは多くの図書館において共通に見られる業務の種類を取りあげることにする。

まず，問題解決のために図書館を利用する個人にとってもっとも関わりの深い図書館サービスは，既述のように，質問回答サービスである。これは一般に，何らかの情報を求めている個々の利用者の要求に応じて図書館員によって提供される人的援助の形式をとるサービスである。この人的援助とは，情報を求めて質問した利用者に対して，その要求に見合う情報（源）を選び出すために，図書館員である人が応答し，仲介的に援助するサービスをいう。

しかし，図書館業務としてのレファレンス業務には，質問回答のかたちで利用者に応接する直接的業務だけではない。既述のように，質問の有無にかかわらず，レファレンス利用のために準備態勢を整える種々の間接的業務も含まれる。また，本来のレファレンス業務とはいえないが，しばしばレファレンスサービス部門ないしレファレンス担当者によって実施される業務がある。この種の業務を副次的業務とよんでおこう。

以下に，「レファレンス業務の種類」（図Ⅰ-2-3）を参照し，簡単に説明を加えておく。

a）　直接的業務

質問回答サービスは利用者の質問に端を発し，図書館員が直接それに応答し，回答するサービスである。これは，利用者の質問に応じて直接的にサービスが行われるところから，直接的業務ということができる。ただし，直接

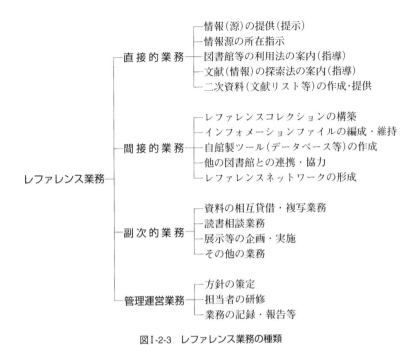

図I-2-3　レファレンス業務の種類

といっても，利用者との面接によるものだけでなく，電話，ファックスある
いは電子メール，さらに文書などを介して受ける質問も含まれる。

　この種の業務は種々の観点から類別することができるが，ここではレファ
レンスサービスの二大機能，すなわち情報(源)提供と図書館(資料)利用案内
(指導)に基づいて大別することにしよう。

　前者は，(1)情報そのものの提示・提供，および(2)資料その他の情報源の
提示・提供を行うものである。これには(3)資料その他の情報源がどこにあ
るか，その所在を示すだけにとどまる場合もある。後者は，(4)図書館その
他の情報提供機関の利用法についての案内ないし指導，および(5)印刷資料，
電子資料など各種資料の探索法の案内ないし指導を内容とする。

　これらはいわば質問回答様式による類別であり，質問に応じて行われた探
索の成果としての(6)二次資料(文献リストなどのデータベース)の作成・提
供サービスも加えておく。なお，質問回答様式については後述する。

b)　間接的業務

　レファレンス利用を支える態勢を整えるための間接的業務は，図書館員が効率よく質問回答を実施するための準備に関わる業務としてだけでなく，利用者自身によるレファレンス利用の利便性にも配慮して行われる必要がある。

　そのために，まず(1)レファレンスブックなどを収集し，レファレンスコレクションを構築すること。これにはレファレンスツールとして有用であれば，冊子体以外のパッケージ系メディア，たとえば CD-ROM，DVD-ROM やオンラインデータベースなども含まれる。

　また(2)一般コレクションとしては扱われない小冊子，パンフレット類，写真，切り抜きなど各種の資料を対象として，インフォメーションファイルを編成し，検索手段を整えること。(3)書誌，索引などの二次資料(データベース)，情報機関名簿，パスファインダー(利用の手引き)などの自館製ツールを作成・維持すること。これには自館で開設したホームページによる質問回答事例集，リンク集，その他案内・広報などの公開も含まれる。

　さらに(4)近傍(あるいは全国的)図書館あるいは異館種図書館相互の連携・協力を図り，館内外の各種情報源のネットワークを形成することなどが含まれる。

　これらの間接的業務を計画的に行わないで，場当たり的に利用者の質問に応じようとしたのでは，的確で効率的な質問回答サービスを行うことはできないだろう。

　利用者にとっても，情報源がうまく組織され，使いやすい検索ツールが整備されているならば，図書館員による仲介的援助なしでも独自にレファレンス利用ができる場合が多いはずである。

c)　副次的業務

　本来のレファレンスサービスとはいえないが，レファレンス担当部門が設けられている場合に，しばしばその担当者に委ねられる種類の業務を副次的業務とよんで一括したい。この種の業務としては他の図書館との資料の相互貸借，資料の複写，読書相談などがあげられる。いずれもレファレンスサービスとの関連の深い業務である。

　また，ときとして，この担当部門で図書館全般の広報活動が行われることもある。これらの業務はレファレンス本来の業務ではないこともあって，各図書館における取り扱いかたは一様ではない。

　なお，一般にルーティン化されていない新しい業務はまずレファレンス担当部門が引き受ける傾向がある。したがって，ここに例示した業務のほかに，今後取り組むであろう業務を想定し，〈その他〉を添えておく。

第 3 章

情報源とレファレンスコレクション

3.1 情報源とその種類

　前章で述べたように，レファレンスサービスは多様な業務からなるが，その中心となるのはレファレンス質問に対する回答業務である。ここにいう質問の回答とは，質問を受けた図書館員の知識を分かち与えることではない。すなわち，知っていることを教えるのではなく，何らかの情報源を使い，それを典拠として利用者が求めている情報あるいは資料を提示ないし提供することを原則とする。

　ここにいう情報源は図書館に所蔵されている図書資料だけではない。その所在は図書館の内外を問わず，要求内容に合致する情報（源）を求めて利用されるアクセス可能な情報源のすべてが対象となる。

　そのような情報源には，どんな種類が含まれるだろうか。「レファレンスサービスにおける情報源」（図Ⅰ-3-1）では，その情報源を館内のものと館外のものとに大別し，それぞれをさらに記録形式のものと非記録形式のものとに分けて列挙している。

　これに加え，今日ではインターネットの急速な普及により，館内か館外かの区別とは無関係の膨大でバーチャルな情報源が出現している。これによって館内，館外の情報源へのアクセスが容易になるとともに，情報源が館内にあるか館外にあるかということはあまり問題にならなくなっている。しかし，以下では，便宜上，館内・館外の情報源に大別して説明する。

3.1.1 館内情報源

　館内の情報源は記録情報源と非記録情報源とに大別することができる。前者は情報探索に際して，身近にあって比較的頻繁に利用される情報源であるといってよい。

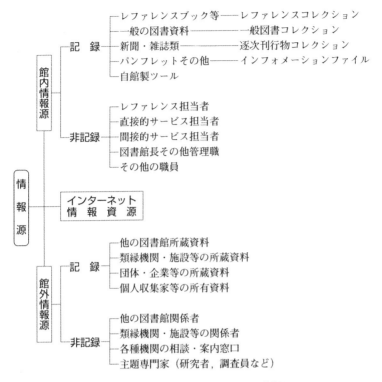

図I-3-1　レファレンスサービスにおける情報源

a)　館内の記録情報源

　この図に見られるように，情報源は多種多様であるが，効率的に探索を進めるためには，まず自館の記録情報源つまり所蔵資料を整備しておかなければならない。とりわけ重要な情報源はレファレンスブックである。これらの個別的な解説は姉妹編の『レファレンスブックス　選びかた・使いかた』に譲るが，いずれも〈調べるための本〉としての共通の特徴を備えている。

　これらは質問回答のために頻繁に利用されるツールであるところから，一般の図書，新聞・雑誌類とは別に，(1)レファレンスコレクションとして別置している図書館が多い。これには，冊子形態だけでなく，その他のメディア，たとえば CD-ROM，DVD-ROM などの電子資料も加えられる。

　もちろん，レファレンスコレクションだけでは解決できない質問が少なくない。そのような質問に回答しようとする場合には，(2)一般の図書コレクションや(3)新聞・雑誌などの逐次刊行物コレクションにまで探索の範囲を広げなければならない。前者からはしばしばより詳細な情報が求められ，後者からはレファレンスブックの情報を補完ないし修正する新しい情報が求められることが多い。

　記録情報源には印刷資料以外に，さまざまな形態の音声資料，映像資料がある。CD-ROM をはじめとするパッケージ系メディアは図書館における収集・利用になじむ資料であり，冊子体の印刷資料と統合的に利用することができる。ただし，これらのメディアは有用であっても，冊子体とは異なり機器を必要とするので，すぐに使える状態に準備されていないと利用しづらい。

　印刷資料も，定型的な資料ばかりではない。(4)インフォメーションファイルとして編成されているパンフレット，抜刷り，クリッピング資料その他を利用するならば，定形の図書からは得られない情報を求めることができる。この種の情報源に含まれる情報は比較的短期間に陳腐化しやすいが，適切に維持管理することによって，他にかけがえのないユニークな情報源となる。

　さらに，それぞれの図書館コミュニティあるいは利用者をターゲットとして企画・作成される(5)二次資料等の自館製ツールもある。これらには伝統的に書誌，索引，抄録などとして自館用に作成されてきた冊子体ツールに加えてデータベース化したもの，またパスファインダーも含まれる。これらは図書館の必要に応じて個別に作られるために，既製のデータベースからは求められない，あるいは求めにくい情報を比較的容易に求めることができるよう意図して編集される。

b) 　館内の非記録情報源

　館内の記録情報源だけでは往々にして不十分な情報しか得られない。そのような場合には，非記録情報源，とりわけ人の記憶の助けを借りる必要がある。(1)経験豊かなレファレンス担当者ならば，自身の知識も豊富である。

　また，(2)日常，利用者と接し，数多くの資料を扱う機会の多い貸出業務などを担当する直接的サービスの担当者とか，(3)資料の収集・整理をする立場上，所蔵資料に精通している間接的サービスの担当者なども相談相手と

して頼りになる。相談すれば，解答は得られなくても，そのヒントが得られるかもしれない。

このほか，(4)博識な図書館長をはじめとする管理担当者，(5)その他の職員のなかに特定の問題について精通している人がいる場合がある。これらの人たちも必要に応じて生身の情報源として活用できる態勢を整えておくとよい。なお，非記録情報源のみから得た解答は，典拠となる記録資料が得られないことを断わったうえで，回答する必要がある。

3.1.2　館外情報源

館内の情報源から必要な情報(源)が得られないときは，状況に応じて，館外の情報源を利用しなければならないことがある。社会に流通する情報の増加に伴って，個別の図書館が保有する情報源は相対的にその情報的価値を減退しつつある。そのため，不可避的に館外情報源への依存度を高めなければならないだろう。この種の情報源も記録されたものと，非記録のものとに大別することができる。

a)　館外の記録情報源

館外の記録情報源としては，まず(1)他の図書館所蔵資料があげられる。それを利用するには総合目録データベースを使って他の図書館における所蔵状況を確認する必要がある。近年，異館種を含む複数の図書館が参加した情報ネットワークが形成され，それらの目録データベースを利用することによって，資料の所在情報は比較的容易に求めることができるようになったが，すべての図書館がこれに参加しているわけではない。また，すべての資料が収録されているとは限らない。

(2)博物館，文書館その他の機関・施設など，図書館以外の類縁機関・施設等に所蔵されている資料，(3)専門主題に関係の深い団体・企業等が保有している資料あるいは(4)特定の個人収集家，研究者等が所有している資料もある。

b)　館外の非記録情報源

(1)他の図書館職員とりわけ顔の見えるレファレンス担当者がいることは，協力レファレンスサービスを推進するうえでの仲間がいるという点で単なる情報源以上のものがある。その協力のありかたしだいで適切な情報やヒント

の入手方法，あるいは他館のコレクションの利用上の便宜が大きく左右されるといってもよい。そのような館外の協力相手は図書館員だけでなく，(2)類縁機関・施設(たとえば博物館，文書館，社会教育施設)等の関係者からも求められる。

　また，(3)諸官庁や団体機関の案内窓口，相談窓口をはじめ，各種の専門の情報を提供する機関は数多く存在している。これらも館外の有力な非記録情報源であると考えられる。

　さらに，(4)主題専門家も重要な情報源である。たとえば，公共図書館では地域の研究者，郷土史家，大学図書館では教員等の研究者などが頼れる主題専門家となりうるが，この人たちが図書館の旺盛な利用者であれば，適切なサービスを提供する見返りに情報源として協力を求めることもできよう。

3.2　レファレンスコレクション

　上述のように，レファレンスサービスに利用される情報源は多種多様であるが，それぞれの内容，形態，所在などの共通性に基づいてグループ化できる。そのなかでもレファレンスブック類は，質問回答サービスに適した中核的な情報源であり，しばしばレファレンスコレクションとして一般図書とは別に組織・編成される。

3.2.1　レファレンスブックの選択

　インターネットで利用できるデータベースがその種類を急速に増やし，使い勝手がよくなり，図書館でも広く利用されるようになった。また，レファレンスブックの CD-ROM 版，DVD-ROM 版，さらには Web 版の普及も著しい。その結果，さまざまな分野の情報へのアクセスがきわめて容易に行えるようになってきた今日では，冊子体のレファレンスブックの価値は相対的に低下してきている。

　しかし，依然としてレファレンスブックは数多く出版されている。その理由としては，データベースが存在しない領域が少なくないことに加えて，紙面上の編集に特色があり読みやすいこと，過去の特定の時点における情報の

記録が求めやすいこと，記録された情報の一覧性があり，比較検討が容易であること，検索機器を使用しないで利用できることなどの特色が，それなりの需要を生み出しているからである。

　こうした印刷形態ならではの特色を備えているために，新しいレファレンスブックはインターネット上の情報資源と十分補い合うことができる。したがって，特色のあるレファレンスブックを選択し，その特色を生かすような使いかたをすれば，今後ともかけがえのない情報源であり続けることはいうまでもない。

a)　レファレンスブック選択に関わる諸要因

　レファレンスブックはそれぞれの図書館の館種・規模に基づいて選択される。当然ながら，多くの大規模な参考調査図書館ではレファレンスブックを重点的に収集する方針をとっている。

　図書館におけるレファレンスブックの選択方針に影響を与えるのが利用者の要求である。その要求を把握するために，質問記録の分析，利用実態の調査，専門家の意見聴取などが行われる。

　利用者の要求が把握できたとしても，実際の選択に際してはレファレンスブックの出版状況（各分野の出版点数，類書の存否），競合する他のメディア（CD-ROM，DVD-ROM，Web 版など），価格などによって制約を受ける。

　さらに，利用できる近傍の図書館のレファレンスコレクションの規模，内容との関係も考慮される。ただし，協力レファレンスが行われていても，レファレンスブックは借りられるわけではなく，基本的なものは図書館で揃えておかなければならない。

b)　選択ツール

　レファレンスブックを選択するには，インターネット上で出版情報を探したり，見計らいや書店で現物を手に取って調べてみたりするのも大切であるが，各種の選択ツール（レファレンスブックのガイド，書誌の書誌，出版情報誌など）を活用して書誌データを採集し，定期的に選定する必要がある。

　とくに，「国立国会図書館」Web サイトの「リサーチ・ナビ」（選 p.29）のもとにある「参考図書紹介」では，キーワードやカテゴリー別にレファレンスブックを検索できるので，レファレンスブックを選択する際の参考になる。

3.2.2　レファレンスコレクションの構築

　調べものをすることが目的で図書館に訪れる多くの利用者は，図書館員の助けを借りなくても，自分で使いたい資料が自由に選べ，効率的に利用できるように図書館が整備されていればよいと考えているはずである。したがって，調べものをするために頻繁に利用されるレファレンスコレクションについては，このことを留意した構築方針を立てる必要がある。

　レファレンスコレクション構築においては，全体としての情報価値を高めるために，適切なレファレンスブックを選択し，それらを素材として効果的に利用できるようなコレクションを築きあげることを目標とすべきである。

　その際，レファレンスブック個々の情報価値だけでなく，そのコレクション全体における位置づけも考慮されなければならない。単独ではありきたりの情報しか得られないレファレンスブックであっても，他のレファレンスブックあるいはインターネットと併用するならば，相乗的情報価値を発揮することもあるからである。

　レファレンスブックは図書館員が質問回答のためのツールとして使うだけでなく，利用者自身もさまざまな情報を求めて頻繁に利用する種類の図書である。利用者が調べもののための利用，すなわちレファレンス利用（reference use）のために自分自身で使う図書であることを考慮し，コレクションとしての情報価値を高めるとともに，誰でも個々の資料に容易にアクセスできるよう書架配置および排架法にも十分留意する必要がある。

a）　排架法

　利用者および図書館員のレファレンス利用に使われる各種の資料を整備するには，排架法とともに，検索ツールについての検討が必要である。とりわけ，直接に書架を眺めて探される機会の多いレファレンスブックの書架配置，さらに書架上での排列方法は，利用上の利便性を十分考慮したうえで決定されなければならない。

　数多くの図書館では，いわゆるレファレンスブックをレファレンスコレクションとして一括し，一般図書とは別置する方法を採用している。これは別架方式とよばれ，一般図書と区別しないで排架する混架方式と対比される。

　貸出中心の図書館のうちには，レファレンスブックであろうとなかろうと，

図書館の資料は，利用者であれば誰にでも自由に貸し出すべきであるという趣旨から，両者を区別しないで混架方式を採用しているところもある。

　概して，小規模図書館では，館種を問わず，混架方式を選ぶ傾向が見られるが，大規模な図書館のなかにも，すべての資料を貸し出さない参考調査図書館では，貸出資料と区別する必要がないために，混架方式を採用しているところがある。

　一般的に，規模が大きくなるにつれて，別架方式をとる図書館が増えてくる。もっとも，レファレンスブックの排架法において，混架方式がよいか別架方式がよいかは，他の諸条件との関わりで，それぞれに得失があり，一概にどちらがよいのか決めにくい。

　混架か別架かの議論では，一方の利点が他方の欠点と指摘される傾向があるが，これまでの論点はおおむね以下のように整理することができる。

1) 混架方式の論拠

(1) 開架方式をとり，主題分類によって排架されている場合，混架にすれば同じ主題のレファレンスブックと一般図書とを隣接するよう書架上に排架できるので，主題面からアプローチしようとする際に，両者を併用しやすい。たとえば，経済学事典からは概括的な情報しか得られなくても，その近くに経済学関係の専門書があるならば，その専門書から事典類によっては得られないようなくわしい解説を求めることができる。

(2) レファレンスブックと一般図書との区別は必ずしも自明ではない。たとえば，一般図書のなかにも充実した書誌，年表，名簿，用語集などをその一部として，あるいは付録として含んでいるものが少なくない。これらはしばしばレファレンスブックからは求められないような情報を提供してくれるが，典型的なレファレンスブックと作為的に分けて排架すると，探索の際に限られたレファレンスコレクションの利用にとどまり，一般図書に含まれている貴重な情報に目が向かなくなりがちである。

(3) 図書館側で一方的にレファレンスブック扱いにするかどうかを決めたとしても，利用者にはその区別が分かりづらいために，利用上の

混乱が生じがちである。とくに，レファレンスブック扱いのものが増えると，禁帯出など，貸出その他の面で利用上の制約条件が加わり，利用者にとって不便である。

2）　別架方式の論拠

（1）　図書館で頻出する即答質問の処理においては主題からのアプローチよりもレファレンスブックの種類からのアプローチが効率的である。また，主題がはっきりしないからこそ質問されるといったケースが多いので，それぞれの分野で主題が限定的ではないレファレンスブックによって概括的な知識とか，特定の事実やデータを確認したうえで，それを手がかりにして主題分野の資料を使うといった使い分けをした方がよい。

（2）　レファレンスブックとしても頻繁に利用できる種類の図書については，それぞれの図書館において，いずれに含めた方が利用者にとって好都合かという観点からレファレンスブックとして扱うか否かを個別に決めればよい。レファレンスブックには多巻ものや大型本が比較的多く，一般図書のなかに混架されるよりも，別架（できれば，低書架）に参照しやすいように排架されていた方が見つけやすく使いやすい。また，共通の処理（たとえば，貸出制限，年鑑などの最新版への差し換えなど）が統一的に行われるので，利用者は同じ条件で利用できることを容易に推察できる。

（3）　一般に図書と逐次刊行物は別置されるが，これらの区別とは無関係に，参照利用という観点からレファレンスブックを統合的に排架することによって，刊行形式を異にするレファレンスブックを併用することができる。とくに，同じ事柄についても観点が違えば，相互に異なった情報が得られることがあるが，こうした場合，別架方式であれば，異なる主題のレファレンスブックは比較的近接して排架されているので，相互に対照するような利用法には適している。

b）　レファレンスブック扱いの判定条件

レファレンスコレクションを構築する素材としての資料を選ぶ場合には，それ自体の内容，構成，形態などがレファレンスブックの要件を満たしてい

るものであることがまず考慮される。しかし，それだけが条件ではない。

　レファレンスブックの要件を満たしているものであっても，それが特定の図書館でレファレンスコレクションに含められるとは限らない。他方，本来のレファレンスブックではなくても，レファレンスブックとみなして，レファレンスコレクションに含められる場合もある。

　したがって，レファレンスコレクションは，レファレンスブックであると否とを問わず，当該の図書館でレファレンスブック扱いにした方がよいと判断された図書によって構成されているといった方がよい。

　ところで，レファレンスブック扱いにするかどうかを判断する際には，その図書自体の適格性以外に，図書館の種類と規模，利用者の要求，複本・類書の存否などの諸条件が考慮される。以下に，これらの点について簡単な説明を加えておこう。

1)　図書館の種類と規模

　小規模の貸出図書館では全蔵書冊数から見てもレファレンスブックは少ないはずだから，即答用コレクションにとどめることになる。したがって，レファレンスブック扱いにされる図書は典型的なレファレンスブック（辞書，事典，名簿，文献目録など）に限られる。

　しかし，中規模以上の図書館ではレファレンス利用に耐えうるように，充実した基本的レファレンスコレクションが作られる必要がある。したがって，各主題分野にわたり，標準的なレファレンスブックが選ばれるとともに，そのようなレファレンスブックが出版されていない領域では，それに代わりうる一般図書がレファレンスブック扱いとして加えられる。さらに，大規模な参考調査図書館では，より専門的な調査研究に資することができるように，一次的な専門資料（法規集，史料集成，統計資料集など）も含め，広範かつ多様な資料をレファレンスブック扱いにすることによって規模の大きなコレクションが構築される。

2)　利用者の要求（種類，要求頻度）

　コレクションは利用要求に呼応して成長するものである。とくに，レファレンスコレクションにおいては利用者の質問として受けた要求に基づいて追加すべきレファレンスブックの選定が考慮される。

　利用者の質問には，その図書館ならではの特徴的な傾向がある。そのような質問が頻出する場合，それに備えてレファレンスコレクションが整備される。公共図書館ならば，その所在地域の文化，観光風土，年中行事，風俗習慣，産業，さらには地元の出身者に関する情報要求などが多く寄せられるかもしれない。特定の地域情報が反復して求められる場合には，他の図書館ではレファレンスブックとしては扱われない地域資料でも，それが有用となればレファレンスコレクションに含められることになる。

　3）　類書の存否

　レファレンスブックの要件を欠いている一般図書であっても，その主題に適切なレファレンスブックが存在しない場合には，目次，索引などの検索手段が講じられているならば，レファレンスブックとして扱われることがある。他方，本来のレファレンスブックであっても，複本あるいはその新版がある場合には，レファレンスブック扱いから外される。

c）　レファレンスブック扱いの図書

　上述の諸条件を考慮して，レファレンスブック扱いの図書として指定されたものは，以下のような扱いがなされる。すなわち，

　1）　部分開架制あるいは閉架制をとる図書館においても，目につきやすいように必ず開架書架に排列し，誰でも自由に手に取って利用できるようにする。

　2）　所在指示の記号（たとえば，〈R〉のマーク）をつけ，一般の資料と明確に識別できるようにする。

　3）　原則として館外貸出は行わない。多くの利用者が参照のために頻繁に利用することが予想されるものを，一人が借り出すことによって，その間，他の利用を妨げるおそれがあるからである。ただし，一律に禁帯出扱いにすることの弊害を避けるために，制限つきの貸出（たとえば，一夜貸出，短期貸出）扱いにするとよい。

d）　コレクションの精選淘汰

　コレクション総体としての情報価値を維持するために，最新の情報資料を随時追加するとともに，陳腐な情報を収録するものを除くことによって，つねにコレクションの精選淘汰を図る必要がある。

　レファレンスブックの種類の観点からは，たとえば，事典，便覧類については新版と旧版を比較し，新版が旧版に取って代わる内容であれば，旧版は除かれる。ただし，人文・社会科学分野のものは旧版だからといっても必ずしも新版に取って代わられるわけではない。

　また，年鑑類は最新版が加わっても必ずしも旧年版が不要になるとは限らない。一連の年鑑が継続的に揃って排架されていないと，その特性を生かすかたちで利用できないことになる。このほか，書誌，索引などの逐次刊行形式をとるレファレンスブックがあるが，これらのカレント版は累積版が利用できる時点で除いた方がよい。重複して排架しておくと利用者を惑わすおそれがある。

　当然ながら，どんな図書館でも開架スペースには限りがある。したがって，やむをえず利用頻度，類書の有無などを勘案して閉架書庫に移されるレファレンスブックもあるだろう。それらについては，必要に応じて利用しやすいように，開架コレクションに準ずる扱いにしておくことが望ましい。

3.3　協力レファレンスサービスにおける情報源

3.3.1　協力レファレンスサービス

　出版物の急速な増加と大量の流通によって，限定された資料費によって運営されている個別の図書館における資料収集能力は相対的に低下してきている。したがって，たとえば，公共図書館では中央図書館と分館あるいは地域館とのあいだで，また大学図書館では中央図書館と分館あるいは部局図書館とのあいだで，それぞれレファレンスサービスにおける協力関係を維持し，一方で受け付けたレファレンス質問を他方でバックアップするかたちで処理することが考えられる。

　今日では，こうした関係を拡張して，特定の地域の図書館あるいは異館種の図書館が相互に協力し合うことによってレファレンスシステムを形成し，ネットワークを前提にした図書館相互の協力レファレンスサービスを行うことが要請されている。つまり，複数の図書館，情報センター等が互いに協力し合うひとつの図書館システムを形成し，個別図書館は相互に窓口機能を果

たすことが期待されている。

　協力レファレンスサービスの主要なメリットとしては，(1)地域的あるい
は主題的な面における図書館サービスの格差を是正することができること，
(2)協力収集など，資源共用を実質的なものにすること，(3)ネットワークを
形成する各館におけるサービスの質を改善するのに役立つこと，の3点があ
げられる。

　しかし，従来から図書館間で資料の相互貸借が行われていたために，協力
レファレンスサービスはその一部とみなされがちである。また，レファレン
ス質問の処理を必要とする際にも，相互貸借に代えることが多いともいわれ
ている。その理由として図書館員が相互貸借に慣れていること，質問の照会
はみずからの能力のなさを依頼館にさらけ出すことになりはしないかという
危惧があること，規模の大きな図書館の所蔵資料その他のツールへの依存傾
向が強いことなどがあげられる。

3.3.2　情報ネットワークの形成

　もともとレファレンスサービスは単一の図書館のコレクションと個別の利
用者を仲介的に結びつける関係においてとらえられていたサービスである。
これが他のコレクションのみならず，さまざまな情報源(インターネット上
の情報資源も含む)にも〈仲介する〉サービスへと展開したのは，その本来
的機能からして必然的な発展経過をたどったものとみなすことができる。事
実，複数の図書館におけるレファレンスサービスの協力は決して新しいこと
ではない。

　しかし，今日の協力レファレンスサービスは大規模な書誌情報データベー
スを有する書誌ユーティリティの出現，複数の図書館による資料の協力収集，
データベースの共用などの協力事業の発展を背景にして，漸次整備された情
報ネットワークを基盤にしているところに特色がある。その結果，協力レファ
レンスサービスにおける情報源は著しく増大かつ多様化してきている。

　多数の図書館が共同で作成した書誌情報データベースを利用する協力レ
ファレンスサービスにおいては，多くの場合，小規模な図書館が大規模図書
館に依存する関係が見られる。それは主として，館内情報源について図書館

間における格差があるからである。したがって，協力を依頼する図書館の職員は，他の図書館の情報源をよりよく把握していることが望ましく，それが利用者に対するサービスの質を左右する。

　今日では，国立国会図書館その他の大規模図書館の蔵書目録(OPAC)だけでなく，多数の図書館の蔵書を対象とする横断検索が可能になったことによって，他館所蔵の図書，雑誌などの所在情報は容易に入手することができるようになった。また，インターネットを通じて自館では所蔵できない膨大な情報源にアクセスすることも可能となったことにより，協力レファレンスサービスの飛躍的な展開が期待されている。

　しかし，それだけでは，協力レファレンスサービスを行うのには十分ではない。インターネットではアクセスできない各種ファイル資料，さらに既述のような非記録情報源も，必要に応じて相互に利用できるのでなければならない。一般に相互貸借システムや情報検索システムを利用するネットワークが形成されるならば，協力レファレンスサービスはすべて円滑に実施できると考えられがちであるが，それは短絡にすぎる考えかたであるといえよう。

　協力レファレンスサービスでは，質問者に応対する図書館員が他の図書館の情報源を直接利用するばかりでなく，他の図書館員を介して，オンライン化されていないさまざまな情報ないし情報源にもアクセスするためのヒューマンネットワークが確保される必要がある。そうした協力関係を基礎にしてはじめて，人的サービスとしての協力レファレンスサービスの実効性を発揮することができる。

　その意味では，協力レファレンスサービスにおいて，もっとも重要な要素は図書館員である。各種のメディアを駆使できる図書館員の積極的な協調がなければ，情報ネットワークは効率的に機能しないだろう。

　ネットワークに提起されたレファレンス質問を効率的に処理するためには，図書館員はネットワークとその資源の特徴を把握しておく必要がある。しかも，他館の情報源に依存するばかりでは協力関係は成り立たないから，どんなに小規模な図書館であっても，独自の特色ある情報源を整備し，守備範囲を明確にしておかなければならない。

　さらに，協力レファレンスサービスの円滑化のためには，つねに緊密な連

絡調整を図ることが求められる。その際，参加図書館相互において，自館におけるサービスにどの程度責任を持ち，そのうえで，どのようにして他館に協力を依頼するのか，そうした点のガイドラインを決めておくことも必要である。

第 **4** 章

レファレンス質問とレファレンスプロセス

4.1　レファレンス質問の意義

　図書館員は資料を収集し，それが容易に使えるように組織し，利用に供することを主要な責務としている。その際，当然ながらその図書館を利用者が使いこなせるよう十分配慮している。それにもかかわらず，図書館がうまく使えないために，必要とする情報ないし情報源が求められないで，図書館を立ち去る利用者はなくならないだろう。

　それは，利用者が図書館を使い慣れていないからだけではない。図書館側でも一般的な利用に対応した処理は行なっているが，個別的な要求を持っている利用者のあらゆる利用目的，利用方法を想定し，それに十分応じられるように万全の対応をとるのは実際上不可能だからである。

　たとえば，利用者の求める資料が収集できていなかったり，収集されていたとしても探索方法が分からなかったりなど，さまざまな理由で利用できないことがある。また利用目的に合致しない組織方法であるために，資料の所在が不明であったり，適切な資料の使いかたが説明されていなかったりするために満足な結果が得られないこともある。

　したがって，利用者が利用上の障害にぶつかったとき，誰かに気軽に尋ねることができるならば好都合であろう。このように利用者が何らかの情報ないし情報源を求めて図書館員に尋ねる質問をレファレンス質問（reference question：RQ）という。これに応じて回答する図書館サービスが質問回答サービスであり，レファレンスサービスのうちでは中心的な業務とみなされている。

　この質問回答サービスに関与するのは，質問者とその応答者すなわち図書館員であるから，以下に，これらの関係者の面からこのサービスについて説明する。

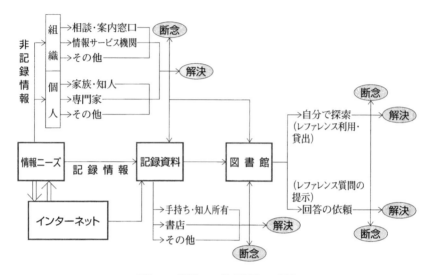

図Ⅰ-4-1 情報ニーズから質問への経路

4.1.1 質問者

　何かについて自分の知識が不足していると感じることがある。しかし，そ
れが必ずしも解決を必要とする問題となるわけではない。その問題が一定の
重要度を持つものと意識されたとき，その人にとって知りたいという欲求，
すなわち情報ニーズが生まれてくる。これが動機づけとなって質問は表明さ
れるといえようが，一般に，この段階から直ちに記録資料を使おうとか，図
書館に行って調べようとする行動に結びつくわけではない。

　「情報ニーズから質問への経路」（図Ⅰ-4-1）は，〈情報ニーズ〉から〈記録
資料〉を経て〈図書館〉へ直進する経路を中心に示したものである。しかし，
一般には，その直線的な経路よりは他の迂回路をたどることが多いだろう。
人は一般に〈記録資料〉よりは〈非記録情報〉に依存する傾向がある。それ
も身近な人に尋ねることによって間に合うのであれば，それで済まそうとす
る。むしろ，それ以上に，インターネットが自由に使える環境においては，
記録・非記録を問わず，真っ先にそれによって何らかの手がかりを求めよう
とするだろう。

　この段階で問題を解決することができれば情報ニーズは解消する。さもな

ければ，どこか問い合わせるところがないのか，相談・案内窓口その他に新たな手がかりを求めることがあるかもしれない。あるいは解答を得るのを断念してしまう人も少なくないだろう。

　それでもなお，情報ニーズが解消されなければ，記録資料を利用しようとするかもしれない。しかし，これも手持ち資料とか知人のものとか，身近なものに依存する傾向がある。近くに図書館がないとか，図書館を日常利用する習慣がなければ，図書を求めるところとしては，むしろ書店の方が身近な存在かもしれない。この段階でも解決できなければ，断念するか，あるいは新たな探索をするかの選択が行われる。

　こうして，何段階かの選択肢を経て，比較的わずかな人が図書館利用に思いいたり，図書館に訪れることになる。その際，図書館に訪れなくても電話あるいは電子メールで問い合わせることができれば，それで済まそうとするかもしれない。

　たとえ図書館に訪れたとしても，その人が直ちに図書館員に質問を向けるわけではない。まず自分で探そうとする人が多いはずである。ただし，その結果，必要な情報がうまく入手できるとは限らない。満足な情報が得られないまま図書館を立ち去る利用者は少なくないだろう。

　それだけに，図書館員に質問を寄せる人は利用者のごく一部であると考えた方がよい。したがって，質問を受けたならば，一人ひとりの質問者の意向を大切に受けとめて応接したいものである。

　ここにいう質問者は図書館利用者のうち，何らかの情報要求を持って図書館員に問いかけをした人のことである。そのような質問者となるのは来館して口頭で尋ねた人だけではない。電話やファックス，電子メール，さらに手紙などによって問い合わせた館外の利用者も含まれる。

　公共図書館では，老若男女を問わず，地域住民のすべてがサービス対象である。それだけに，質問者の要求を的確にとらえるのは容易ではない。その他の図書館，たとえば，大学図書館では学生，教職員など，学校図書館では児童・生徒，教職員などを主な利用者としているから，ある程度利用者を類別し，その要求を予測できるだろう。しかし，この種の図書館においても，レファレンスサービスはすぐれて個別性の強い要求に対応するサービスであ

るために，必ずしも公共図書館よりも質問者の要求がとらえやすいとはいえない。

　さらに，図書館では，来館者以外の人も容易に質問することができるところから，往々にして当該の図書館にとって本来のサービス対象ではない人からの質問が舞い込んでくることも予想される。そのような場合にも，協力体制のもとでサービスを行なっている図書館としては，サービス対象外の利用者であっても，むげに回答を拒むことはできないだろう。

4.1.2　応答者

　一般に，何らかの情報要求を持っている利用者が図書館員に質問をすることによって質問回答サービスは開始される。その際，何となく何かが知りたいといったあいまいで不特定な情報要求であれば，的確な回答はできない。そのような場合，要求内容を確認するために質問者と図書館員とのあいだで質問応答が行われる。

　質問に対して応答する図書館員という意味で，ここでは応答者とよぶことにする。そのうち，応答を専門に担当する図書館員をレファレンス担当者（reference staff）あるいはレファレンス係という。すべての図書館でこうした専任の職員を配置できるわけではない。他の業務を兼ねている担当者をおいている図書館もある。多くの小規模な図書館では専任者はもちろん兼任者を配置することさえむずかしい。

　しかし，図書館としては，規模の大小を問わず，それ相応のレファレンスサービスは行わなければならない。したがって，特定の担当者を配置していない小規模の図書館でも利用者の問いかけをむげに断わることのないように，図書館員なら誰でも一応の対応ができる程度の基本的な応答姿勢を身につけておく必要がある。

　質問を受けた図書館員は質問内容を誤りなく確認し，個別的援助に取りかかる。その結果，回答するといっても図書館員は質問者が求めている情報ないし情報源を入手できるように仲介的援助をするのが原則であり，既述のように自分自身の知識を相手に分かち与えるのではない。レファレンスサービスは利用者に何かを教えることではなく，リファー（refer）すること，すなわ

ち何らかの情報源を典拠にして，その参照を指示することを基本とする。

　したがって，レファレンス質問の回答においては，図書館員の専門的能力がその成否を大きく左右するといえよう。ここにいう図書館員の専門的能力には，まず利用者の要求を的確に把握する能力，館内外の多様な情報源についての知識およびそれを利用するための探索技術からなる。

　図書館員のこうした能力の基礎は大学の司書養成課程における教育によってある程度修得できようが，実践的能力は実務経験の蓄積に依存するところが大きい。

4.2　レファレンス質問の種類

　レファレンス質問について理解を深めるために，その種類を紹介する。レファレンス質問は，類別の観点の定めかたしだいで，さまざまな種類に分けることができる。たとえば，質問の受付種別，質問内容の主題（分類）別，質問者別，質問処理時間別，回答に使用したツール別などである。

　このうち，質問の受付種別は，口頭，電話，電子メール，ファックス，文書などの別である。主題別の場合はどのように分類するかによって，さらに類別することができる。また，質問者の類別は図書館の種類によって異なる。その他は自明な類別であって，とくに説明を要しないだろう。

　以下では，もう一つの若干解説を要する類別法を紹介しよう。それは質問の難易度によるもの，すなわち，案内質問，即答質問，探索質問および調査質問の4種類に大別する方法である。

　このような難易度による質問の類別法では質問を受ける担当者の知識と探索技術，利用できる情報源の種類と質などの違いによって一定しないところがあり，あくまでも相対的な区分でしかない。

　したがって，たとえば，ある図書館での探索質問が他の図書館では調査質問として扱われたり，ある図書館で即答質問といわれるものであっても，他の図書館では探索質問として扱われたりするかもしれない。しかし，個々の図書館では質問の難易度を測る目安を得るのが容易であるために，しばしばこうした類別方法が採用されている。

　全般的に，インターネット利用の環境が整備され，外部データベースその他の電子資料が容易に利用できるようになると，従来，冊子体のツールを使って時間をかけて処理していた難解な問題でも，比較的短時間に解決処理できるようになる。そのため，この種の類別による結果に変化をもたらすことになるだろう。

4.2.1　案内質問

　まず，比較的単純な質問として，案内あるいは指示を求める質問がある。このように案内を求める質問は，図書館が提供するサービスの種類あるいは内容について案内を求めるものから，特定のコレクション，さらに特定の資料名をあげてその所在を確かめるものまで，多種多様である。とりわけ資料の所在指示を求める質問は規模の大きな図書館では頻出し，回答に手間取ることもある。したがって，案内を求められていても，すぐに案内できない種類の質問は所在調査ないし所蔵調査を要する質問として扱われることになる。

　しかし，一般の案内を求める質問に対しては，多くの場合，簡単な指示を与えるだけでよく，何も参照する必要もなく回答することができる。しかも，そのなかには，公共の施設では日常的に尋ねられる種類の質問が含まれており，図書館でなければ尋ねられないような質問ばかりではない。

　したがって，案内質問（directional questions）に属するものは所蔵資料の所在指示を求める簡易な質問にとどめ，館内施設やサービスの種類などの案内を求める質問はレファレンス質問には含めない方がよい。ただし，質問の記録をとる場合には，その件数だけは記録しておいた方がよいだろう。

　もちろん，レファレンス質問ではないからといって，この種の質問をないがしろにしてよいわけではない。案内を求める質問の多くは，いわばレファレンス質問のきっかけとなるものであり，しばしば本当に知りたい問題の芽が潜んでいる。したがって，こうした質問を手がかりにして，以下に取りあげる各種のレファレンス質問が導き出せるよう質問者との応答には十分慎重でありたい。

4.2.2　即答質問

　それでは，どんな質問が一般にレファレンス質問といえるのだろうか。まず，その一つに，即答質問（quick reference questions）とよばれる種類の質問がある。たとえば，〈荒川放水路が完成したのはいつのことか〉，〈『ちょっといっぷく』という本は現在購入できるのか〉などである。こういった事実に関する比較的単純な質問ならば，基本的なレファレンスブックを使って簡単に解決できる。つまり，レファレンスブックについての基本的な知識さえあれば，即座に確定的な解答が得られる種類の質問である。

　とくに，インターネットを使えば，即座に解答が得られるケースが多くなる。ただし，利用者自身がインターネットで簡単に調べられるのであれば，図書館に質問を寄せることはないはずだから，インターネット利用による即答質問が今後増えることは考えにくい。

　即答質問は事実に関する情報（データ）を求める平易な質問であることが多く，しばしば図書館員にとってその解答は既知のことであろう。このような場合，何も調べないで即座に回答することはできようが，レファレンス質問では，典拠となる情報源を示すことを原則とする。しかも，それは信頼に値するものであることが望ましい。

　なお，学校図書館などにおいては，情報（データ）を容易に提供できる場合でも，児童・生徒の質問には，その情報の探しかたを指示するにとどめる方針をとっていることが多い。

4.2.3　探索質問

　即答質問よりもややむずかしく，回答するまでに若干の時間を要する質問を探索質問（search questions）という。この種の質問には二つ以上の即答質問に相当する質問が関わっているような場合が多い。たとえば〈イラクとクウェートのあいだにはどのような歴史的な関係があったのか。そのことについて関係資料を調べるにはどうすればよいか〉，〈大正 7 年春以来流行したスペイン風邪による死者の数と，その関係記事を探したい〉などといった質問である。

　したがって，これらの質問を回答する際には，最初の手がかりを得るには

インターネットかレファレンスブックが有用であろうが，それだけでは間に合わないことがある。両者の統合的利用だけでは解決できず，一般の図書，雑誌記事，その他の資料にまで探索の範囲を広げなければならないような質問が探索質問とみなされる。

　その結果は必ずしも網羅的な探索の成果でなくてもよい。一般の図書館では書誌データを提供ないし提示するだけで，あとは質問者自身に現物に当たって確かめるよう示唆することが多い。いくつかの文献なり，情報なりが得られた段階で，それらが一応の回答として提供（提示）され，利用者の反応次第でその後の処理を決めることもある。また，探索に利用できるツールおよびその探索手順を教えることによって，情報源ないし情報そのものの提供に代える場合も少なくないだろう。

4.2.4　調査質問

　探索質問として，ひととおり探索してみた結果，入手できる範囲の資料では満足な解答が得られなかったり，相互に矛盾した結果が得られたりすることがある。このような場合，さらに時間をかけて一次資料にさかのぼって探索するとか，多様な形態の資料を比較評価するとかしなければ満足な結果は得られない。

　こうした探索のために多くの時間を要する質問は，しばしば探索質問と区別して調査質問（research questions）とよばれる。実務的には，ある程度調べた段階で典拠資料を明らかにしたうえで，一応の探索結果を回答することによって事後の処理を打ち切り，結果の判断は質問者に委ねる方針がとられることが多い。

　実際には，探索質問と調査質問とを明確に区別するのはむずかしい。単に回答のために要する時間の長さによって調査質問か否かを決めることはできないからである。

　典型的な調査質問は，その回答のために，網羅的・徹底的な資料調査を必要とする質問であるといってよい。この種の質問は，特定の課題調査のために関係資料を渉猟し，その成果を二次資料（データベース）化して提供する書誌サービスを必要とすることが多い。

　さらに専門図書館では，質問に応じて特定の課題に関わる各種の情報源を精査した結果，確定的な解答は得られないと判断された場合でも，既存の情報(データ)に基づいて新しい結論を導くとか，新たな調査報告を創り出すといった付加価値が求められることもあるという。この種の質問も調査質問に属するといえよう。

4.3　レファレンス質問の範囲

　公共のサービス機関としての図書館では，質問者に対して平等に応接しなければならない。それにもかかわらず，利用者によって異なる対応をする必要が生じることがある。

　また，利用者の個別的な要求に基づいて，できるだけ満足を与えるようなサービスをするのがレファレンスサービスの目標であるが，上述のように図書館で尋ねられる質問のすべてがレファレンス質問となるわけではない。最初から何らかの理由で受け付けられない質問もある。

　しかし，こうした措置がすべて担当者の裁量に委ねられているわけではない。図書館は利用者に対し一貫性のあるサービス方針を堅持するために，レファレンスサービスの範囲について明文化した規程を作っておくことが望ましい。こうした規程のなかに，あらかじめ質問の種類を決めて，それを受け付けなかったり，その回答を断わったりするわけである。それらが質問回答の制限事項とか禁止事項とかいわれるものである。

4.3.1　回答上の制約

　それでは，どのような制限事項が設けられているだろうか。具体的な制限事項はつぎにあげるように，主として a)質問内容，b)質問の件数，c)図書館員および d)利用者に関わる制約条件に基づいて設定されている。

a)　質問内容に関わる制約

　資料を提供できる場合は別として，たとえば，将来の予測，仮定の問題など，図書館員の推理，推論を求める類の質問はレファレンス質問として回答するにはふさわしくない。また，価値判断を求める問題も，情報の問題とし

て単純に処理するわけにはいかない。当然ながら，解答を与えることが反社会的とみなされる場合にも，回答は拒否される。

b)　質問の件数に関わる制約

　特定の利用者からの質問が集中し，図書館員がその処理に忙殺されてしまったのでは，他の利用者へのサービスに支障をきたすことになる。そのような場合には，回答件数を一定数までにとどめ，それ以上は断わることがある。とくに，それを引き受けることが依頼者の仕事の肩代りにすぎないことが明らかな場合には，原則として回答は謝絶される。

　また，長時間かけて調査をしなければ回答できない種類の質問も，往々にして同様の趣旨から質問者の要求どおり回答されない。したがって，一定時間以上かかったならば探索を中断し，それまでの経過を明らかにし，その後の探索方法を示唆することによって解答に代えることもある。

c)　図書館員の専門に関わる制約

　身上相談，法律・税務相談，医療・健康相談，美術品・骨董品の鑑定などに関しては，図書館員がそれぞれの専門家に代わって相談に応じたり，アドバイスしたりすることはない。この種の相談は，それぞれに専門家が担当することであって，一般の図書館におけるレファレンス質問では資料提供を限度として，慎重に対応する必要がある。

d)　利用者に関わる制約

　図書館では利用者が誰であろうと，サービス対象と認められる利用者であれば，平等に対応することを原則とする。しかし，たとえば，生徒から学校の宿題について援助を求められていることが明らかな場合には，解答そのものを与えることは望ましくない。このように利用者によって回答上の制約を設けているのは，それぞれの利用者に応じてもっともふさわしいサービスを提供しようとする主旨に基づいている。

4.3.2　制限規程

　図書館員の恣意によってサービスのありかたが時と場合によって異なるのはよくない。そのために提供するサービスの範囲を定めるにせよ，制限事項を設けるにせよ，それを規程として明文化しておいた方がよい。

　上述のような制約があるところから，質問回答サービスの提供は無制限に行われないことは明らかである。しかし，十分な図書館サービスが行き届かない現状において，いたずらに制限規程を盾にとってサービスの範囲を狭めるようなことは望ましくない。質問回答自体は図書館サービスの一つの目的として行われるべきであるが，現実には積極的なサービスを展開するための手段と考えなければならない状況がある。

　レファレンスサービスのような専門的サービスをどのように行うかは，一応業務規程にしたがうことになるが，できるだけ図書館員の裁量に委ねる余地があった方がよい。こうした点に留意し，サービスについて何らかの制限を設ける場合は慎重でなければならない。

　以下に，そのような制限規程の具体例を示すことにしよう。「国立国会図書館資料利用規則」（令和 4 年 3 月 29 日国立国会図書館規則第 1 号，改正令和 5 年 3 月 29 日国立国会図書館規則第 3 号）の「第 8 章　レファレンス」によれば，第 69 条（レファレンスの範囲）は，“館（国会分館並びに行政及び司法の各部門の支部図書館を除く。）の利用案内，図書館資料及び電子情報の所蔵調査及び所蔵機関等の紹介その他の館長が別に定めるものとする”と規定している。

　そのうえで，第 70 条（回答を行わない事項等）の第 1 項において “古文書，美術品等の鑑定，法律相談，医療相談，文献の解読，翻訳，学習課題の解答その他の回答することが不適当と認められる事項であって館長が別に定めるものに係るレファレンスの依頼に対しては，回答を行わないものとする”と定めている。さらに，その第 2 項において，“館長は，著しく経費又は時間を要する調査の依頼その他のレファレンス業務に支障を及ぼすおそれのある依頼であって館長が別に定めるものに対し，回答を断ることができる”と規定している（https://www.ndl.go.jp/jp/aboutus/laws/pdf/a5311.pdf）。

4.4　レファレンスプロセス

4.4.1　レファレンスプロセスの意義

　利用者から受けた質問をどのように処理するか，それがレファレンスサー

ビスの中心的課題であることはいうまでもない。かつては，専門職としての図書館員は質問に直観的に回答することができるように経験を積むのが第一であるという考えかたが一般的であった。そのために，とりわけ実務経験が重視され，まず自館のレファレンスブックその他の資料について精通するよう求められた。

　今日でも，レファレンス担当者にとって実務経験ならびに資料の知識が重要であることには変わりはない。しかし，その業務を分析的にとらえ，効率的に専門的知識を修得する必要性がしだいに強調されるようになってきた。この傾向に拍車をかけるかのように，文献探索にコンピュータが導入され，質問回答サービスをレファレンスプロセスとしてとらえようとする傾向が強まってきた。

　ここにいうレファレンスプロセスとは，利用者がレファレンス質問を表明した段階から，それを受けた図書館員が質問内容を把握したうえで，必要とされる情報ないし情報源を探索し，その結果を質問者に回答するまでの一連の処理過程のことである。

　それは必ずしも単純な処理過程ではない。情報ニーズが生じた環境，当事者の心理状況，当事者の相互関係など，複雑な問題が関わっていると考えられているが，それらを捨象して段階的にとらえようとしたのがレファレンスプロセスである。

　経験豊かな図書館員が簡単なレファレンス質問を受け，反射的に解答を思い浮かべて即答するような場合には，質問内容の把握から回答までがほぼ同時進行するのだから，段階的な処理過程としてはとらえにくい。

　しかし，このような場合でさえ，図書館員が質問を受けてから役立ちそうな情報源の見当をつけ，それを使って回答するまでには，潜在意識的にせよ，きわめて短時間のうちにいくつもの処理をほぼ同時にこなしていると考えることができる。こうした回答処理を段階的な過程として分析的にとらえるならば，処理内容を理解するのにも役立つだろう。

4.4.2　レファレンスプロセスの諸段階

　質問回答の過程を段階的にとらえるならば，どの段階で，どのような能力

が求められているかが理解しやすい。したがって，以下では，レファレンスプロセスの主要な段階を順次取りあげて説明することにしたい。ただし，ここでは，そのプロセスをできるだけ単純化し，「レファレンスプロセス」（図 I-4-2）として示すにとどめる。

　この図によれば，まず利用者が自分の〈情報ニーズ〉を質問のかたちで図書館員に表明する。この場合の利用者は質問者である。その〈質問者の発問〉に対し，図書館員は応答者としてこれに対応する。その際，質問の内容を的確にとらえる必要から，しばしば質問者とのあいだで〈質問応答〉が行われる。その結果，応答者は〈質問内容の確認〉をすることができる。

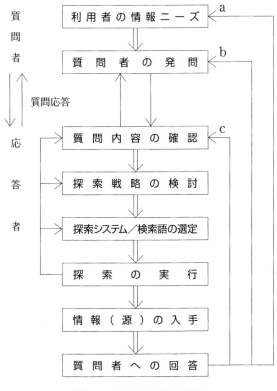

図 I-4-2　レファレンスプロセス

　つぎに，この確認した内容に即して探索上の戦略が練られる。これが〈探索戦略の検討〉の段階であり，いずれの情報源（ツール）をどのように利用するならば，より効率的に的確な情報（源）を求めることができるのかが検討される。なお，これ以降の段階は担当者による単独作業である場合もあれば，質問者との共同作業として進行する場合もある。

　探索の戦略に基づいて，〈探索システム／検索語の選定〉が行われる。この際，探索システム（ツール）の特性と性能が情報源とその検索語の選定および利用方法，つまり探索のありかたを制約することはいうまでもない。たとえば，質問内容に適合すると思われるデータベースを選んで検索しようとする場合，そのためのシソーラスあるいは分類システムを選ぶ必要があるかもしれない。なお，図書館コレクションあるいは個々の検索ツールも，ここにいう探索システムないしそのサブシステムと考えられる。

　〈探索の実行〉は，しばしば検索システム（データベースなど）に応じた検索語（キーワード，分類記号など）を用いて行われる。それによって目的とする〈情報（源）の入手〉ができたならば，その検索結果を〈質問者に回答〉する段階に進むことになる。

　もし，必要とする情報（源）が入手できなかったならば，検索語の変更あるいは探索システムそのものを再度選択し直す必要があるかもしれない。それでも駄目ならば，探索戦略の練り直しをすることになる。さらに，場合によっては，質問内容の再確認のために，改めて質問者と面接をするとか，連絡を取って確かめるとかする。

　幸いにして求めていた情報（源）が入手できたとしよう。しかし，それを質問者に解答として提供（提示）した場合，必ずしも質問者が満足するとは限らない。応答者が〈確認した質問内容〉(c)に合致した回答ができたと思っても，〈質問者の発問〉(b)の内容と適合していないかもしれない。〈質問者の発問〉(b)と応答者による〈質問内容の確認〉(c)とのあいだに不一致（ズレなど）がある場合には，応答者は質問者とのあいだで再度〈質問応答〉を行うことによって，質問内容について共通理解を図らなければならない。

　さらに，〈質問者の発問〉(b)と適合した解答を与えたはずだと思っても，質問者が満足しない場合がある。それは質問のしかたに問題があり，質問者

が自分の求めていること，つまり〈利用者の情報ニーズ〉(a)を的確に表現
できていないからかもしれない。

　このような場合には，応答者は，質問者とのあいだでの質疑応答によって
〈利用者の情報ニーズ〉(a)を的確に表現するように〈質問者の発問〉(b)を
促す必要がある。このような障害が生じやすいために，質問内容を誤りなく
とらえる初期段階はレファレンスプロセスにおいてとくに重要視されてい
る。

　こうした一連のプロセスを理解しただけでは効率的な質問回答サービスを
行うことはできない。そこで，後続の各章では，「質問の受付と内容の確認」
(第5章)，「探索戦略と質問の分析」(第6章)，「探索の手順と情報(源)の入
手」(第7章)，「回答の提供と事後処理」(第8章)といった段階を順次詳述
することにしたい。

第 5 章

質問の受付と内容の確認

5.1 レファレンス質問の受付

5.1.1 受付種別

　多くの図書館では，来館者の口頭による質問だけではなく，電話，文書(手紙，メモなど)，ファックスによる質問も受け付けてきた。さらに電子メールによる受付もしだいに増えている。こうした受付手段を a)口頭, b)電話, c)文書(ファックスを含む)，d)電子メールによる質問に分けて解説したい。

a)　口頭による質問

　直接図書館に訪れた利用者による口頭の質問を受け付けるのが伝統的な方法である。こうした来館者による質問ならば，あいまいな点をその場で尋ねることができるので,質問内容の確認は比較的容易である。しかも面接によって質問者の表情や身振りなどがことばによる表現を補ってくれる。それによって質問内容ばかりでなく，質問のレベル，要求の緊急性なども合わせて推察することができる。

　ただし，来館者であっても，本人自身が直接の質問者であるとは限らない。質問者は他の人に依頼されて来館したのかもしれない。このような場合，質問者は他人の質問をあたかも自分の質問であるかのように振る舞うことがある。こうした代理質問の場合，応答者がたとえ質問内容を正しくとらえ，適切な回答をしたと思っても，往々にして回答のレベルが合致しないために，満足な回答にならないことがある。

b)　電話による質問

　時間的に都合がつかないとか，距離的に隔たっているといった事情があるために，気軽に図書館に訪れることのできない利用者は少なくない。このような利用者にとって，電話でレファレンス質問ができるとしたら好都合である。実際，多くの図書館では，こうした利用者のために電話レファレンスに

応じている。

　質問受付の電話担当は，デスク担当と重ならないのが望ましいが，別に電話レファレンスの担当者がいない図書館では，口頭の質問者に応答しているあいだでも，電話が鳴れば中断して受話器を手にしなければならなくなる。しかも，電話による問い合わせには，相手の声だけを頼りに質問の内容とそのレベルを判断しなければならないむずかしさがある。

　したがって，電話による質問の場合は，その要点を聞きもらさないように，上手にメモをとる習慣を身につけておく必要がある。質問の確認をしやすいように一定の書式にまとめた「質問受付処理票」（図Ⅰ-5-1）を傍らにおいて応答するのも一つの方法である。

　即座に回答できると判断されるような軽易な質問ならば，手近にある即答用のクイックレファレンスツールを用いて回答すればよい。しかし，解答を得るのに時間を要すると予想される場合は，30分なり1時間なりの猶予を求めていったん電話を切るのが普通である。

　そのような場合，再び電話をかけるのはどちらであるかをはっきり決めておかなければならない。質問者に電話をかけ直すよう求めている場合でも，念のために連絡先（たとえば，相手の電話番号と氏名）は尋ねておいた方がよい。図書館側から質問について確認する必要が生じることがあるかもしれない。

　なお，電話で受け付けた質問であっても電話で回答するとは限らない。得られた結果によっては，電話での回答はできなかったり，不適当であったりする場合がある。たとえば，図解，写真など，視覚に訴えなければ適切に回答できないもの，多数の箇所を照らし合わせる必要のある回答の場合である。そんなときには，来館を促すなり，文書やファックスあるいは電子メールによる回答に切り換えるなりする必要があろう。

c)　文書による質問

　手紙やメモによる質問もしばしば舞い込んでくる。ファックスによる問い合わせも文書形式をとるので，ここに加えておこう。こうした文書による質問は，文面では質問の要領がつかめなくても，口頭の場合のように問い直すことは容易ではない。こうした場合，質問内容を確認しようとすると，その

レファレンス質問受付処理票

受付日時：　　年　　月　　日　　時　　分
受付方法：口頭　電話　文書　ファックス　その他（　　　　）

太線枠内のみ，ご記入ください。

氏　名		所　属			学生　教員　職員　その他
連絡先		電　話	（　　）	内線（　　　）	
E-mail		ファックス	（　　）		

質問内容（次のうち，該当するものがあれば，○で囲み，求めていることを具体的に書いてください）

言葉・事実・事象・背景・統計・数値・人物・団体・地名
その他の関係情報（　　　　　　　　　　　　　　　　　　　　　）

（図書・雑誌記事等を求めている場合）
探索の範囲
最近1年以内のもの　　過去3年間のもの　　その他（　　　　　）

使用言語（日本語　英語　その他）

ヒント（典拠資料などがあれば）

調査済み　既知事項（もしあれば）

回答期限　　　　　　　**回答方法**
　月　　日　　時　　分　　口頭　電話　文書　ファックス　その他（　　）

解答内容

添付資料（有・無）

処理中（　　　　　　　　に照会中）　　処理済み　　年　　月　　日　　時
回答不能（理由：　　　　　　　　）　　担当者名

図Ⅰ-5-1　レファレンス質問受付処理票

やり取りに意外に手間取るものである。その点，ファックスや電子メールなら，郵便にはない通信の利便性があるから，不確かなことがあれば，その確認は比較的容易である。

　文書による質問は比較的蔵書規模の大きな図書館宛てに，遠距離からの郵便による依頼であることが多い。単に大規模な図書館であったり，著名であったりするだけで遠隔地から質問が寄せられることがあるからである。

　このような場合，質問を受けた図書館が処理するのは適当ではなくても，簡単に処理できる程度の問題ならば，むげに拒否することもできない。したがって，次回からは最寄りの図書館に依頼するよう申し添えて回答することになろう。

d)　電子メールによる質問

　質問を読みとる点では文書による場合との類似性はあるが，あらかじめ質問受付の条件を明記し，記入欄を設けて，必要事項を記入する形式で質問を受けることができる。しかも，双方向コミュニケーションができるので，質問内容確認のための応答が容易であり，質問内容だけでなく，確認のための応答の記録も残せる利点がある。

5.1.2　質問受付の記録

　即答できる質問の場合は，単に質問件数を記録するだけで十分だろう。しかし，質問が即座に回答できない場合は，回答に役立てるために記録を取っておいた方がよい。

　もっとも，図書館によっては，記録を取るだけの余裕がないほど忙しいこともあるかもしれない。そのような場合にも，あとで記憶をたどることができる程度の簡単なメモを残しておけば，整理する際に役立つだろう。

　記録は単に記録のために行われるのではなく，以下のような各種の利用目的があり，そのなかに事後に活用する目的も含まれているからである。なお，この詳細については後述の「回答サービスの事後処理」(8.3)を参照されたい。

a)　質問内容の確認のため

　口頭で尋ねられても同音異義語があったり，誤った読みかたをされていた

り，意味不明なことばが使われたりしているために，質問内容が正確につか
めないことがある。そのような場合は，確認しながらメモを取るか，質問者
に書いてもらうかすると，疑問点を明らかにするのに役立つだろう。

b)　質問事項の申し送りのため

担当者が単独でその質問を終始処理するとは限らない。2人以上で分担す
るとき，他の担当者と交代をするときなどに，担当者間で協議あるいは引継
ぎをすることがある。その際に口頭の連絡だけでは間違いが起こりやすいか
ら，記録を残すようにした方がよい。

c)　質問者への追加サービスのため

不十分な解答しか得られなくても，質問者がそれで足りるとする場合があ
る。一応回答済みとして処理されても，問題によっては，後日よりよい情報
（資料）を入手することがある。このような場合には質問者に連絡し，解答の
追加あるいは補正をした方がよい。質問者名と連絡先が記録されているなら
ば，それを手がかりにして連絡をとることができる。なお，この連絡先は目
的以外に使用することがあってはならない。所定の期間が経過したならば，
抹消する必要がある。

d)　質問回答ツール作成のため

多種多様な質問が出されるとはいえ，それらのなかには同種あるいは類似
の質問が少なくない。したがって，回答済みの記録を必要に応じて参照する
ことによって，類似の質問はもちろん，その他の質問について回答する際の
有用なヒントが得られる。

なお，こうした記録を蓄積し，質問者のプライバシーに配慮したうえで，
自館のホームページ上に公開したり，国立国会図書館のレファレンス協同
データベース事業に参加したりすることも有意義である。なお，この事業は
国立国会図書館，公共図書館，大学図書館，学校図書館，専門図書館等のレ
ファレンス質問事例その他のデータを蓄積し，インターネットを通じて提供
することを目指している。

e)　サービスの測定・評価のため

質問回答はレファレンスサービスのうちの中核的なサービスである。した
がって，単に質問件数だけでなく，具体的な質問の処理記録があれば，サー

ビス内容，検索ツール，情報源としてのコレクションの質と量などの測定・評価に役立つ。個々の質問が的確に処理されたか，館内の情報源でどの程度必要を満たすことができたかなどを関係者のあいだで検討する際にも参考にすることができる。なお，これに関連して後述の「回答サービスの測定・評価」（8.3.2）も参照されたい。

f)　職員研修の教材作成のため

　　各図書館で処理した回答記録は，その館にとってはかけ替えのない記録である。その記録を館内研修に利用するならば，質問の回答処理方法だけでなく，利用したレファレンスブックをはじめ，各種の検索ツールや情報源を理解するうえでの生きた教材として多面的に役立てることができる。

5.1.3　質問受付処理票

　　質問受付の記録は簡単なメモ用紙でも足りるだろう。しかし，後日，それを利用することを考えるならば，利用目的に即した一定の書式にまとめておいた方がよい。

　　書式を決める場合，あまりに簡略すぎては役に立たないだろう。逆に，くわしすぎると記録が煩雑となり，実用的ではない。こうしたことを斟酌し，それぞれの図書館で，その利用目的に応じて書式を決めればよい。

　　以下には受付処理票に盛り込む事項を取捨選択する手がかりを示すために，質問回答に関わる要素，すなわち a) 質問者，b) 質問内容，c) 情報源および d) 応答者と，その e) 処理経過に関する事項を列挙しておく。

a)　質問者に関する事項

　1)　氏名：即答できない質問があることを考慮し，連絡相手の氏名を尋ねておく方がよい。

　2)　住所あるいは所属：公共図書館の場合，在住在勤者をサービス対象にしている関係から住所を，大学図書館の場合は所属学部，専攻，学年などを記録できるとよい。ただし，質問者が答えないのを無理に尋ねることはしない方がよい。

　3)　連絡先：連絡のための電話番号，電子メールアドレスなどである。回答のために連絡がとれるだけの連絡先が分かればよい。

いうまでもなく，質問者に関わる記録は定期的に抹消し，他の目的に利用されることのないように慎重に処理する必要がある。

b) 質問内容に関する事項

　1) 内容と種類：質問内容はできるだけ具体的に記録する。合わせて，利用案内(指導)か情報(源)提供か，後者ならば，情報(データ)，資料，文献リストなどのうち，いずれの回答様式を希望しているかが分かればよい。とくに，文献リストが求められている場合は，文献の発表時期(最近の文献のみか，過去2〜3年にわたる文献かなど)，文献の種類(図書，新聞・雑誌記事などのうち，いずれか)，文献の使用言語(日本語のみか，あるいは外国語を含むか)，収録文献の所在確認が必要かなどについても確かめる。また，学校図書館で教員から尋ねられた質問であれば，教科に関することかどうか，教科の関係であれば，学年，単元名，学習内容等についても記録しておくとよい。

　2) 目的あるいは動機：解答の利用目的がはっきりしているか，またその求めようとする情報を必要とする動機は何かなどを尋ねることができれば，探索の戦略を練るとき，あるいは回答内容ならびにそのレベルあるいは量を決めるうえで参考になる。ただし，無理に尋ねることはしない方がよい。

　3) 調査済みあるいは既知の事項：質問をする以前に質問者自身が何を調べ，どんな結果を得ているかなど，調査済みのことがあれば確認しておいた方がよい。また，質問者が部分的にでも知っていることがあれば探索上の目安を得るのに好都合である。

　4) ヒント：前項の記録がヒントになるが，質問内容の確認が容易でない場合はその他に思い当たることはないか尋ねてみる。とくに，それが何に書かれていたか，どこで聞いたことかなど，どのような関係あるいは文脈で，それが問題になったのかなどを知ることは探索の方向づけをするのに役立つだろう。

c) 情報源に関する事項

　1) 館内資料：レファレンスブックに限らず，一般図書，雑誌，さらにファイル資料なども含め，館内の資料を利用したならば，資料名だけでなく，

請求記号も付記しておく。

2)　館外資料：どこの何を利用したのか，資料名とその所在箇所を記録する。それに合わせて解答を探索するのに用いたツール名も利用した順に記録しておいた方がよい。

3)　非記録情報源：館内外の図書館員，主題専門家，専門団体・機関など，解答を求める際に協力を得た個人あるいは団体・機関があれば，具体的に記録しておく。

4)　インターネットを使った場合は，検索エンジン，使用したキーワード，URL，検索日付などの記録欄があれば参考になる。

d)　応答者に関する事項

1)　氏名：イニシャルなど，誰が担当した質問なのかを識別できる程度の簡単な記録があればよい。担当責任を明らかにするためだけでなく，後日の再調査，類似の問題について同じ担当者を選ぶのに好都合である。

2)　備考：その他，質問を処理した応答者が参考のために書き添えたい事項があるとき，それを記録しておける程度の備考欄が設けられていると，必要に応じて使用することができる。

e)　処理経過に関する事項

1)　受付種別と日時：口頭，電話，ファックス，文書などの別と，何月何日あるいは何時に受け付けたのか，時間を記録する。電子メールの場合は，自動的に記録されるから問題はない。

2)　回答期限：探索に時間を要するために，即答できない場合，のちに改めて連絡する（あるいは連絡を求める）旨の約束をすることがある。したがって，その日時は記録しておいた方がよい。とくに，期限を切って回答が求められている場合，その期限以後に回答したのでは無意味なものになるおそれがある。

3)　回答方法：口頭，電話，電子メール，ファックス，文書などの別を記録する。既述のように，回答方法と受付種別とが一致するとは限らない。たとえば，電話での質問に文書で回答したり，電子メールによる質問に電話で回答したりすることがある。

4)　処理種別：処理済み，処理中，回答不能の別を記録する。なお処理中

のために回答を保留している場合は，〈～に照会中〉，〈～に文献複写依頼中〉などの処理段階と日付も注記する。

　以上，質問処理において考えられる項目を列挙したが，個別の図書館で質問の受付・回答処理に関わる書式を決める際には，これらのすべてを盛り込む必要はないかもしれない。記録したことをどのように利用するのか，その目的に応じて記録項目を取捨選択すればよい。「質問受付処理票」（図I-5-1）はA4判の用紙にまとめた例であるが，記録項目がさらに限定される場合にはA5判以下のカードサイズにまとめることもできよう。

　なお，データを統計処理するとか，質問事例を図書館のホームページに公開するとか，レファレンス協同データベース標準フォーマットに準拠するとか，事後の利用目的があるならば，それに応じた設計にしておいた方がよい。

5.2　質問内容確認の障害

　利用者は，すでに述べたように，図書館に来館して質問するだけでなく，電話，電子メール，ファックス，文書などによって質問することもある。電話の場合は来館者の口頭による質問に，ファックスの場合は文書による質問に準じて扱うことができる。

　電子メールによる質問には確認のための返信メールができる便利さがある。それに対して，文書の場合は，一般に質問応答の段階を欠いているから，しばしば文面のみを手がかりにして，質問内容を判断しなければならなくなる。

　したがって，以下ではレファレンス質問の典型である来館者本人の口頭による質問の場合を想定して，質問受付からその後のレファレンスプロセスの主な段階を順次取りあげたい。

　レファレンス質問は質問者が図書館員に質問内容を伝えることによって成立する。図書館員に質問するとなると，何となく知りたいといった不特定のニーズではなく，何を知りたいのか，うまく表現できるかどうかは別として，情報ニーズは特定化されなければならない。その際，質問者は，どのような解答が欲しいのかをある程度想定しているだろうから，質問内容と合わせて，回答方法についても確認できればよい。

　的確な解答を得るためには，質問者は本当に知りたいことを伝え，かつ図書館員はそれを誤りなく把握することが前提となる。しかし，現実には質問内容を誤りなく受けとめるうえでの障害は少なくない。質問を誤って受け取ったのでは，手間をかけて回答しても無駄骨折りになりかねない。質問内容を正しく理解できたならば，質問をあらかた処理したようなものだといわれるのは，質問内容確認のむずかしさを端的に表わしているといえよう。

　ところで，質問者の質問内容が思いどおりに図書館員に伝わらないのは何故だろうか。質問者側には知りたいことを伝えるうえで，図書館に対する信頼の欠如，図書館の施設的障害，質問者の心理的障害などいくつかの障害があるといわれている。

　また，これに応答する図書館員の側にも種々の問題があり，それらが質問内容を正確に把握するうえでの障害となる。以下に，質問者側，図書館側のそれぞれにおけるいくつかの問題点を取りあげたい。

5.2.1　質問者側の問題

　図書館に不慣れな利用者が突然図書館に訪れ，図書館員に知りたいことを率直に質問するには抵抗感があるだろう。しかも，自分でよく分からないことを的確に表現するのはむずかしい。こうした質問者側に起因する障害を以下に取りあげたい。

a)　レファレンスサービスに対する理解の不足

　一般に，質問者はレファレンスサービスに不慣れであり，単刀直入に質問の要点を伝えようとはしない。当然サービスを受ける権利があるのだという意識が希薄であるために，かえって遠慮がちに，あるいは婉曲に問題を持ちかける傾向がある。

b)　質問の動機を明かさないこと

　質問者は，隠さなければならないほどの理由はないにもかかわらず，質問の動機には触れたがらないものである。些細な問題について尋ねることに気恥ずかしさを覚えたり，自分が知らないことを親しくもない相手（図書館員）に知られたくないと考えたりするために，動機を伏せたり，問題の本旨をすり替えたりしがちである。

c)　あいまいに尋ねること

　質問者の意図とは裏腹に，問題の性質上，端的に質問内容を表現しにくいことがある。とくに，自分でもよく知らないことについて尋ねようとするときには，図書館員に理解してもらえるように要領よく説明するのはむずかしい。逆に，関係事項を熟知している場合でも，複雑な問題であると，その説明に手間取ることがある。こんな場合，相手に迷惑をかけまいとして，かえって中途半端な尋ねかたをしてしまい，質問があいまいになりがちである。

d)　質問者に先入観があること

　質問者は，しばしばある種の思い込みをしている。回答結果あるいは検索に役立つと思われる情報源として何がよいかをいったん自分で思い込んでしまうと，その情報源を求めようとして質問を切り出し，質問応答の際にもその先入観念に固執しがちである。たとえば，ことばの意味について知るには，特定の辞書が一番よいと考えていると，その辞書に固執し，その辞書以外のツールあるいは一般書を使いたがらないものである。

e)　図書館や図書館員に対する信頼感を欠いていること

　豊富なコレクションのある大規模図書館であれば，専門的な質問をしても回答してもらえるだろうと考えるが，貧弱なコレクションしかない小図書館であれば，自分に役立つような情報は得られないだろうと思い込みがちである。そのため，質問を寄せたとしても，ほどほどの質問にとどめ，本当に知りたいことを明らかにすることを避けてしまう。

　また，図書館員が図書館の蔵書について精通しているだろうとは認めても，利用者が探している分野の専門主題についてはくわしくないと思いがちである。図書館員を信頼していないと，専門主題について尋ねても分かってもらえないと決めてかかり，専門主題については質問しないで，関連資料の所在とか，せいぜい簡単な質問しかしない傾向がある。とくに，プライバシーの問題に関わると思われる場合などは，自分が尋ねたことを他に口外されるのではないかと疑心を抱き，質問の核心を率直に明らかにすることを避けがちである。

　そのような状況では，質問を受けた図書館員は，当然その内容の確認に困難を覚える。担当の図書館員は質問者がこうした障害を持っていることを考

慮し，質問応答には慎重に臨まなければならない。

5.2.2 図書館側の問題

　既述のように，質問応答を含め，レファレンスサービスを専門に担当する図書館員をレファレンス担当者という。このような専任者は，レファレンス質問を受け，それに見合う適切な情報ないし情報源を選び出し，それを質問者に提示ないし提供することを主要な責務としている。

　したがって，レファレンス担当者は質問者の要求内容を的確にとらえる面接技術と，その要求を満たすために，検索ツール，情報源の知識およびそれらを効率的に使って必要とする情報(源)を見つけ出す探索技術を備えていなければならない。こうした知識および技術の習得には図書館情報学教育における基礎的学習に加えて，豊富な実務経験を必要とする。

　もちろん，すべての図書館に経験豊かなレファレンス担当者を配置することは無理である。図書館の規模が小さいところでは，独立したレファレンスサービス担当部門を設けることはできず，担当者がいたとしても，せいぜい兼任でサービスに当たっているにすぎない。

　多くの中小図書館では，レファレンスサービスを特定の図書館員が担当してはいない。だからといって，レファレンスサービスをしないわけではない。図書館員ならば誰でも，利用者から質問を受けた場合には，それなりに応答し，必要なサービスをするよう努めなければならない。

　しかし，こうした状況において質問応答が行われる場合，しばしば責任体制が不明確になり，とかく忙しさにかまけて質問者への対応がぞんざいになりがちである。また，丁寧に応対したとしても，情報源についての知識および利用技術に習熟していないと，質問者を失望させることにもなりかねない。

　以下には，図書館員の問題を，a)その態度，b)検索ツール・情報源の知識とその利用技術，c)主題知識について取りあげることにする。

a) 図書館員の態度

　丁寧すぎるのも困るが，少なくともつぎの諸点には十分留意するよう心がけなければならない。すなわち，

　1) 仕事中で忙しいという態度をとらないこと

2)　質問を受けるのを面倒がったり，避けたりするような素振りを見せないこと

3)　質問者の風采，態度，ことば遣いなどによって，軽々しく相手を判断しないこと

4)　要領を得ない質問であっても，それに対していらいらしたり，落ち着かない態度をとったりしないこと

5)　些細な質問であっても侮ったり，いわんや横柄な態度を取ったりしないこと

　要するに，しっかりしたサービス姿勢を保って応接する必要がある。なお応答者の基本的姿勢については，「質問応答」(5.3)の節で改めて取りあげる。

b)　検索ツール・情報源の知識および利用技術

　情報源はすでに述べたように記録情報源だけでなく，館内外にさまざまなかたちで存在している。これらを効率よく利用する手がかりを与えてくれるのが，インターネットおよびレファレンスコレクションである。これらの検索ツールの利用技術が備わっていなければ，質問を受けても，それを必要とする情報(源)にうまく結びつけることはできない。

　したがって，主要な検索ツールをつね日ごろ使ってみて，それぞれの特徴をあらかじめとらえておいて，問題にぶつかったときに運用の妙を発揮できるようにしておく必要がある。本書の第Ⅱ部では，そのための基礎知識を与えることに主眼をおいている。

c)　主題知識

　レファレンス質問は，その一般的傾向はつかめるとしても，個別的には何が問われるか，まったく予測がつかない。一般の図書館では，ありとあらゆる主題にわたる質問が寄せられる。したがって，どんな博識な図書館員であっても，自分の知らない領域の問題について質問を受けることになる。

　そのような場合，質問の主題については質問者の方が精通しており，かえって図書館員の方は主題知識を補うために尋ね返す必要が生じるかもしれない。知らないことがあれば，それを率直に認めるべきであるが，その際，応答のしかたがまずかったり，あまりにも非常識であったりすると，質問者から頼りなく思われ，信頼を失うおそれがある。

5.3　質問応答

　質問者が図書館員に知りたいことを問いかけることによって質問の受け付けが始まる。最初の段階で，質問内容が明白になっているならば，それ以上何ら確認のための応答の必要はない。しかし，実際には質問者は単刀直入に要求内容を表明しているとは限らない。たとえば，情報そのものを必要としていても，図書その他の資料の要求におき替えて要求しているかもしれない。

　したがって，探索に着手するまえの面接において，質問内容確認のための質問応答を行なっておいた方がよい。口頭質問の場合の応答においては，質問者と図書館員とのあいだで主として言語的なコミュニケーションが行われるが，それに付随して身振り，表情など，非言語的なコミュニケーションも行われる。

　なお，ここでは説明の便宜上，質問応答についてまとめて説明するが，実際の口頭質問においてはレファレンスプロセスの全段階にわたり，必要に応じて質問応答が行われるはずである。

5.3.1　応答者の基本的姿勢

　種々の相談サービスにおいて望ましい対応とみなされている諸点は，質問応答場面における図書館員の場合にも当てはまる。「図書館側の問題」(5.2.2)のもとで図書館員の態度について触れているので，ここでは質問応答を効率的に運ぶための基本的姿勢について簡単に触れておきたい。すなわち，応答者は以下の諸点に留意して質問者と応答しなければならない。

1) 気軽に話しかけることのできる雰囲気をつくること
2) 相手を温かく受けとめるように接すること
3) 質問者のことばによく耳を傾け，適度に相づちを打つこと
4) はっきりしない点は相手によく分かることばで尋ね返すこと

などがあげられる。そうすることで，質問者からの信頼を得て，親密な関係を維持することが望ましい。すなわち両者のあいだに親和(ラポール)感が形成されることが肝要である。

5.3.2　質問についての確認事項

　面接は質問のあいまいさを解消するために行われる。通常は質問者自身が質問事項を整理して尋ねるために，面接にさほど時間をかけなくても済むだろう。しかし，既述のように，質問者，図書館員のいずれかに問題があると，それが障害になって質問内容を誤りなくとらえるのがむずかしくなる。

　質問者の思い違いから質問自体が誤っている場合もあるので，一見自明な質問のように思えても，面接によって質問要旨を確認するだけの慎重さが望まれる。その際，応答者の思い込みから，質問者を誘導するような尋ねかたをしないよう注意をする必要がある。

　なお，質問者につぎの諸点を尋ねることができるならば，質問内容の確認とか探索戦略を練るうえでの有効なヒントを得るのに役立つ。

a)　疑問点の出所は何か

　〈何かに書かれていたか〉，〈誰かに聞いたことか〉，〈何と関係することか〉など，質問の発端となったことを尋ねてみる。たとえば，〈新聞で読んだことがある〉，〈テレビで放送していた〉，〈保存食に関する食材名である〉といった応答が参考になる。

b)　質問の動機ないし理由は何か

　〈なぜそれを知りたいのか〉，〈それを何に使うのか〉など，質問の動機や理由が明らかになると質問の内容はとらえやすくなる。とはいえ，その尋ねかたには十分気配りし，質問者が不愉快な思いをしないようにする。

　すでに述べたように，質問者は質問の動機や理由について相手に知られたくないと思いがちである。そのような場合には尋ねても説明をしぶるだろうし，質問のすり替えをしないとも限らない。たとえば，自分の関心事であっても，友だちに尋ねられたからとか，子どもの学校の宿題を代わって調べていても，自分自身の課題であるとかに装いがちである。

c)　すでに探索済みのことがあるか

　これまで何を調べ，どういう結果が得られたかを尋ねることによって，重複調査を避けることができる。さらに調査済みとしてあげられた資料によって，質問者の関心の所在が明らかになる。ただし，実際に自分で調べていなくても，調べたらしく適当に応答しないとも限らない。

　実際に調査済みのものでも，調べかたに遺漏があったり，有効な解答を見落としていたりすることがある。したがって，最初から質問者を疑ってかかるのはよくないが，調査済みといわれたことを鵜呑みにしないで，確認のために再度調べてみる必要が生じることもある。

d)　質問に関連する既知のことがあるか

　質問に関わって，質問者がすでに分かっていることがあれば，それは何かを説明してもらうことによって，知りたいことの核心をより明確にすることができる。もちろん，すべてがヒントになるとは限らない。場合によっては，質問がそれたり発散したりして，新たな疑問が派生し，かえって質問の要点が絞りにくくなるおそれがある。

e)　どんな回答を欲しているか

　質問をした時点で，データそのものを必要としているか，文献を求めているのかなど，期待している回答様式，さらに回答のレベルや量について，質問者自身のもくろみがあるかどうかを確かめる。ただし，この場合も，要求のすり替えがあるかもしれない。たとえば，利用者が情報（データ）そのものを求めていても，資料のかたちで要求しなければ回答が得られないのではないかと思って，資料を請求することがある。

第 6 章

探索戦略と質問の分析

6.1 探索戦略

6.1.1 探索戦略の意義

　レファレンス質問の内容を確認できたとすると，つぎはその回答にあたっ
て，どんな探索ツールをどのように使って解答を求めるのかを考えなければ
ならない。こうした探索の戦略を練ることによって，与えられた条件のもと
で，もっとも効率のよい結果を導く方法を選ぶ必要がある。

　探索戦略を練るというのは探索の実行に先立ち，質問を分析し，質問の内
容，目的，範囲などを見定めて問題点を明らかにし，その解決のために利用
できる探索ツール，情報源としては何が適切かを検討することである。いわ
ば，この段階で探索の仮説を立て，探索の妥当性を検討するわけである。

　探索戦略の検討は，質問応答の過程で，応答者が意識すると否とにかかわ
らず，すでに行われているはずである。しかし，本書では，説明の便宜上，
発問からその回答までのレファレンスプロセスの一環として，質問応答とは
分離して，それに続く段階として探索戦略の問題を取りあげることにする。

　すべての質問の処理において，この探索戦略を練る段階が必要であるとい
うわけではない。質問を受けたとき，即座に回答できる即答質問とよばれる
種類の質問は探索戦略の検討をほとんど割愛することのできる質問であると
いえよう。

　これとは違い，探索に手間のかかる探索質問さらに調査質問ともなれば，
効率よく探索を進めるための戦略を練っておく必要がある。質問を受け付け
るや否や，早合点して書架にある図書や雑誌のもとに直行したのでは，無駄
骨折りをして時間を浪費するおそれがある。

6.1.2　探索戦略の検討

　情報源の知識が豊富でその利用技術に通じているならば，それだけ問題解決への道筋が数多く想起され，与えられた条件のもとで，いくつかの選択肢のうちから最適な情報源(探索ツールあるいはその組合せ)を効率的に選ぶことができるはずである。

　しかし，情報源の知識が乏しければ，十分に探索戦略を練ることができず，およその見当をつけて書架のあいだをうろつき，これはと思う資料が目につけば手に取ってページを繰ってみるといった試行錯誤を重ねることになる。

　そうしたやりかたでも，結果的に目指す情報(源)を見つけることができたならば，それなりに有効な探索といえるかもしれないが，無駄が多く効率的な探索とはなりえないだろう。

　質問者の要求に適合した情報ないし情報源を効率的に見つけ出し，満足できる解答を入手するために，いろいろな方法がとられている。探索事例は実にさまざまであり，探索戦略は質問の性格に依存するところが大きいために，あらゆる場合に共通する絶対的な戦略があるわけではない。

　しかし，すべての探索において，質問内容，利用できる探索ツールの種類，その他の探索上の制約のもとで，臨機応変に適切な探索方法を選び，できるだけ短時間のうちに，効率的に探索を進めることは共通の目標とされなければならない。

　そのためには，探索ツールの知識およびそれによる探索の技術が重要である。冊子体のツールを使う場合には，レファレンスブックの特徴を把握していることと，それを使いこなせる実務経験の裏づけが必要である。というのは，多くの質問を処理した経験があるならば，それだけ探索ツールの選択に慣れ，勘を働かせて活用することができるようになるからである。

　もちろん，質問は多種多様であるから，すべて出たとこ勝負の探索をすればよいというわけではない。多くの経験を積めば，適切な方法手順はある程度身についてくるものである。その手順を踏むならば，比較的効率よく探索を進めることができるはずである。

6.2　探索方式

　ある問題を解決しようとして探索戦略を練る場合，まず，どのような情報源ないし探索ツールが有用かを想定しなければならない。その際，冊子体の印刷物をツールとするマニュアル方式だけでなく，コンピュータによるインターネット検索や各種検索システムなどとの統合的利用を考える必要がある。後者の場合，館内の情報源にとどまらず，インターネットを介して外部の多様な情報源へのアクセスの可能性を飛躍的に拡大させることができる。

　コンピュータ方式かマニュアル方式か，そのいずれによるのかによって，その後の探索戦略が異なってくる。したがって，探索実行の前提として，これらのうち，いずれの方式によるのか，あるいは両者をどのように併用するのかをあらかじめ検討したうえで，探索実行の過程で適宜修正を図るのがよい。

6.2.1　インターネットによる検索

　今日，コンピュータ方式といえば，ほぼインターネットによる検索とみなしてもよいほどである。インターネットの普及とともに，検索できる情報は急速に増加しており，その検索手段も精巧になり，Web 検索が大きな関心を集めている。

　しかし，インターネット上には豊富な情報が流通していると同時に，それらのなかには評価の定まらない情報が少なくないといった問題がある。したがって，ときと場合によって有効性が異なるから，便利だからといって，無批判な利用は避けるべきである。

　そこで，この種のサービスはどのような場合に利用すれば有効か，以下にその利点を列挙して解説を加えておく。

a)　情報を得るのに適切な印刷形態の資料が手もとになくても，インターネットを介して多種多様な情報を検索できること

　印刷形態の資料が存在しないときはもちろん，自館に資料を所蔵していない場合，あるいは容易に利用できるところに資料がない場合も同様である。とくに，利用頻度が低く，かつ高価であるために個別の図書館での購入を見

合わせざるを得ない大部な資料の代わりに，そのデータベースを利用できれば好都合である。

b)　マニュアル方式では時間がかかりすぎ，その探索に根気を要する情報でも，きわめて迅速・容易に検索できること

　インターネットによる検索ができれば，冊子体資料によるマニュアル探索の手間を省くことができる。とくに，網羅的な文献調査あるいは書誌的データベースの作成を目的とするような場合など，関係資料を徹底的に探索する必要があるが，適切なデータベースが利用できるならば，冊子体の資料による反復検索を避けることができる。しかも転記などによる誤記が生じるおそれもない。

c)　冊子体資料ではアクセスポイントが不備であったり，不適当であったりする場合でも，キーワードの選択に誤りがなければ，容易に検索できること

　冊子体の資料が利用できる場合でも，索引が不備なため容易に手がかりが得られない情報がある。こうした場合，インターネットによるデータベース検索によれば，キーワードを手がかりにして即座に全文検索や，必要とするヒントあるいは手がかりを求めることができる場合が多い。かつてのように，質問者の要求を表すための複雑な検索式を作る必要もなく，望ましい形式のアウトプットが入手できるという利点もある。

d)　冊子体資料には未収録であっても，すでにデータベース化されているならば，それによって新しい情報を求めることができること

　一般に，冊子体の資料よりもインターネット上の情報の方が頻繁に更新される。したがって，最新の情報に関心がある場合，ある時点ではインターネットでしか入手できない情報がある。自館で印刷資料の受入が遅滞しているために利用できないときも，新しい情報はインターネット上の情報によって補うことができる。

6.2.2　冊子体資料による探索

　情報検索においてインターネットには上述のような利点があるため，一般的にインターネット検索が容易に利用できるならば，図書館のレファレンスサービスなどに頼ろうとしないのは当然である。また，従来，図書館をよく

使っていた人たちも，居ながらにしてインターネットで調べることができるならば，わざわざ図書館を利用する必要はなくなるだろう。

　しかし，あえて図書館でのレファレンス利用が行われるのは，それなりの理由があるからである。たとえば，インターネットで検索したが，期待したような結果が得られなかったとか，得られた結果を冊子体資料で確認したいとかの場合が考えられる。また，すべての人がインターネットを使えるわけではなく，それを敬遠する人たちもいるはずである。

　こうしたかたちでの利用要求がある限り，図書館はそれに応じる態勢を整えておく必要がある。何を知りたいのか，どの程度の信頼度を求めるのかにもよるが，インターネット上の情報だけで分かったつもりになるのは，望ましくなかったり，危険でさえあったりする場合もあるから，利用者が冊子体資料も使えるように配慮する必要がある。

　したがって，図書館側でも，安易にインターネットに依存することなく，マニュアル方式でも十分探索が可能な場合には，冊子体資料による探索の煩わしさを避けるべきではない。現状では，インターネットに全面的に依存できない状況があり，以下のような冊子体資料ならではの利用価値があることも心得ておく必要がある。

a)　印刷された記録物としての冊子体資料は，情報を蓄積保存する特性がある。しかし，インターネット上では一般に最新情報の提供を主眼としているために，古い情報は更新の都度，消去されることが多い。したがって，アーカイブとして残されていればよいが，更新前にあったはずの情報を求めようとしても，検索するのは困難であることが多い。こうした点において，〈典拠に基づいて〉回答することを原則としているレファレンス質問回答サービスには冊子体資料はなじみやすい。

b)　冊子体資料を使っての探索はインターネット検索ほど迅速・容易には行えない。しかし，いったん得られた結果は読みやすく，一覧表示されることが多いため，比較検討を加えることが容易であり，その信頼性は比較的高い。

c)　インターネットでは，過去にさかのぼって行う遡及的検索は概して困難である。とくに，1960 年代半ば以前の期間を対象とする適切なデータベー

スは少なく，冊子形態の資料と併用する必要がある。

d)　多くのデータベースは自然科学・技術分野，生物科学（農学，医学），産業，ビジネス関係の分野においては比較的充実している。しかし，人文・社会科学分野のデータベースは相対的に貧弱であるため，冊子体資料による探索に依存する必要がある。

e)　インターネット上には無料のデータベースが数多く存在しており，かつてのような利用料の問題が制約となることは少なくなった。それでも定評のあるレファレンスブックを収録したものや新聞記事検索といったデータベースは契約を必要とする会員制有料データベースであり，料金負担の問題からすべて解放されているわけではない。また，検索システムの故障，稼働スケジュールの都合，その他の利用上の制約も無視できない。

　以上，いくつかの問題点を取りあげたが，多くの点でインターネットによる検索は，その利便性，迅速性において冊子体資料によるマニュアルのそれよりもすぐれている。その反面，収録情報の信頼性においては冊子体資料に比べその判断が難しい場合が少なくない。

　したがって，安易にいずれか一方に頼ろうとするのではなく，両者の得失を十分勘案し，おかれた条件に応じて，より適切な検索方式を選ぶ必要がある。インターネットからヒントあるいは検索上の手がかりを得るとともに，逆に冊子体資料から得られた情報をインターネット上の情報で補充するといった使いかたをするのも有効であろう。要するに，両者を統合的に活用し，情報の真贋を見抜く能力を養うことが望ましい。

6.3　質問内容の分析

6.3.1　質問から設問へ

　質問内容が確認できたならば，その質問を単純な疑問文のかたちに表現しなおすことができる。その結果，一つの質問であったものから二つ以上の疑問文が作られることもある。このようにしてできた疑問文のかたちを〈設問〉とよんで，内容を確認していない段階の質問とは区別することにする。

表I-6-1　探索ツール〈レファレンスブック〉の選定

探索主題(X)	探索事項(Y)	探索ツールの種類
●レファレンスブック関係 辞書, 事典, 便覧, 図鑑, 年表, 年鑑, 人名録, 地図帳, 書誌, 目録, 索引等	種類, 編者名, 書名, 出版地, 出版者名, 出版年, 内容, 所在等	レファレンスブックのガイド(選1.3), 書誌の書誌(選1.4)
(例) 戦前の『日華大事典』の	編者名を知りたい.	『日本の参考図書　解説総覧』
●言語・文字関係 国語, 漢字, 難読語, 外国語, 新語, 古語, 外来語, 方言, 俗語, 略語, 諺語, 名句, 用語等	読みかた・発音, 書きかた, 綴字, 意味, 語源, 同(反)義語, 用法, 用例, 出典等	一般辞書(選2.1), 漢和辞書(選2.2), 対訳辞書(選2.4), 特殊辞書(選2.5), 諺語辞書(選2.7), 語句索引(選2.8)
(例) 十二黄ということばは	どう読めばよいか.	『難読事典』
●事物・事象関係 概念, 事物, 物件, 事象, 現象, 各種作品, 動物, 植物, 鉱物等	名称, 種類, 内容, 特徴, 形状, 色彩, 規模, 数量, 方法, 規程, 機能, 用途等	百科事典(選3.1), 専門事典(選3.2), 便覧類(選3.3), 図鑑類(選3.4)
(例) ドラセナという植物は	どんな形状のものか.	『大百科事典』
●歴史・日時関係 歴史的な事件, 最近の事件, 各種分野の動向, 年中行事, 故実・伝承等	原因, 結果, 沿革, 経過, 影響, 効果, 起源, 日付, 時期, 実態, 現況等	歴史事典(選4.1), 歴史便覧(選4.2), 年表(選4.4), 年鑑(選4.5), 統計資料(選4.6)
(例) 寿産院事件という事件は	いつ起こったか.	『近代日本総合年表』
●地理・地名関係 地理, 地誌, 行政地名, 集落地名, 歴史地名, 自然地名, 交通地名, 地域地名等	地名の呼称・起源・由来, 位置, 距離, 面積, 規模, 人文地理, 自然地理等	各国事典・便覧(選5.2), 地域年鑑(選5.4), 地図帳(選5.5), 地名索引(選5.6), 地名事典(選5.7), 旅行案内書(選5.9)
(例) 十六島という地名の	由来が知りたい.	『大日本地名辞書』

探索主題(X)	探索事項(Y)	探索ツールの種類
●人物・人名関係 日本人, 外国人, 架空の人物, 官公庁, 事業体, 学校, 団体, 機関・施設等	氏名, 生没年, 経歴, 住所, 業績, 続柄, 肖像, 団体機関の名称・所在地・事業等	一般人名事典(選 6.1), 専門人名事典(選 6.2), 人名索引(選 6.4), 人物文献索引(選 6.5), 姓名読みかた辞書(選 6.6), 系譜事典(選 6.7), 団体機関名鑑(選 6.3.2)
(例) 江戸の医師, 中野文友の	生没年と経歴が知りたい.	『日本人名大事典』
●図書・叢書関係 和書, 漢書, 洋書, 叢書, 著作集, 図書の一部(所収資料)等	種類, 書誌データ, 書誌的来歴, 内容, 入手情報, 翻訳書, 所在等	一般書誌(選 7.1), 選択書誌(選 7.2), 人物書誌(選 7.3), 主題書誌(選 7.4), 翻訳書誌(選 7.5), 叢書合集の書誌(選 7.7), 所蔵目録(選 7.8), 総合目録(選 7.9)
(例) 江戸期の『船長日記』は	どんな内容か.	『国書解題』
●新聞・雑誌関係 逐次刊行物, 新聞, 雑誌, 紀要, 会議録, 会報, 年報等	種類, 書誌データ, 書誌的来歴, 内容, 収載記事, 記事内容, 所在等	逐次刊行物リスト(選 8.1), 逐次刊行物所蔵目録(選 8.2), 逐次刊行物総合目録(選 8.3), 新聞記事索引(選 8.4), 総目次・総索引(選 8.5), 雑誌記事索引(選 8.6)
(例) 安楽死の特集号を出した	雑誌がないか.	『雑誌記事索引』

　もちろん，質問の多くは改めて確認の手順を踏むまでもなく自明な内容の質問であり，そのまま設問とみなすことができるはずである。以下に，質問事例を示し，それから導かれる設問の具体例をあげて紹介しよう。

［質問事例1］戦後，4Hクラブとよばれる組織が各地にたくさん作られたそうですが，この4Hというのはどんな意味ですか。最近ではこのクラブについてあまり耳にしませんが，その後どんな経過をたどったのでしょうか。

この質問から，つぎの設問が得られる。

［設問A］4Hクラブの〈4H〉はどんな意味か。

［設問B］4Hクラブは，戦後どんな経過をたどったか。

　この事例では，一つの質問から二つの設問をつくることができる。設問中には現われないが，〈戦後，…各地にたくさん作られた〉とか，〈最近はあまり耳にしません〉などの部分は解答を求める際のヒントになる。

［質問事例2］皇海山という山のあたりを源流とし，そこから西南の方角に流れ，やがて利根川に注いでいる川があるそうですが，これは何という川でしょうか。

この質問から，つぎの設問が得られる。

［設問C］皇海山に発し利根川に注ぐのは何という川か。

　要するに，川の名が分かればよい。質問中の〈西南の方向に流れ〉とか，設問中の〈皇海山に発し利根川に注ぐ〉とかは，解答を求める際のヒントになる。

　質問者が求めている質問内容はこうして得られた設問のとおりでよいのかどうか，質問者に尋ね返して確認を求めることができればよい。これは質問確認の最終段階であり，質問者が設問のとおりであることを認めたならば，それをもって質問応答は一段落することになる。

　なお，検索エンジンによるインターネット上の検索であれば，設問が得られた段階で適切なキーワードを選んで検索実行に移ればよいから，面倒な質問分析は必要としない。しかし，冊子体資料による探索では，それなりの手順が必要となるから，以下には探索ツールとしてレファレンスブックを利用することを想定して，原則的な考えかたを説明することにする。デジタル化されたレファレンスブックを利用するときにもこの考えかたは参考になる。

6.3.2　探索主題と探索事項

　質問内容の分析に一定の方法があるわけではない。解答を求めるために利用する情報源に応じてその方法は異なってくる。ここでは，冊子体のレファレンスブックを使って解答を求めるマニュアル探索を想定しているので，レファレンスブックの種類に添うかたちに設問を分析する。

　その際，設問で何が問われているかを明らかにするために，その内容を〈何について，どんな情報を求めるか〉という形式に当てはめてみよう。ここにいう〈何〉に相当するものを〈探索主題〉とよび，〈どんな〉に相当するものを〈探索事項〉とよぶことにする。ほとんどの設問は，このように〈探索主題(X)－探索事項(Y)〉の組合せのかたちで表わすことができる。

　たとえば，上掲の［設問A］は〈4H(X)－ことばの意味(Y)〉，［設問B］は〈4Hクラブ(X)－経過(Y)〉，［設問C］は〈川(X)－よび名(Y)〉となる。これがそのまま探索の手がかりになるとは限らないが，この探索主題と探索事項の組合せから探索のためのツールの種類(本書の場合，レファレンスブックの種類)を選定する手がかりを得ることができる。この一般的な関係を例示したのが「探索ツール(レファレンスブック)の選定」(表I-6-1)である。

　この表を参考にするならば，探索主題と探索事項の組合せから探索ツールとしてふさわしいレファレンスブックの種類を想定することができよう。しかし直ちにレファレンスブックを特定できるわけではない。利用するレファレンスブックが一種類とは限らないから，レファレンスブックについての知識が必要である。

　質問によっては，いくつかのレファレンスブックを組み合わせなければ解答にアプローチできない場合がある。たとえば，〈ある動物の形態〉について調べようとする場合，その動物名が難読の漢字で書かれているために読めなければ，直接事典類を使うことはできないかもしれない。したがって，このような場合には，辞書(たとえば，漢和辞書あるいは難訓辞書)によって，あらかじめ読みかたを確認してから百科事典なり，専門事典なりを利用する必要がある。

　また，〈第二次世界大戦後のある事件の発生とその経過〉について調べようとする場合を想定しよう。その場合，一般的には，戦後史の事典から，そ

の事件名の見出し項目を探し，そのもとの解説を求めようとするだろう。この種の歴史事典で該当する項目が見つからなければ，年表(たとえば，『近代日本総合年表』(*422*))を使ってみることも考えられる。ただし，年表では事件の発生時期とか終結期は分かっても，くわしい解説は望めない。

　そこで，その年月を手がかりにして当該年間を対象とする年鑑(たとえば，『朝日年鑑』(*439*))を選んで解説を求めなければならないかもしれない。それで不十分ならば，一次資料ともいうべき新聞の当該日付のものを利用することもできる。そのために，新聞記事索引(たとえば，『読売ニュース総覧』(*808*))を使って記事の所在を確かめる必要が生じることもあろう。

　以上のように，〈探索主題−探索事項〉の組合せに対応する探索ツール一種類を選ぶだけでは足りず，いくつかの探索ツールを組み合わせなければ適切な解答が得られない場合が少なくない。

第 **7** 章

探索の手順と情報(源)の入手

7.1　探索の一般的手順

　さまざまな関心を持つ個人個人から寄せられる情報ないし情報源に対する要求に応じて冊子体のツールを使って行われる探索は，まさにケースバイケースである。だからこそ，探索についての専門的知識と技術を備えた図書館員による人的サービスが不可欠であるともいえよう。

　しかし，これまでの経験に照らすならば，いくつかの原則的な手順がないわけではない。図書館で冊子体資料をツールとして探索する場合，一般につぎのような手順で探索するのが効率的であると考えられる。すなわち，(1)身近な資料から他の資料へ，(2)高次資料から低次資料へ，(3)一般主題から特殊主題へ，といった手順である。順次，これらについて解説しよう。

7.1.1　身近な資料から他の資料へ

　最初の手がかりを得るために，まず館内の記録情報源が利用される。館内の記録情報源のうちでは，とりわけレファレンスブックは必要とされる情報(源)への手がかりを求める際に有用である。その一つが，情報あるいは情報源への手がかりを与えてくれる案内指示的レファレンスブックであり，もう一つが，それ自体から情報を求めることのできる濃縮情報源ともいうべき事実解説的レファレンスブックである。(なお，これらのレファレンスブックについては，本書の姉妹編『レファレンスブックス　選びかた・使いかた』の第1章を参照されたい。)

　しかし，往々にして館内の記録情報源では解決できないことがある。そのような場合には，非記録情報源ともいうべき館内のサービス担当者その他の職員に尋ねるのがよい。それでも足りなければ,他の図書館の所蔵資料とか，団体機関や個人所有の記録情報源を利用するか，さらに館外の非記録情報源

にまで探索の範囲を広げるかしなければならない。

7.1.2　高次資料から低次資料へ

　ここに高次資料というのは，一次資料と区別する意味で，それよりも次元の高い二次資料，さらに三次資料をいう。三次資料を使って関連する二次資料を見つけ，それを使って必要な一次資料を探索するというのは，たとえば，〈レファレンスブックのガイド〉あるいは〈書誌の書誌〉を使って，辞書，事典，便覧などの事実解説的なレファレンスブック，あるいは書誌，目録，索引などの案内指示的レファレンスブックを選び出し，さらにそれを使って一般コレクションのなかから特定の図書を探すといった手順である。

　図書以外では，目録を使って逐次刊行物コレクションのなかから新聞あるいは雑誌を見つけ出したり，索引誌，抄録誌を使ってそのなかの特定の記事を識別したりする。なお，逐次刊行の二次資料を使った探索の場合，求める資料の出版年が確定できていなければ，新しい巻号から順次過去にさかのぼって探索した方がよい。

　いうまでもなく，高次資料からの探索を原則とするとはいえ，必要な限度においてさかのぼるのであって，低次資料があらかじめ特定できているならば，それを利用すればよい。たとえば，特定分野の資料を探索しようとするとき，当該主題の適切な書誌が分かっていて，それで足りるならば，書誌の書誌を使う必要はない。また，特定主題の関係事項を調べようとするとき，適切なレファレンスブックが分かっているならば，レファレンスブックのガイドは使わないで済ませることができる。

7.1.3　一般主題から特殊主題へ

　一般主題の資料を手がかりにして専門主題あるいは特殊主題の資料を探索する。あるいは，上位主題のものから下位主題のものを探索する。その場合，図書館の主題分類の概括的知識，専門主題の分類ないし構造についての知識が役立つだろう。もちろん，必要な情報を収載している専門主題あるいは特殊主題の資料を直ちに思い浮かべることができて，それにアクセスできるならば，即答質問として解決できるはずであるから，とくに問題はない。

　必ずしも一般主題から特殊主題への関係と対応するわけではないが，主題面からのアプローチにおいては既知の主題から未知の主題へと探索を進めるのも有効である。すなわち，よく分かっていることから手はじめにまず探索し，その結果明らかになったことを手がかりにして未知なこと，あるいはあいまいなことを確認しながら探索を進めるとよい。

　たとえば，ある事件について調べようとするときに，適当な手がかりがないならば，その事件に影響を与えた事柄，その事件の関係者，あるいはその事件が起こった土地の側面などから探索できないのか，検討してみる。百科事典その他の事典類であらかじめ概括的な知識を得ておいて探索を展開するのも，こうした手順に通じるところがある。

7.2　情報源と検索語の選定

　上述の一般的手順を念頭において，探索主題に対応する情報源としてレファレンスブックを想定し，かつ検索語としてその見出し語を想定した場合，後続するプロセスとしては，まずレファレンスブックの種類を決めておいて，そのなかから特定のレファレンスブックを選ぶ手順が必要となる。そのうえで，そのレファレンスブックが適切な見出し語を収載しているならば，それが探索の手がかりとなる。

7.2.1　情報源の種類の決定

　探索ツール(情報源)としてのレファレンスブックの種類を決めるには，どうすればよいか。既述の［設問A］〈4Hクラブの4Hはどんな意味か〉を例に取りあげよう。この場合〈探索主題(X)－探索事項(Y)〉の関係は〈4H(X)－意味(Y)〉と表わすことができる。この例の場合，〈4H〉をどのようなコンテクストでとらえるかが決まれば，探索事項との関係から，利用する探索ツール(レファレンスブック)の種類が決まってくる。

　この4Hを〈略語〉の一種と考え，さらに略語の上位概念を〈ことば〉とすると，不等号を用いて，つぎのように表わすことができる。すなわち，

　　　　X　　4H＜略語＜ことば

　　　　Y　　　意味

　このように表わすならば，略語の意味を確かめる検索ツールとしてのレ
ファレンスブックの種類を略語の意味を確かめることのできる〈略語辞書〉
にしてもよいし，より一般的にことばの意味を確かめることのできる〈国語
辞書〉にしてもよい。

　前者すなわち略語辞書に決めたならば，『現代用語の基礎知識』（*229*），『イ
ミダス』（*228*），『知恵蔵』（*230*）などのうちから選べばよい。後者の国語辞
書と決めたならば，こと典的な辞書『広辞苑』（*201*），『大辞林』（*203*）などか，
さらに，『日本国語大辞典』（*204*）が候補として浮かんでくるだろう。

　［設問 B］の〈4H クラブは戦後どんな経過をたどったか〉は〈4H クラブ（X）
－経過（Y）〉と表わすことができるから，簡単な経過ならばレファレンスブッ
クの種類は設問 A の場合と同じでよいだろう。ただし，単なることばの意
味にとどまらないとしたら，略語辞書では無理である。一般の国語辞書でも
簡単な経過を知るだけならば十分であろうが，くわしくはそれを手がかりに
して専門事典に頼る必要があろう。

　つぎに［設問 C］の〈皇海山に発し利根川に注ぐのは何という川か〉の場
合はどうだろうか。求められている情報は〈川のよび名〉であり，〈探索主
題（X）－探索事項（Y）〉は〈川（X）－呼称（Y）〉と表わすことができる。〈川〉
は地名の一種と考えるならば，つぎのように表わすことができる。

　　　　X　　　川＜地名

　　　　Y　　　よび名＝呼称

　この場合，川のよび名，すなわち地名の呼称を調べる設問であるから，レ
ファレンスブックの種類は〈地名事典〉，〈地図帳〉などが該当するであろう。

　レファレンスブックの種類を地名事典と決めたとすれば，つぎはタイトル
選びである。この場合，日本の地名を見出し語とする『角川日本地名大辞典』
（*594*），『日本地名大事典』（*596*）などが考えられる。また，索引の充実した
地図帳を選ぶのも一案である。

　なお，情報源として利用することのできるレファレンスブックが 2 種類以
上ある場合は，よりよい情報を迅速に求めるにはいずれから使いはじめれば
よいかという観点から優先順位を決める方がよい。皇海山とか利根川をヒン

トにして，関東地方なり栃木県なりに地域を絞ることができるならば，地域
百科事典など，別種のレファレンスブックを優先的に選んだ方がよいかもし
れない。

7.2.2　検索語の選定

　情報源(この場合はレファレンスブック)の種類が決まれば，それに伴って
検索語(見出し語)もほぼ決まってくる。一般に設問の〈探索主題(X)−探索
事項(Y)〉から，すでにその検索語を見出し語としていそうな情報源(レファ
レンスブック)が選ばれたはずである。マニュアルの探索においては情報源
と検索語が不可分な関係にあるからである。

　設問 A の場合，略語辞書を使うとなれば，その検索語は〈4H〉である。
冊子体のレファレンスブックのようなアナログメディアでは見出し語は
〈4H〉と〈クラブ〉とに分割されるのではなく，両者を結合した〈4H クラブ〉
のかたちであることが多い。一般の国語辞書を使うときも同様である。なお，
いうまでもないが，設問 B の場合は，検索語は〈4H クラブ〉でなければな
らない。

　設問 C の場合，地名事典を使うとき，探索主題が〈川〉だけでは探索の
手がかりにはならない。そこで，〈皇海山に発し利根川に注ぐ〉という限定
句を添えた下位概念を設ける。すなわち，

　　　X　　皇海山に発し利根川に注ぐ川＜川＜地名
　　　Y　　よび名＝呼称

この場合，ある川のよび名を確かめるために〈皇海山〉と〈利根川〉のい
ずれも検索語として使えそうだが，利根川には多数の川が注いでいると考え
られるから，この川を特定化するには〈利根川〉よりも〈皇海山〉を検索語
にした方が手がかりを絞るのに都合がよいだろう。

7.3　探索の実行とその成果

　情報源とその検索語が決まった段階で，探索の実行に移ることができる。
ここまで準備が整えられれば，探索の実行は単純作業ではないかと思われが

ちであるが，実際には，そうはいかないことがある。その情報源を手に取ることができればよいが，さもなければ，それでも探索を続行するか，あるいは他の情報源に変更するかといった問題が生じる。

　また，探索を進める過程で得られた情報あるいは情報源によって新しい発見があり，その結果，探索上の仮説を修正したり，改めて仮説を立て直す必要が生じたりすることがある。

7.3.1　情報(源)の入手

　探索に利用される特定の情報源がレファレンスブックである場合，まずその本文の見出し項目あるいは索引項目の有無を点検する。それらの見出し項目のなかに検索語と一致するもの，あるいは同義語がないのかを確かめる。合わせて，上位語ないし下位語から探すことはできないか，検討してみるとよい。その際，シソーラスや類語辞書が使えると，関連語への手がかりが得られ，探索もれを避けるうえで参考になる。

　一致する索引項目があれば，それを手がかりにして本文の項目を参照すればよい。ただし，本文ではそれが見出し項目として扱われているとは限らない。見出し項目であろうとなかろうと，探索事項に即応した情報が得られるならば，それが解答となるはずである。

　当該の検索語が索引の見出し語中に見いだせない場合も当然あるはずである。しかし，簡単にあきらめない方がよい。それは索引が粗いからかもしれない。したがって，念のため，本文目次から直接探すことはできないか，試してみるのもよい。

a)　質問事例 1

　すでに見たように，〈4H〉は略語ではなかろうかと想定し，設問 A の探索ツールとして『現代用語の基礎知識』(*229*)，『イミダス』(*228*)，『知恵蔵』(*230*)などが選ばれた。しかし実際に，これらに付された索引によって〈4H〉を探索してみたが，いずれからも有効な手がかりは得られなかった。

　略語ではないとすれば，国語辞書の見出し語として採用されているかもしれない。そこで，こと典的な性格の『日本国語大辞典』(*204*)を使ってみることにした。この辞書で〈4H クラブ〉という項目を探したところ，つぎの

見出し語とその解説を探し出すことができた。すなわち,

> よんエッチ－クラブ[四H－]【名】(クラブは英club「四H」は,head(頭
> 脳)・hand(手)・heart(心)・health(健康)の頭文字)…

また,この解説に続いて,その戦後からの経過についても以下のように言
及されている。

> 農業改良普及事業の一環として,農業改良普及員の指導のもとに組織さ
> れ,20歳未満の農村青少年によって構成された団体。昭和23年(1948)
> 以降,アメリカに範を求め農林省の指導によって普及したが,同30年
> 代後半から不活発となった。

この事例のように,同じ主題事項の探索から派生する設問では,一方の探
索によって他方の設問の解答も同時に得られる場合が少なくない。なお,『日
本国語大辞典』(*204*)は「ジャパンナレッジLib」(https://japanknowledge.
com/library/)に収録されているので,この項目は「ジャパンナレッジLib」
を検索しても見つけることができる。

b)　質問事例2

　設問Cの探索ツールとして『角川日本地名大辞典』(*594*),『日本地名大
事典』(*596*)などをあげたが,まず前者を使ってみた。〈西南の方向に流れ利
根川に…〉ということからヒントを得て,同セットの「栃木県」の巻を選ぶ
ことにした。ただし,検索語を〈皇海山〉と決めたが,その読み方が分から
なくては探せない。したがって,まずそれを地名としてとらえ,その読みを
確かめなければならない。すなわち,ややくどくなるが,〈探索主題(X)－
探索事項(Y)〉のかたちで示すならば,

> X　　皇海山＜地名
>
> Y　　読み

という関係から,〈地名の読み〉を確かめる設問であることが分かる。

　幸い『角川日本地名大辞典』の各巻には「難読地名索引」があるので,読
みを確かめるための特別のツールはなくてもよい。これによって,〈皇海山〉
は〈すかいさん〉と読めることは簡単に確かめられる。しかし,残念ながら
本文の〈すかいさん〉のもとの解説には川についての言及はなかった。

　そこで,つぎに『日本地名大事典』の第5巻「関東」を調べることにした。

これには難読索引はないが，すでに〈すかいさん〉という読みは分かっているので，索引を手がかりにして探すことにした。その結果，目指す〈皇海山〉は本文の〈あしおまち　足尾町〉のもとに言及されていることが判明した。その解説は，つぎのように続いている。

　　…皇海山（すかいさん）（2143m）がそびえる。渡良瀬川（わたらせがわ）の本支流は，その山地を樹枝状に侵蝕し，峡谷と河岸段丘面を南西方に流れる…

　したがって，川のよび名は渡良瀬川（わたらせがわ）ということになる。念のため，地図帳によって皇海山の位置を確認したところ，間違いはない。なお，『角川日本地名大辞典』（**594**）は，DVD-ROM 版（**594n**）もある。また，「ジャパンナレッジ Lib セレクト」の収録対象とされているので，もし利用可能な環境であれば，これらを利用するのもよい。

7.3.2　未解決の問題

　できる限りの手を尽くしてみたけれども，質問者の要求に適合した解答が得られなかったという結果に終わることがある。そのような場合，単に〈解答なし〉とだけ回答するのでは何もサービスをしなかったことと変わらない。

　したがって，少なくとも何を使ってどのような手順で調べたのか，概略的にでも探索の経過を明らかにし，その時点までに適切な解答が得られなかった理由を明らかにすべきである。そのような解答が得られなかった事情を明らかにすることも，一つの回答のしかたである。

　質問者は解答が得られないことに積極的な意味を見いだすかもしれない。すなわち，その質問の解答は容易に得られないことを知ることが，質問者にとって貴重な情報を得ることになる場合もあるからである。

　また，完全な解答が得られるまで待たされるよりも，不十分な解答であっても素早い回答を期待している場合もある。どのくらいの時間を要するのかも知らされないまま，いたずらに待たされたのでは，質問者はかえって迷惑する。

　したがって，探索の途中で時間がかかりそうだと予想されたならば，途中経過を明らかにしたうえで，改めて連絡をとるように回答時間を予告し，いっ

たん引き取ってもらった方がよい。時間がかかると予想される場合には，途中段階までの探索で中断されるのもやむをえないと考える質問者もいるはずである。

　容易に回答できそうもないのに，意地を張って深追いしていたのでは質問者を無意味に拘束してしまうことにもなりかねない。したがって，こうした場合，質問者の意向を確かめたうえで，館外の適切な図書館その他に照会ないし紹介するなど，いわゆるリフェラルサービスに切りかえることも考えるべきである。

第 8 章

回答の提供と事後処理

8.1 回答の適切さ

　質問の回答は，質問者の要求に適合した情報ないし情報源を選び出し，それを提供ないし提示することであり，一連のレファレンスプロセスの最終段階である。

　回答内容は要求に合致するだけでなく，要求のレベルと量の両面においても適切であるよう心がけなければならない。質問者の要求内容にふさわしい回答のレベルおよび量は探索の実行以前にすでにある程度想定されているが，この段階で探索結果は質問内容と照らし合わせて最終的に決められる。

8.1.1 回答のレベル

　質問者の質問内容にふさわしい回答のレベルとは，その質問者の利用目的にふさわしいレベルということである。一般利用者にとって問題はないにしても，たとえば小・中学生などの場合は，学齢と発達段階を考慮した適切なレベルであることは重要な意味を持つ。

　要求内容に合致した正確な情報を提供したとしても，質問者の求める回答のレベルと異なり，その利用目的に適合しない情報では役立たないかもしれない。たとえば，応答者が質問内容にぴったり合致した情報を提供したつもりであったとしても，難解な専門用語が用いられているために質問者が理解できなければ，無意味な情報でしかない。

　質問者の要求レベルに適合した資料が得られないために，やむをえず専門書など理解しにくいと思われる資料をもって代えるときは，専門語を解説した資料を合わせて提供するとか，若干の解説を加えるとかするのが望ましい。そうすることによって，適合しないレベルの回答であっても，質問者に満足してもらえる場合がある。

8.1.2　回答の量

　利用者の要求に対し，過不足のない量の情報あるいは資料を提供できることが望ましい。たくさんの回答をすれば，それだけ喜ばれるわけではない。回答の量が利用者の期待と異なる場合も，その理由を付して質問者の要求に合致するよう配慮することが望ましい。

　一般の質問の回答として資料を提示するような場合には，若干の資料を提示すれば足りることが多い。逆に，過大な資料を提示したのではかえって迷惑がられるおそれがある。たとえば，ある人物の略歴を調べたいと思っている質問者には，その人物の伝記書を何冊も提示するよりは，むしろ人名事典か百科事典に収載されているその人名項目のもとの解説を指示した方が喜ばれるかもしれない。

8.1.3　「解答」の評価

　回答として情報あるいは資料を提供する場合，しばしばその評価の問題が関わってくる。一般の図書館におけるレファレンスサービスでは典拠を示して情報ないし情報源を〈リファー(refer)〉するのが原則であり，探索の結果得られた情報あるいは情報源については原則として評価を加えないものとされている。つまり探索の援助ないし情報(源)の提示・提供はするけれども，その結果の評価は質問者自身に委ねればよいとする考えかたが一般的である。

　しかし，日常行われているサービスにおいて，担当者の評価がまったく加わっていないかというと，そうではない。多くの資料から適切なものを選んで提供すること自体，すでにある種の評価を加えた結果である。議論のある主題について，相対立する見解を並列的に提示するよう資料を選ぶこと自体，すでに担当者の判断が加わっている。

　また，情報を探索して得られた結果としての情報といえども，すべてが正確で誤りのない情報ばかりとは限らない。記録物は人間の手になるものであり，とかく誤りが混入しがちである。

　往々にして明らかに探索結果が誤っている場合がある。とくに，書誌データ(著者名，書名，出版者名，出版年など)，その他数値情報の誤りは見つけやすい。こうした場合には，担当者の的確な示唆が質問者の誤解を未然に防

ぐことになる。

　明らかな誤植，誤記などによる誤りについては比較的はっきりと訂正意見
を添えることができるが，探索結果に対する解釈の問題となると，十分慎重
でなければならない。たまたま自分が熟知していることならばともかく，得
られた結果に異議があるからといって，軽々に私見を差し挟むべきではない。

　ただし，それはあくまでも原則であって，担当者の能力いかんによっては
評価を加えることはありうるし，それを質問者が望むこともある。専門職と
してのサービスであるからには，担当者の裁量に委ねるのが妥当であろう。

　カッツ（W. A. Katz）によれば，回答にあたり単にデータ，資料を探して提
供しただけでは不十分であるという。すなわち，"図書館員によって，それ
に何らかの評価，解釈ないし説明が加えられるべきであり，これは面接や探
索と同様に，専門職としての責務である"[1]と述べている。もっとも，その際，
第1に，援助を欲しない利用者にそれを強いるべきではないこと，第2に，
即答質問の場合のように，解答が自明であることが圧倒的に多く，あえて評
価・解釈を加えるまでもないことに留意すべきであるという。

［注］
1)　Katz,W.A. *Introduction to Reference Work.* Vol.2: Reference Services and Reference
　　Processes. 4th ed. New York, McGraw-Hill, 1982. p.90.

8.2　回答様式

　質問者がどのようなかたちの回答を望んでいるのかは，質問を受け付けた
段階である程度想定されていたはずである。たとえば，宿題の解答を探して
いる生徒には，解答そのものを提供する代わりに調べかたを説明するといっ
たように，利用者に応じて，事前に回答様式が決まっているような場合があ
る。また，質問の内容と関わって，その回答様式が決まってくる場合もある。
しかし，質問受付の段階で想定される回答様式はあくまでも暫定的なもので
あって，回答様式が最終的に確定するのは探索結果が明らかになってからの
ことである。

　最小のサービスにとどめた方がよいとする方針をとる図書館の場合には，その関係資料を使うよう助言することによって解答そのものに代えられる。たとえば，〈照国丸という大型船はいつ，どこで沈没したか？〉と尋ねられたとき，〈年表を利用したらよいでしょう〉と回答するか，せいぜい〈『近代日本総合年表』を使ったらよいでしょう〉と示唆するにとどめる。

　これに対して最大のサービスを提供する方針をとる場合には，同年表の該当ページを開き，その関係部分すなわち〈1939（昭和14）11.21　日本郵船の照国丸，英国東海岸で触雷沈没〉の項目を指し示すか，電話による回答ならば，該当箇所を読みあげるといった方法がとられることもある。

　このように同じ質問に対してもサービスの内容が異なるのは，主として利用者に対応した図書館のサービス方針の違いに基づいている。

　一般的な質問回答様式としては 1)情報そのものの提供（提示），2)情報源の提示（提供），3)情報（源）の所在指示，4)図書館等の利用案内（指導），5)情報（源）の探索案内（指導），6)二次資料（文献リスト等）の作成・提供，の6種類をあげることができる。以下に，これらの回答様式について簡単に説明を加えておく。

8.2.1　情報そのものの提供（提示）

　質問者から特定の情報が求められている場合，それに合致する情報が即座に得られる即答質問ならば，その情報そのものを提供するのが普通である。たとえば，〈享保7年3月5日は西暦の何年何月何日に当たるか〉という質問に対して，〈1722年4月20日〉と答えるような事実探索の結果を回答するような場合である。事典類のデータベースを検索して解答となる情報を端末の画面上に提示することもこの場合に含まれる。

　情報そのものを提供する場合には，その回答が何によって得られたのか，原則として典拠を示さなければならない。とくに，二つ以上の情報源から相容れない結果が得られたような場合，それぞれの情報源を典拠として添えることによって，いずれを選ぶかは質問者の判断に委ねることを原則とする。

　当然ながら，図書館では図書の著者名，書名，出版者名，出版年などを知りたいという質問が少なからず寄せられる。こういった書誌データを求める

質問に応じてそのデータを提供することも，この種の回答様式に含まれる。ただし，書誌データ関係の回答件数はかなり集中するところから，統計等の集計の際には他の事実調査の回答と区別して記録されることがある。

　なお，大学図書館の場合，サービス対象によって回答の様式を異にする方針をとることがある。たとえば，質問者が学生であれば，情報そのものを求めている質問の場合にも，関係する特定の事典を調べるよう示唆するなど，情報源の指示にとどめることもある。

8.2.2　情報源の提示（提供）

　情報源はきわめて多種類にわたるが，質問者に提示できる情報源は館内の記録情報源，とくにレファレンスブック，一般図書，逐次刊行物，ファイル資料，データベースなどである。たとえば，〈裁判員制度について書かれた本はないか〉という質問に対して，〈当館には，こんな本があります〉といって数冊の図書を差し出すのであれば，それは図書の提示といえる。これは質問に対する資料の紹介ともいわれている。

　もっとも，質問者は情報そのものを求めている場合でも，図書館に尋ねるのだから，文献資料のかたちをとる情報源を求めるのがよいだろうと考えて，図書とか雑誌を要求する傾向がある。そういった場合には，質問応答によって本来求められているのは何かを確認し，情報そのものを提供した方がよいと判断されるならば，そうするのが望ましい。

　他方，文献その他の記録情報源が求められている場合もある。たとえば，〈柳田國男が南方熊楠について書いている文章がないか〉といった質問には，その文章を収載している柳田國男の随筆集などを提示するのが適切な回答様式といえよう。

　また，既述のように，情報そのものが求められている場合でも，資料によってそれぞれ異なる結果が得られたときには，情報源を提示して質問者の判断に委ねた方がよい。さらに，図解とか写真などのような視覚に訴える種類の資料でなければ理解しにくいときには，資料を提示するとよい。その際，自館の所蔵資料で間に合わないものについては，インターネット上で検索したものを提示するとか，他館から借り受けるとか，複写を依頼するとかして提

供することもあろう。場合によっては，つぎの回答様式をもって代えること
もできよう。

8.2.3　情報（源）の所在指示

　情報あるいは情報源を求める質問に対して，それがどこにあるかを知らせ
ることによって回答に代える場合がある。それだけでも質問者にはその後の
発展的探索の手がかりが得られたとして満足してもらえるかもしれない。資
料が求められる場合，この種の回答様式を所蔵調査あるいは所在調査とよぶ。
　たとえば，〈福沢諭吉の伝記はないか〉という質問に対して，『福翁自伝』
あるいは小泉信三著『福沢諭吉』，その他 2, 3 の資料について館内の所在を
示す請求番号を知らせるのは所蔵調査による回答である。
　また，〈宮城音弥の「言語と合理性」というエッセイはどの雑誌に載って
いるか〉という質問に〈『月刊言語』の第 9 巻 10 号（1980 年 10 月）に載って
いる〉と，雑誌中の所収箇所を知らせるのであれば書誌データ調査の回答で
あるが，その雑誌『月刊言語』が排架されている書架はどこにあるのかを指
示するならば所蔵調査となる。もし自館に所蔵していない場合，それがどこ
の図書館にあるのかについて指示するならば，所在調査の回答ということに
なる。
　特定の資料の所蔵の有無を尋ねられたとき，単に閲覧目録（OPAC）を利用
して検索するよう指示するだけで足りる場合がある。しかし，こうした対応
ののちは，質問者が満足な結果を得たのかどうか，それとなく見守ることが
大切である。
　閲覧目録が使いこなせても，当該の資料が所蔵されていなければ検索する
ことはできない。現物が必要ならば所蔵館から取り寄せるか，質問者本人に
所蔵館に行って利用してもらうかしなければならないかもしれない。前者は，
情報源の提示となるが，後者は，図書館その他の機関の紹介というかたちで
の所在箇所の指示となる。後者のサービスをリフェラルサービス（referral
service）とよぶ。リフェラルサービスとは，質問者に代わって類縁機関や各
種の専門機関，サービス窓口などに照会し，〈どこに，どんな情報があるのか〉，
〈どこで，どんな相談が受けられるのか〉などの情報を求め，それを質問者

に知らせる一種の所在情報の紹介・照会サービスである。

8.2.4　図書館等の利用案内（指導）

　図書館の利用方法を説明するかたちの回答は少なくない。利用者の多くは
〈自分の欲しい資料はどこにあるか〉，〈利用手続きはどのようにすればよい
か〉といった図書館の基本的な利用法さえ分かれば，自分で必要な資料を選
んで使えると思っている。

　こうした利用者の期待に応えて，図書館も利用者が自由に使えるように整
備すべきであることはいうまでもない。しかし，館内掲示，標識などが整備
され，図書館利用案内，パスファインダーなどの配布物による案内がなされ
ていても，個別具体的な問題を抱えている利用者がいざ図書館を使おうとす
るとしばしば戸惑うものである。

　図書館をうまく利用することは一般に考えられているほど容易ではない。
規模の大きな図書館，複雑な構造の図書館は使い慣れないと利用しにくい。
とくに，単一の図書館だけでなく，他の図書館にも探索の範囲を広げようと
すると，図書館利用に慣れていても，どこの図書館をどのように使ったらよ
いか分からないものである。そんなとき，担当者が気軽に相談に応じてくれ
れば，簡単な示唆だけでも利用者は満足な結果を得ることができるだろう。

8.2.5　情報（源）の探索案内（指導）

　図書館自体も一つの情報源ではあるが，ここにいう情報源は，既述（3.1）
のように，インターネット上の情報資源をはじめ，館内外の各種の情報源が
広く含まれる。情報源の探索案内（指導）というのは，これらの情報源のうち
の一群の資料あるいは個別の資料の利用方法について尋ねられた場合に行わ
れる。

　こうした質問は資料に不慣れな利用者から出されることが多いが，専門的
知識に精通している人であっても，案内はまったくいらないわけではない。
馴染みの薄い資料がきっとあるはずである。そのような資料について何らか
のかたちで利用案内を受けないと，有用なはずのものが使われないでしまう
おそれがある。

　とくに，CD-ROM 版，DVD-ROM 版，インターネット上のデータベース，
各種メディアの再生機器など，メディアの多様化に伴う検索ツールの増加に
より，冊子体以外のツールが増えたことによって，図書館利用に精通してい
た人でさえも利用に不慣れな情報源あるいは検索システムが増えてきている。
　このような情報源の多様化およびその検索手段の変化などが，その探索法
の案内ないし指導の必要性を高め，正規の図書館利用教育あるいは情報検索
指導の必要性を促している。なお，新しいツールの利用法の案内はしばしば
情報サービスとの関連において行われている。

8.2.6　二次資料（文献リスト等）の作成・提供

　文献目録の有無を問われたような場合，もし既製の文献目録があって，そ
れで足りるならば，回答は情報源の提示ということになる。しかし，既製の
二次資料がない場合は，関係文献を選んでリストし，それを提供する方法が
とられることがある。こうした回答様式が二次資料（文献リスト等のデータ
ベース）の作成・提供である。
　二次資料の作成というと，図書館に相当の負担がかかるように思われがち
であるが，必ずしも大きな負担になるとは限らない。二次資料の作成とはいっ
ても，網羅的なリストを必要とするものばかりではない。たとえば，何かの
主題あるいは人物に関する文献を求めている質問者に対し，所蔵資料のなか
から関わりのある図書や雑誌記事を選び，それらの書誌データを 1 枚のリス
トにまとめて手渡すといった方法もある。時間をかけて網羅的なものを作る
よりも，収録資料の所在を示した簡単なリストを素早く作り，それを提供し
た方がかえって質問者に歓迎されるかもしれない。
　従来，二次資料の作成サービスは手作業による方法がとられたために，利
用者からの要求があっても，人手がかかりすぎ，なかなか要求どおりに応じ
られなかった。しかし，インターネット上の豊富なデータベースが利用でき
る領域では，この種のデータベースを利用した二次資料の作成・提供はきわ
めて容易になった。ただし，質問者の要求に合致するよう収録資料を絞る際
に，しばしば専門的知識を必要とするために，すべてが単純作業化したわけ
ではない。

8.3　回答サービスの事後処理

8.3.1　回答サービスの記録・統計

すでに「質問受付処理の記録」(5.1.2)で述べたように，レファレンス質問への回答の記録は種々の目的のもとに行われる。とりわけ，レファレンスサービスが十分確立していない多くの図書館にとって，質問回答サービスの実態をとらえることのできる記録は，レファレンスサービスの中心的サービスを測定・評価するための基礎的データを得るうえで有用である。

ただし，記録の種類にもよるが，質問の回答処理のかたわら記録をとることは業務の円滑な流れを妨げるおそれがある。とくに，限られた時間内に数多くのレファレンス質問を処理しなければならない図書館では，つぎからつぎへと問いかけてくる利用者との応接に忙殺され，担当者は単純な質問件数を記録する余裕さえないといわれている。したがって，そのような図書館では毎日ではなく，定期的に一定間隔をおいて調査日を設けて記録をとるようにしてもよいだろう。

記録をとることの必要性は認められていても，現在のところ，質問回答サービス関係でどのような記録をとるのか，さらにそれからどのような統計データを求めるのかについて共通の基準が設けられているわけではない。したがって，個別図書館でとられている記録がそのまま他の図書館との比較・評価に使えるような標準的な記録とはなり得ないところに問題がある。

しかし，つぎのような諸側面から各種の記録を類別し，統計データを求めるならば，質問回答サービスの測定・評価に役立てることができるだろう。

a)　質問者の類別

単に質問者の人数だけでなく，どのような質問者からどんな質問が寄せられたのかを知ることができれば参考になる。たとえば，公共図書館では，質問者を一般成人，児童・生徒(小学生，中学生，高校生)，大学生，他の図書館，企業，団体・機関などに分けることができるが，その居住地域との関係が明らかになれば，利用者構成をとらえるのに役立つ。また，大学図書館では，学生，教職員の所属，学外者(他の図書館，団体・機関，個人)などの概数が分かればよい。

b)　質問の内容による類別

　質問はしばしばその内容によって主題分類される。たとえば，標準分類法（日本十進分類法など）やその館が採用している独自の分類表に基づく粗分類，あるいは総記，人文科学，社会科学，科学・技術といった大別の方法がとられることがある。こうした粗分類にとどめられるのは，特殊な調査目的がある場合は別として，精細分類を行なったとしても実効性に乏しいばかりでなく，かえって複合主題の扱いに困ることになるからである。

c)　探索に利用した情報源（ツール）による類別

　情報源の類別については，すでに「情報源とその種類」（3.1）で述べたように，館内情報源か館外情報源かに大別できる。前者は，レファレンスブック，一般図書，逐次刊行物，ファイル資料，閲覧目録（OPAC），その他の記録情報源と，職員その他の非記録情報源に類別できる。後者の館外情報源も同様に，記録情報源と非記録情報源に大別できる。このほか，館内外には関係なく，インターネットは探索の初期段階では頻繁に利用されるだろう。

　なお，本書では，即答質問ないし比較的軽易な探索質問を中心に扱っているので，第Ⅱ部では探索に利用されるツールつまりレファレンスブックの種類によって質問例題を大別した。すなわち，「レファレンスブック」自体の探索ツールおよび「言語・文字」，「事物・事象」，「歴史・日時」，「地理・地名」，「人物・団体」，「図書・叢書」，「新聞・雑誌」関係の8類に分け，主としてそれらの探索ツールによって回答できる質問に類別している。

d)　回答様式による類別

　質問の回答様式によって情報（源）提供と利用案内（指導）とに大別できる。既述の「回答様式」（8.2）に示したように，前者はさらに情報そのものの提供，情報源の提示（提供），情報（源）の所在箇所の指示，後者は図書館の利用案内（指導），情報（源）探索案内（指導）に分けられる。このほか，二次資料の作成・提供もある。さらに，読書相談，その他本来の質問回答サービスではないものも，担当部門で扱う限りにおいて，別種の回答様式として数えることができる。

　実際に行われている統計調査では，回答様式による類別を採用していることが多い。たとえば，国立国会図書館レファレンス処理統計では，〈文書回答〉，

〈電話回答〉,〈口頭回答〉に分けたうえで,それぞれについて〈情報源・文献紹介〉,〈簡易な事実調査〉,〈特定資料の調査〉,〈利用案内・その他〉の4種類に類別している(「国立国会図書館年報」令和3年度　p.103)。

e)　質問処理過程による類別

　まず,受付・回答の方法による類別がある。すなわち,口頭,電話,ファックス,電子メール,文書などのうち,いずれの方法で質問を受け付けたのか,また何によって回答したのかといった観点からの類別である。

　受付時間は,午前中,午後5時まで,5時以後など,時間帯による区分が考えられる。回答所要時間は,5分以内,6〜10分,11〜20分,21〜30分,31〜60分,1時間以上などに区切ることができる。ただし,あまり細かく分けたのでは,かえって記録が煩雑になるばかりで,実用的ではない。

f)　処理結果による類別

　質問の難易度によって,案内質問,即答質問,探索質問,調査質問の4種類に分けるのは,質問の処理結果による類別といってよい。この場合の記録として,案内質問については質問件数が記録されているだけでよいが,その他の質問は内容が摘記されることが望ましい。なお,このような難易度による区別は,既述のように応答者の能力差および利用できる情報源の規模・内容などによっても影響を受けるために,図書館によって差異が生じる。

　また,回答済みであっても,すべて解決済みであるとは限らない。一部しか解決できなかったもの,あるいは未解決のものも含まれている。その場合,解決できなかった質問について継続処理しているものは〈調査中〉,〈照会中〉,〈依頼中〉などに区別できる。

　もっとも,回答の成否は必ずしも自明ではない。解答結果は質問者の主観的判断に基づいて評価される傾向があるために,とくに複雑な質問の場合には解決できたかどうかを図書館員が的確に判断するのはむずかしい。質問者の評価がなければ本当に求められている情報(源)を提供できたかどうかは十分に分からないが,ここでの類別は応答者側の判断に基づいている。

g)　質問件数

　質問の件数はきちんと記録することによって,数字で明確に示せそうに思われがちであるが,質問件数の数えかたしだいで結果はまちまちになる。た

とえば，同一の質問者から2冊の書名について，それぞれの読みかたを尋ねられた場合，質問件数を1件とするのか2件とするのか。さらに，その1冊について所在調査を依頼された場合，まず書誌データの確認が必要であり，そのうえで他館に貸出依頼をして図書を取り寄せて提供したような場合，何件と数えるのか，連続的な処理と断続的な処理とでも異なってくる。

　このように数えかたしだいでデータが異なったのでは統計処理上都合が悪い。したがって，件数についてはどのような観点から，どのような規準によって数えるのか，計数の規格化をしておく必要がある。

8.3.2　回答サービスの測定・評価

　レファレンスサービスについて，その中心的サービスである質問回答サービスが，その目指している目標をどの程度達成しているかを測定することは，その評価においてきわめて大切である。質問回答サービスの測定は利用者のニーズの把握，レファレンスコレクションをはじめとする各種の情報源の構築，サービスの方針，手順，組織などの診断，職員の業務量・業務内容の評価を目的として行われる。

　そのために，質問受付処理票(図I-5-1を参照)，その他の質問回答サービスの記録に基づく各種の統計データが利用される。いうまでもなく，質的な性格の強いレファレンスサービスの実態がこれらの統計データだけで十分とらえられるわけではない。しかし，少なくともその数量的側面からサービスを測定する手がかりは得られるから，これに質的な評価をも勘案して質問回答サービス改善の指針を求めることはできる。

a)　質問者

　図書館の館種によって主な利用者は異なるから，質問者の種類分けも図書館が違えば当然異なってくる。すでに述べたように，たとえば，公共図書館では質問者を一般成人，児童・生徒，大学生，他の図書館，企業，団体・機関などに分けることができる。

　これらの類別に基づいて，単なる質問回答件数だけでなく，質問者の側面から質問回答サービスの評価を行うことができる。たとえば，全利用者中に占める各質問者の比率，その居住地域と質問の受付件数，回答様式，質問種

別の関係などについて分析・評価を加えることができる。

b）　質問の内容

　質問を主題内容により分類することによって，どの主題に関する質問がどの程度出されているのかといった利用者のニーズが明らかになる。質問の主題はそのタイプ（たとえば，言語関係，事物関係，歴史関係，地理関係，人物関係，文献関係など）と組み合わせることによって，より具体的な内容としてとらえることができる。たとえば，ある主題の人物関係の情報か文献関係の情報かによって質問者の要求は明確に識別できる。それはまた，利用される情報源（ツール）の種類の違いにも関係するから，どのような情報源に利用が集中するのか，その評価にも関わる。

　とくに図書館が企画した重点的サービス，たとえばビジネス支援サービス，法律情報サービス，医療情報サービスなどを行なっている場合，それらの実績の推移を跡づけるデータを求めるために別類を設けた方がよい。

c）　情報源（ツール）

　館内の記録情報源のうち，とくにレファレンスブック，その他の蔵書によって，どの程度回答することができたのかを明らかにすることができるならば，自館の蔵書やレファレンスコレクションを評価し，コレクションを精選淘汰し，維持するのに役立つ。また，館外の情報源として利用できた資料のうち，有用なものがあった場合，それを自館でも収集すべきかどうか，選書の検討材料にすることができる。

d）　回答様式

　回答様式は情報（源）提供と利用案内（指導）に大別できるし，さらに「回答様式」（8.2）でも既述したように6種類に分けることもできる。これらのうち，いずれの様式によって回答するかは必ずしも質問者の要求だけで決まるわけではない。図書館の種類，とくにサービスの方針によって回答様式が選ばれることもある。

　したがって，回答様式の比率は個別の図書館によって変化することになる。これらの回答様式と質問の内容とを関連づけて類別することによって，サービスの範囲，方針と照らしたサービス実態をとらえ，その方針を検討する参考データを得ることができる。

e)　質問処理過程

　回答件数のみならず，質問の受付・回答の方法を，口頭，電話，ファックス，電子メールなどに分け，受付時間帯との関係を見ると，曜日や開館時間内の繁閑に応じた職員配置計画を決めるのに役立つ。また，電話による質問件数に応じた担当者の配置，電話機など通信機器の台数を検討する際の参考データを得ることもできる。さらに，質問の処理に要する時間が記録されれば，質問の難易度による類別の参考にできるとともに，質問内容とその回答のための所要時間からサービス効率の評価を行うこともできる。

f)　処理結果

　回答処理を行なった結果，すべての回答が質問者に満足を与えることができたとは限らない。とくに未解決問題の扱いをどうするか，その原因を探ることによって質問回答サービスのみならず，レファレンスサービス全体の改善を図るための有効な指針を得ることができる。

　ところで，未解決問題が生じる原因は何か。まず，質問自体に関わる原因がある。質問そのものが本来回答できない種類の問題である場合がある。これは未解決問題というよりはサービスの範囲から外れた回答不能問題というべきであろう。この種の質問は，回答の禁止ないし制限事項の範囲を検討する際の手がかりを与えてくれることがある。

　質問が解決できない理由として，しばしば情報源（ツール）が存在しないことがあげられる。それが実際にどこにも存在しないのか，あるいはたまたま自館のコレクションないし他の利用できるコレクションに含まれていないのかを確かめることによって，レファレンスコレクションの評価，さらに利用できる情報源（ツール）の評価のためのデータが得られる。

　また，たとえ自館に情報源があっても，検索手段が不適切であるとか，情報源についての担当者の知識およびそれを利用する探索技術に欠けるところがあるとかすると，せっかくの情報源が活用されないことになる。加えて，回答に失敗したのは応答者が質問者の要求を的確にとらえていなかったことに起因するかもしれない。これらの分析を通して，職員の質的評価をすることができるとともに，質問を処理するに足るだけの時間が当てられていたかどうか，人員配置について診断することもできよう。

Reference Service 第**Ⅱ**部

レファレンス質問とその解答事例

第 **1** 章

レファレンスブックの探索

1.1 何を求めるか

　図書館では，利用者からのさまざまな質問を受けて，回答サービスを行なっている。そのような質問のうち，その場ですぐに回答することのできる種類の即答質問を受けた場合，これまで主としてレファレンスブック（参考図書）を利用して応答してきた。というよりは，レファレンスブックを利用して簡単に回答できる質問を即答質問とよんできたといった方がよい。

　したがって，即答質問の処理の巧拙はレファレンスブックについての知識およびその利用技術に大きく依存していたといえよう。最適なレファレンスブックがない場合でも，利用技術に精通しているならば，手もとにある複数のレファレンスブックをうまく組み合わせて使い，間に合わせることも多かった。

　ところが，インターネットの普及によって即答質問の類はレファレンスブックを使うまでもなく，ネット上の情報を検索することによって容易かつ瞬時に回答できることが多くなった。

　しかし，レファレンスサービスにおける質問回答では，単に回答を提供するだけにとどまらない。その解答結果の確認をしたり，その解答の典拠を示したりしなければならない。そのような場合，しばしば信頼できるレファレンスブックを参照する必要がある。

　ところで，レファレンスブックとは何か。図書は〈読むための図書〉と〈調べるための図書〉とに大別することができるが，後者に属する図書が，ここにいうレファレンスブックである。すなわち，レファレンスブックは特定の事項を容易に参照できるように多数の項目見出しを設け，それを一定の順序（たとえば，五十音順，年代順，地域順など）に排列・編集されている冊子体の図書である。

　レファレンスブックについては，本書の姉妹編『レファレンスブックス　選びかた・使いかた　四訂版』(日本図書館協会　2020)でくわしく扱っているので，ここでの解説は最小限度にとどめたい。なお，必要に応じて取りあげた個々のレファレンスブックの書名の後に添えた番号あるいはページ数は，凡例で示したように，この姉妹編への参照指示のための図書番号あるいは所在ページである。

　質問に応じて効率的に解答を導くためには，まず質問内容に即応した情報源を選び出すことができなければならない。即答質問では，その情報源として，とりわけレファレンスブックが重要であり，「探索ツール(レファレンスブック)の選定」(表I-6-1)に示したように，質問の種類と対応するレファレンスブックの種類が考えられる。

　しかし，近年こうした対応関係に変化をもたらす新しい事態が生じている。すなわち，冊子体に代わる新しいメディア(CD-ROM 版，DVD-ROM 版など)が増加普及し，さらにインターネット上のデータベースが増加するとともに，検索エンジンの飛躍的開発によって，レファレンスブックを使うよりも，はるかに迅速かつ容易に解答への手がかりが求められるようになったからである。そのために，従来情報への手がかりを求めるのに最適とされてきたレファレンスブックの価値は相対的に重要性を減殺してきたといえよう。

　とはいえ，レファレンスブックは多種多様であり，そのすべてが新しいメディアに取って代わられたわけではない。依然としてインターネット上では得られない情報を蓄積しているレファレンスブックは数多く存在している。また，レファレンスブックは，上述のような確認や典拠のためばかりでなく，冊子体として独自の利便性を備えている。

　ただし，その利便性を発揮しうるかどうかは，それを利用する人が，どれだけレファレンスブックの特性を理解し，適切なものを選んで活用する能力を備えているかどうかにかかっている。

　本章では，そのような情報源としてのレファレンスブック自体を探索する問題を取りあげることにする。

1.1.1　どんな種類のレファレンスブックがあるか

　質問に応じてレファレンスブックを選ぼうとするとき，特定のレファレンスブックを思い浮かべることができなければ，〈どんな種類のレファレンスブックがあるか〉，まずその種類を特定した方がよい。そのうえで，その種類に属し，しかも主題的に合致する内容のレファレンスブックを選べばよい。

　レファレンスブックは事実解説的なものと案内指示的なものとに大別することができる。前者は，求める情報そのものについて調べることのできる種類のレファレンスブックである。これには辞書，百科事典，専門事典，便覧，図鑑，年表，年鑑，地図帳，地名事典，人名事典などが属している。後者は，各種の資料に関する情報への手がかりを求める種類のレファレンスブックであり，これには書誌（文献目録），所蔵（所在）目録，索引，抄録誌などが属している。

　効率的な探索のためには，これらのうちから，具体的な質問に応じて，より適切な種類のものを素早く選び出すことができなければならない。たとえば，〈世界各地の民族衣装について調べるには，どんなレファレンスブックを使えばよいか〉といった質問の場合を考えよう。

　主題は〈民族衣装〉であるが，これが特殊と考えられるならば，より一般化して〈衣服関係〉のレファレンスブックには，どのような種類のものがあるかという設問に改めるのもよい。

　そのうえで，この質問に対応するレファレンスブックの種類を想定し，事典，便覧，図鑑などを選ぶことになる。この場合，特定の民族の衣服の歴史的解説ならば事典でよかろうが，〈その写真，図解なども〉といった条件が加わるならば，図鑑を選定する必要があるかもしれない。

1.1.2　何というレファレンスブックか

　レファレンスブックの種類が決まれば，つぎに，その種類の一般的あるいは特定主題のレファレンスブックがあるのか，確かめなければならない。たとえば，上述の質問例から，〈衣装関係の図鑑があるか〉といった設問が導かれたならば，そのような図鑑が実際にあるかどうかについて探索し，何というタイトルなのか，具体的な書名を確定する必要がある。

このほか, 〈歌舞伎関係の年表があるか〉とか, 〈社会福祉関係の文献目録があるか〉といった質問の場合も同様に, その年表なり, 文献目録なりを見つけて識別する手順がとられる。その結果として, 該当すると考えられるレファレンスブックの書名その他の書誌データを明らかにすることになる。

1.1.3　いつ, どこから出版されたか

　主要なレファレンスブックならば, 書名だけで識別できるだろう。しかし, 特殊専門的な問題を処理する際に使う必要のあるレファレンスブックのうちには, 知名度が低く, 書名だけでは十分識別できないものが少なくない。したがって, しばしば書名以外の書誌データが必要になる。たとえば, 〈いつ, どこから出版されたか〉といった出版事項が分かれば, レファレンスブックの識別は格段に容易になる。

　新しい情報を求める場合は, レファレンスブックが〈いつ出版されたか〉, 出版年を確かめ, なるべく新しいものを使う必要がある。出版年が新しいことは必ずしも内容の新しさを保証するものではないが, 新しさを推定する一応の目安になる。

　もちろん, 求められる情報は最新のものばかりとは限らない。過去のある時点の情報が必要とされるときには, かえって出版年の古いレファレンスブックでなければ役立たないことがある。たとえば, ある都市の 10 年前の市街図とか町並みを知ろうとするときには, その都市の最新のガイドブックよりは, その当時の市街図や町並みを記録している旧年版のガイドブックの方が有用である。つまり, 要求内容にふさわしい出版年のレファレンスブックが得られなければならない。

　とくに, 年鑑のような継続刊行のレファレンスブックの場合, いつの時点までをカバーしているかを確かめるために, その刊行年とともに何年版かが調べられることがある。

1.1.4　どんな内容のレファレンスブックか

　レファレンスブックを選んだり, 使ったりしようとする場合, あらかじめその特徴とか内容を把握していないと, 適切なものを選ぶことはできない。

ましてや，それを効率的に活用することはできない。

　レファレンスブックの現物を手にしているならば，その内容をあらかじめ点検することはできようが，手もとにない場合に，その書誌データからだけでは内容についての判断はむずかしい。とくに，類書にない特徴，項目数，その排列，挿図数，索引などの検索手段，付録の有無などとなると，書名からでは推察できないことが多い。そのために，たとえば〈『ガラパゴス大百科』は，どんな内容か〉といった内容についての質問が出されることになる。

　レファレンスブックの内容が確認できるならば，手もとになくても，それを所蔵している図書館に協力レファレンスサービスによって回答してもらうこともできる。こうしたバックアップサービスが利用できるならば，レファレンスコレクションが貧弱な図書館でも，質のよいサービスができるはずである。

1.1.5　レファレンスブックはどこにあるか

　どんな内容のレファレンスブックかが分かっても，その所在が分からなければ使いようがない。基本的なレファレンスブックならともかく，専門的なものとか，特殊なものとかは，どこの図書館にでも所蔵されているわけではない。したがって，たとえば，上述のような内容確認を前提として，必要とされるレファレンスブックが〈どこにあるか〉所蔵・所在を確かめる必要が生じることがある。

　また，図書のうちには，全体としては一般図書ではあるが，その一部がレファレンスブックとして十分利用に耐えるよう編集されているものがある。たとえば，本文のテーマに関わる用語集，年表，文献目録などを付録として編集付載しているものがある。これらはしばしば他にかけがえのない特色を備えているにもかかわらず，目立たないために見逃されがちである。そうしたレファレンスブックとして使える資料が〈何に収載されているか〉についても，確認できればよい。

1.2　何を使って調べるか

1.2.1　インターネットを使う

　すべての章に通じることであるが，レファレンスサービスにおいてもっとも強力なツールはインターネットである。Web サイト，Web ページ，画像ファイル，動画ファイルなどとして，多様かつ膨大な情報がインターネット上に存在し，刻々と増殖更新を続けている。

　それらの情報は玉石混交であるといわれるが，レファレンスブックに関する検索ツールとして信頼するに足るものは少なくない。とくに，後述の第7章「図書・叢書の探索」の「インターネットを使う」(7.2.1)で取りあげる「蔵書目録・総合目録検索サイト」は，比較的信頼できるツールとして有用である。

　個別の図書館の所蔵目録(OPAC)，全国的総合目録データベース(たとえば，「CiNii Books」)，あるいは地域的な総合目録がインターネットを通じて比較的容易に検索できるようになり，各種資料の所在・所蔵情報の確認がきわめて容易になった。所蔵資料であるレファレンスブックに関する情報もその例外ではない。

　とくに，「国立国会図書館」(https://www.ndl.go.jp/)から所蔵資料を検索する「国立国会図書館オンライン(NDL Online)」(http://ndlonline.ndl.go.jp)(選p.167)が利用でき，また「参考図書紹介」(*101n*)によって，テーマごとにレファレンスブックを選択できるようになったことによる利便性は大きい。

　そのほか，国立国会図書館の Web サイトからは，調べものに役立つガイドが「リサーチ・ナビ」(https://rnavi.ndl.go.jp)(選 p.29)として公開されている。「国立国会図書館」のトップページから「リサーチ・ナビ」を選択すると「主題から調べる」，「資料の種類から調べる」，「テーマ別データベース」などが選択できる。このうち「テーマ別データベース」を選択すると，「参考図書紹介」や「目次データベース」などにアクセスできる。

　販売流通するレファレンスブックの在庫情報についてもオンライン書店のデータベースによって比較的容易に検索できるようになった。くわしくは，第7章の「インターネットを使う」(7.2.1)の「新刊図書の入手情報」を参照

されたい。

1.2.2　レファレンスブックのガイドを使う

　レファレンスブックは図書の一種であるから，当然，一般図書と同様，各種の書誌や目録の収録対象となる。しかし，一般の書誌類に収録されているとはいえ，一般図書と比較すれば，相対的にわずかな点数にすぎないために，ほんの一部を占めているだけである。そんななかからレファレンスブックを見つけようとしても効率は悪いだろう。

　したがって，レファレンスブックだけを収録対象とする書誌類を使うことができれば，好都合である。とくに「レファレンスブックのガイド」（選 1.3）は選択書誌としての特色を備えており，しかも解題を添えているものが多いから，レファレンスブックを選んだり内容を確認したりするには都合がよい。

　この種の書誌のうち，主題を限らない一般的なものは汎用性があり，基本的なツールとして広く利用することができる。『日本の参考図書』（*101*）はその代表例である。これは，その旧版に相当する『日本の参考図書　解説総覧』（*101n*）と合わせて利用するとよい。2022 年 11 月には同書第 4 版と同四季版（137〜182 号）を収録した「日本の参考図書 Web 版」（https://www.jrb-db.org/）が公開された（今後も追加収録の予定）。また，『年刊参考図書解説目録』（*102*）（2002 年版まで），その続編で累積版の『参考図書解説目録』（*102n*）も各年に刊行されるレファレンスブックについて調べるのに適している。

　さらに，内容解説はないが，「全情報シリーズ」のなかに，レファレンスブックを種類別に収録した『辞書・事典全情報』，『便覧図鑑年表全情報』，『名簿・名鑑全情報』（いずれも，*104n*）がある。これらは第二次世界大戦後に刊行された日本のレファレンスブックを遡及的に探索する際に利用することができる。

　なお，本書の姉妹編『レファレンスブックス　選びかた・使いかた』およびその旧版にあたる『新版 情報源としてのレファレンスブックス』（日本図書館協会　2004）も選択的ではあるが，レファレンスブックのガイドとしての性格を備えている。

1.2.3　書誌の書誌を使う

　案内指示的なレファレンスブックすなわち書誌(文献目録)や索引類も〈レファレンスブックのガイド〉の収録対象となるが，これらの収録はかなり選択的であるため，主要なもの以外は収載漏れになってしまうおそれがある。

　したがって，文献目録や索引類を探すには，それらを主たる収録対象にしている「書誌の書誌」(選1.4)を使った方がよい。たとえば，遡及探索のための『日本書誌の書誌』(*105*)，各年に刊行された書誌類を調べるための『書誌年鑑』(*106*)があり，この両書の収録期間のギャップを埋めるものとして『主題書誌索引』，『人物書誌索引』(ともに，選p.29)がある。これらには，その後の追録版もある。

　なお，これらは図書として独立刊行された文献目録や索引類だけでなく，図書の一部(付録，別冊など)，逐次刊行物(雑誌，年鑑など)の記事として含まれているものも収録対象としていることがあるから，特殊な書誌類を探すのに有用である。

　さらに，第二次世界大戦後の書誌・目録類を包括的に収録している『日本書誌総覧』(*107*)があり，この種のレファレンスブックを通覧するのに適している。

1.3　どのように探索するか

1.3.1　高齢者福祉関係の事典類は？

　高齢者福祉関係のレファレンスブックを探すには，どうすればよいか。その探索事例として，何種類かの高齢者福祉事典を紹介してほしい。

[解]　インターネット上で，分野を問わずレファレンスブックを選ぶためには，それらを収録対象とする国立国会図書館の「リサーチ・ナビ＞テーマ別データベース＞参考図書紹介」を参照するとよい。ここでは国立国会図書館で受け入れた国内発行の図書・雑誌類から参考図書にあたる資料が紹介されている。「キーワード検索」のほか，「詳細検索」も可能で，検索結果を出版年順やタイトル順に並び変えることができる。このリストから比

較的新しい高齢者福祉関係のタイトルを選ぶほか，「リサーチ・ナビ＞主題から調べる＞社会・労働・スポーツ＞社会を調べる＞高齢者福祉について調べる＞辞書・年表・名簿」を利用するのもよい。

　さらに，「日本の参考図書 Web 版」を利用する方法もある。1996 年末までに出版されたレファレンスブックを収録する冊子体の『日本の参考図書』(*101*) と同四季版（2012 年 3 月までのデータ）を検索することができる。冊子体の『日本の参考図書』(*101*) では「社会科学－社会福祉－老人福祉」の見出しのもとから探すことができる。

　高齢者福祉関係の事典を探すには，「Webcat Plus」の「連想検索」により，キーワード〈高齢者福祉　事典〉を入力して検索することもできる。これによって内容についても確認できる場合がある。また，「国立国会図書館オンライン」で件名，キーワードの項目に〈高齢者福祉〉，〈介護福祉〉，〈辞書〉などを入力して検索する方法もある。

　こうして選んだレファレンスブックのうち，事典・便覧類の例としては以下のものがあげられる。

　　『高齢者介護用語・手続事典』（新日本法規出版　1999 －　加除式）

　　『高齢者保健福祉実務事典』（第一法規　2001 －　加除式）

　　『高齢者福祉白書　2019』（本の泉社　2019）

　　『認知症ケア用語辞典』（ワールドプランニング　2016）

　　『イラストでみる介護福祉用語事典』第 6 版（医学評論社　2016）

　　『介護福祉用語集』（ミネルヴァ書房　2021）

　なお，国立国会図書館「リサーチ・ナビ＞主題から調べる」によれば，関連する件名や国会図書館での分類記号が列挙されているほか，インターネット情報源も紹介されている。

1.3.2　色見本を収載している事典は？

　色名の解説をし，色見本も掲載している事典あるいは便覧はないか。そのうち，日本古来の色名を中心に，色見本とともに，難読の色名の読みかたを確かめることのできるものがあれば，その書名を知りたい。

解　国立国会図書館の「リサーチ・ナビ＞テーマ別データベース＞参考図
書紹介」と「リサーチ・ナビ＞主題から調べる」の組み合わせ(たとえば，
1.3.1)による検索方法以外に，「Webcat Plus」の「連想検索」により，キー
ワード〈色名　事典〉を入力して検索するのもよい。これによって，以下
のようなタイトルを選ぶことができる。

　　『色の辞典』(雷鳥社　2018)
　　『日本の色世界の色』(ナツメ社　2010)
　　『日本の伝統色：その色名と色調　新版』(青幻舎　2006)
　　『色名事典』(新紀元社　2005)
　　『色の名前事典』(角川書店　主婦の友社　2001)

　冊子体の場合，『日本の参考図書』(**101**)では，「芸術－工芸－デザイン，
装飾美術」の見出し〈色彩及び配色〉のもとから探すことができる。その
ページにたどりつくまでのわずらわしさは避けられないが，そのもとで9
点の色名事典類の書誌データとともに解題も一覧することができる。一覧
性があることによって，各タイトルの内容解説を読み比べながら，色見本
のあるよりよい事典を選ぶことができるという利点がある。また，「日本
の参考図書 Web 版」を〈色名〉で検索すると，28点が検索された。

　これらの解題により，"日本古来の色名を中心に，200点を収録。…巻
末に…難音訓一覧"を付している『色名大辞典』(東京創元社　1954)ある
いは"日本の伝統色のうち代表的な250色を選び…五十音順排列の「色名
索引」などを付す"『日本の伝統色』(ピエ・ブックス　2007)が要求に合
致した一例であると判断できる。

　『日本の参考図書　解説総覧』(**101n**)では，その「事項索引」の〈色〉
のもとを見ると，〈色彩〉への参照指示がある。これを手がかりにして，
本文を見ると，上掲の『色名大辞典』のほか，『増訂日本色名大鑑』(奈良
養徳社　1950)など，色見本のある事典類が収載されていることが分かる。
この解題によれば"源氏物語，枕草子等の古代文学作品の中に出てくる色
名の色相"を知るのに役立つとある。

1.3.3 『大語園』の編者と内容は？

　『大語園』は書名から判断して辞書の一種と考えてよいか。それを確かめるために，この編者名と内容解説をしているものを知りたい。

解　「国立国会図書館オンライン」の「詳細検索」で，タイトルに〈大語園〉を入力すると，

1)『大語園 1－10 巻』（巌谷小波編　平凡社　昭和 10－11　NDC388）

2)同上（巌谷小波編　巌谷栄二編　平凡社　昭和 10－11　NDC813）

3)『大語園：説話大観 1－10 巻』（巌谷小波編　覆刻版　名著普及会　1978　原本：平凡社昭和 10 年刊　件名　説話－アジア　NDC388.2）

が検索される。いずれも第 10 巻は索引。前二書の書誌データには，注記に索引の項目が掲載されており，いずれも事項索引で内容および排列は同じである。よって，内容解説はないが，覆刻版の件名から，これらは同じ内容のアジアの説話集ではないかと推定できる。

　事項索引が付されていることから，『世界名著大事典』（*708*）のような一種の参考図書と考え，「日本の参考図書 Web 版」簡易検索で〈大語園〉と入力すると，『「説話」大百科事典』が検索され，その改題によれば，“…神話，伝説，口碑，寓話，比喩談などを集大成したもの…『大語園』の改題複製”とある。冊子体『日本の参考図書』（*101*）でも，「書名索引」〈大語園〉から『「説話」大百科事典』の項を探すことができる。なお，『大語園』そのものは『日本の参考図書　解説総覧』（*101n*）に収載されており，その解題もある。

　また『世界名著大事典』（*708*）にも『大語園』の見出し項目があり，“東洋の昔話伝説の集成”とある。その編者として “巌谷小波，巌谷英二” が併記されている。本文項目は五十音順排列であり，索引も付されているから，これは一種の事典といえよう。

　先にあげた 1)，2)の二書は「国立国会図書館デジタルコレクション」（https://dl.ndl.go.jp/）（*7.2.1*）に収録されており，図書館・個人送信可能な資料となっている。ログインすれば個人の端末で閲覧，印刷ができる。本文を閲覧すると，説話がタイトルの五十音順に排列されているのが分かる。

1.3.4　環境問題に関するレファレンスブックは？

　2010年から最近にかけて発行された環境問題に関するレファレンスブックの各年別・種類別タイトル数と，それらの内容解説を調べるには，どうすればよいか。

解　〈環境問題〉というのでは，テーマが漠然としているから，必要に応じて，その範囲について話し合う必要がある。その際，参考になるのが各種のシソーラスである。『基本件名標目表　第4版』（日本図書館協会　1999）によれば，〈環境問題〉は直近の下位標目として〈環境汚染〉，〈環境行政〉，〈環境権〉，〈環境保全〉，〈資源再利用〉，〈地球温暖化〉をあげている。さらに，たとえば〈環境汚染〉のもとに，〈環境ホルモン〉，〈水質汚濁〉など，5個の下位標目がある。また，「国立国会図書館典拠データ検索・提供サービス」（以下，Web NDL Authorities）（https://id.ndl.go.jp/auth/ndla）で普通件名を指定して〈環境問題〉を検索すると，〈環境問題〉のほか，〈地球温暖化〉，〈酸性雨〉などの下位語や〈持続可能な開発〉，〈循環型社会〉といった関連語が表示される。

　インターネットでレファレンスブックを探すには，国立国会図書館の「リサーチ・ナビ＞テーマ別データベース＞参考図書紹介」を利用するとよい。キーワード〈環境問題〉で262点，〈環境汚染〉で16点が検索される。さらに検索結果を出版年順に排列することもできる。〈環境問題　書誌〉で検索すると29点（うち2010年3点），〈環境問題　事典〉で検索すると30点（うち2010年1点，2013年1点，2014年1点，2019年1点）が検索される。

　国立国会図書館の「リサーチ・ナビ＞主題から調べる＞環境問題について調べる」も利用するとよい。『環境・エネルギー問題レファレンスブック』（日外アソシエーツ　2012）や『地球・自然環境の本全情報』（日外アソシエーツ　5−6年に1回刊）といった書誌のほか，〈公害〉，〈汚染〉，〈自然保護〉，〈産業廃棄物〉などの代表的な普通件名やインターネット情報源も掲載されている。

　冊子体の場合，『年刊参考図書解説目録』（*102*）を利用すれば一覧性があ

るために効率的に検索できる。現在はタイトルを『参考図書解説目録』
(*102n*)に変えて累積版となっている。最新版である 2017 - 2019 年版の「事
項名索引」によれば,〈環境問題〉に関するレファレンスブックの各年の
種類別出版点数はつぎのとおりである。

2012 年—法令(1 点)

2017 年—年鑑(1 点),事典(2 点(2 点は子ども向け))

2018 年—ハンドブック(1 点),(年鑑 1 点)

2019 年—事典(2 点),辞典(1 点),年鑑(1 点)

このほか,同書(*102n*)の事項名索引では,〈環境衛生〉,〈環境管理〉,〈環
境経済学〉,〈環境工学〉,〈環境政策〉,〈環境法〉などの項目も設けている。
なお,これは書名からも分かるように,書誌データとともに,内容解説も
一覧することができる。

1.3.5　食文化に関する文献リストは?

明治以降の食文化関係の文献を時代別にリストしている冊子が 1990 年代
に何冊か発行されたらしい。それはどこから発行された何という書名のもの
か。

解　「国立国会図書館オンライン」で「件名検索」をするために,「Web
NDL Authorities」で普通件名を確かめる。〈食文化〉で検索すると,〈食生活〉
であることが確認される。同様に〈書誌〉を検索すると件名は〈書目〉で
あることが分かる。この結果を利用して,「国立国会図書館オンライン」
の「詳細検索」により,普通件名〈食生活--書目〉(食生活と書目の間は
ハイフン 2 つ),出版年を〈1990~1999〉と指定すると,20 点が検索された。
このうち,味の素食の文化センター発行の以下の各タイトルを見つけるこ
とができた。

食文化に関する文献目録　単行本／明治期　第 5 版　1992

食文化に関する文献目録　単行本／大正期　第 5 版　1992

食文化に関する文献目録　単行本／昭和期 1(1926 - 1965)　第 4 版
1993

　食文化に関する文献目録　単行本／昭和期2（1966－1970）　第2版
　　1993
　　冊子体の場合,『主題書誌索引　1992－2000』（選 p.29）のキーワード〈食文化〉のもとから, 同様の書誌データを一覧的に検索することができる。

1.3.6　質問と解答例

a）　質問

Q1-1　1990年ごろ, 日本で活躍していた画家, 彫刻家について調べたい。その当時活躍していた美術家を収載・紹介している名簿はないか。

Q1-2　昭和10年代に刊行された大曲駒村編の『川柳大辞典』の内容を知りたい。これと『新編川柳大辞典』とは, 内容的にどんな違いがあるか。

Q1-3　伊沢修二という人は明治時代の教育者らしいが, どのような業績があるのか, この人の著作目録があれば知りたい。

Q1-4　わが国の中世の城を取りあげて解説し, 事典のかたちで編集している図書はないか。とくに, 遺構, 城域および地形図を載せているものがあればよい。

Q1-5　古い本らしいが,『日蓮聖人大事典』は伝記の一種とみなしてよいか。それを確認するため, 編者名, 出版者名および内容の要旨を知りたい。

Q1-6　大学書林発行『ハンガリー語辞典』の初版に相当するといわれる日洪文化協会発行の辞典の書名, 編者名, 出版年およびその収録語数を知りたい。

Q1-7　日本以外のアジア諸地域を対象とする歴史地図帳はないか。また, 主としてアフリカを対象としている歴史地図帳はないか。

Q1-8 文学作品中に描かれた江戸の地名について解説した事典があるか。また，その事典では江戸の地名としてどの地域までを含めているか。

Q1-9 寿岳文章編のエマーソンの文献目録があるそうだが，いつごろ，どんな書名で出版されたのか。その書名と出版年を知りたい。

Q1-10 子ども向けに書かれた科学読み物をリストし紹介しているものはないか。2010 年以降に出版されたものがよい。

b) 解答例

A1-1 「国立国会図書館オンライン」で「件名検索」をするために，「Web NDL Authorities」で普通件名を確かめたうえ，件名〈美術家--名簿〉で検索する。その結果，多数検索できるが，出版年で絞っても，適当なものは選べない。また，国立国会図書館「リサーチ・ナビ＞テーマ別データベース＞参考図書紹介」でも 1990 年当時の資料は見つからなかった。

冊子体の場合，『年刊参考図書解説目録』（*102*）（2003 年以降タイトル変更『参考図書解説目録』（*102n*））は当該年に刊行された参考図書を NDC によって分類収録しているから，その 1990 年版を使えばよい。同年版によれば，「芸術・スポーツ」の〈名簿〉のもとに，『芸術家年鑑』，『美術家名鑑』，『美術大鑑』など，6 点がリストされている。いずれも解題付きで，その内容から質問の趣旨に合致していることが分かる。

A1-2 「Webcat Plus」，「国立国会図書館オンライン」，「国立国会図書館サーチ」いずれでも，『川柳大辞典』，『新編川柳大辞典』のどちらの書誌データも検索できる。ただし，前書の出版年は質問にあった昭和 10 年代ではなく，昭和 30 年（日文社刊）と昭和 37 年（高橋書店刊）である。「Webcat Plus」によれば，後書『新編川柳大辞典』について簡単な解説もあるが，この解説だけでは両書の内容的な違いは明らかではない。

冊子体の『日本の参考図書』（*101*）あるいは「日本の参考図書 Web 版」所収の『新編川柳大辞典』のもとの解題を見ると，"原書は大曲駒村編…『川柳

辞彙』。その後『川柳大辞典』として改題複刻したものに今回は項目も新たに加え，現代かなづかいにした。旧版にはなかった例句の出典も明示した…"と解説されている。これによって，内容的な違いが分かる。なお，『川柳大辞典』の内容解説は『日本の参考図書　解説総覧』（**101n**）の方がくわしい。

A1-3 「国立国会図書館オンライン」で「著者名検索」を行うために，まず，「Web NDL Authorities」で〈伊沢修二〉を検索する。個人名典拠として〈伊沢，修二，1851－1917〉が検索されたので，同ページからのリンクを用いて「著者名検索」を行うと，〈伊沢修二〉を著者とする63点の資料を検索することができた。この結果自体が文献リストとして利用できる。このうち『伊沢修二選集』の注記を調べたところ，"資料目録：p.1030，著作目録：p.1052，年譜：p.1060"を確認することができた。同書は「国立国会図書館デジタルコレクション」に収録されており，図書館・個人送信可能な資料なので，ログインできればインターネットで閲覧が可能である。

　つぎに先の個人名典拠からのリンクを用いて「件名検索」を行ったところ，〈伊沢修二〉を個人件名とする12点の資料を検索した。このうち『伊沢修二：その生涯と業績』には"伊沢修二略年譜：p.111-119，主要参考図書：p.126"との注記があり，また『伊沢修二』（人物叢書　新装版）には"伊沢修二略年譜・著書目録・主要参考文献：p.328-350"との注記があったので，これらも利用できる。なお，「Wikipedia」にも著作，参考文献，関連文献が載っているので参考になるだろう。

　冊子体の場合，『日本書誌の書誌』（**105**）の「個人著作」の部の〈日本人－維新後〉の五十音順のもとに，以下の記述が見られる。これによっても，著作そのものと，それに付けられた目録があることが分かる。

　　伊沢修二（1851－1917）教育家
　　著作関係目録　○伊沢修二選集　長野：信濃教育会　昭33.7　p.1052－
　　1057

A1-4 国立国会図書館「リサーチ・ナビ＞参考図書紹介」をキーワード〈城郭　中世〉で検索すると，『図説近畿中世城郭事典』，『図説日本城郭大事典』

など5点がヒットした。また，「国立国会図書館オンライン」を「件名検索」をするために，「Web NDL Authorities」で〈城〉を検索すると，普通件名であることが確認できた。同じ画面からリンクを用いて「件名検索」をすると646点がヒットした。結果を絞り込むために，キーワードに〈事典　中世〉を入力すると8点が残った。「参考図書紹介」では検索されなかった資料も新たに検索された。タイトルから推測して5点が解答として該当していそうだが，書誌データに解説がないので内容までは確認できない。

　「日本の参考図書Web版」により，キーワード〈城〉で検索すると51点，〈城郭〉では16点，さらにキーワード〈城郭　中世〉で検索すると5点がヒットした。「参考図書紹介」で検索された先の2点や「国立国会図書館オンライン」の「件名検索」で新たに検索された『図説中世城郭事典』も含まれている。改題は比較的くわしく，『図説中世城郭事典』がより適切な内容であることが分かる。冊子体の『日本の参考図書』(*101*)によれば，「事項索引」の〈城郭〉が手がかりになる。

A1-5 「国立国会図書館オンライン」，「Webcat Plus」の「一致検索」いずれでも，タイトルから検索して『日蓮聖人大事典』の書誌データは確認できるが，内容解説は得られない。ただし，「国立国会図書館デジタルコレクション」に収録されているので，ログインして閲覧することはできる。

　また，「日本の参考図書Web版」でタイトルを検索しても該当する資料を見つけることができる。編者は石川教張，河村孝照，出版者は国書刊行会。その解題により，内容は"日蓮の生涯・人格・信仰・教説・抱負・識見などを示す代表的な68項目を選定・解説…"したものとあるから，単なる伝記ではない。冊子体の『日本の参考図書』(*101*)であれば，「書名索引」により，本文の〈日蓮宗〉のもとに該当する書名を見つけることができる。

A1-6 「Webcat Plus」の「一致検索」，「国立国会図書館オンライン」のいずれを使っても，大学書林の『ハンガリー語辞典』は日洪文化協会刊(1973)の同タイトルの改訂新版であることは分かる。この2001年刊改訂新版の収録語数については，「Webcat Plus」所収の書誌データに「BOOKデータベース」

を出典とする内容解説があり，"約 5 万 5 千語のハンガリー語" との記載があるが，初版の収録語数については説明がない。初版はデジタル化され，「国立国会図書館デジタルコレクション」に収録されているが，館内閲覧か複写による取り寄せのみの公開となっている。「日本の参考図書 Web 版」でも改訂新版は検索できるが，"配列はハンガリー語の字母順"（「日本の参考図書四季版 142 号」出典）との解題しかない。初版の収録語数など，内容については『日本の参考図書　解説総覧』（***101n***）がくわしい。これによれば，"ハンガリー語辞典　今岡十一郎　日洪文化協会　昭和 48(1973)" の書誌データがあり，このもとの解題に，"わが国初の本格的ハンガリー語の辞書である。約 5 万 5000 語を収録" とある。

A1-7　「Webcat Plus」の「連想検索」により〈アジア　歴史地図〉で検索したところ，『アジア歴史地図』（平凡社　1985），『アジア大陸歴史地図』（東洋書林　2001）などがあることが分かった。同様に〈アフリカ　歴史地図〉を検索したところ，『ダイナミック・アフリカ：地図に見るアフリカの歴史』（古今書院　1997），『アフリカ大陸歴史地図』（東洋書林　2002）なども見つかる。『アジア歴史地図』以外はいずれも内容解説がある。

　国立国会図書館「リサーチ・ナビ＞資料の種類から調べる＞地図＞アジアの地図＞歴史地図帳」では上記の二書のほか，"The history atlas of Asia"（Macmillan　c1998）が掲載されていた。いずれも簡単な解説が付されている。同様に〈アフリカ〉でも調べると，上記以外に "The history atlas of Africa"（Macmillan　c1998），"Historical atlas of Africa"（Longman　1985），"The Penguin atlas of African history"（Allan Lane　1980）があげられていた。

　国立国会図書館「リサーチ・ナビ＞テーマ別データベース＞参考図書紹介」からキーワード〈アジア　歴史地図〉で探すと，「Webcat Plus」では検索されなかった『中国歴史地図』（平凡社　2009），『韓国歴史地図』（平凡社　2006），『中央ユーラシアを知る事典』（平凡社　2005）の 3 点が，さらに，キーワード〈アフリカ　歴史地図〉を入力すると，既述『アフリカ大陸歴史地図』（東洋書林　2002）が検索された。また，「Web NDL Authorities」で〈歴史地図〉を手がかりに件名を探すと〈アジア--歴史地図〉，〈アフリカ--歴史地図〉が

あり，これらをもとにリンク検索しても該当する資料を探すことができる。

　そのほか，「日本の参考図書 Web 版」でキーワード〈アジア　歴史地図〉を入力すると，上記の資料などいずれも解説付きで5点を検索する。キーワード〈アフリカ　歴史地図〉では先述の『アフリカ大陸歴史地図』のほか，『アジア歴史地図』（平凡社　1985）と『アジア歴史事典』（平凡社　1985）の2点を検索。内容解説によると，いずれもアジアだけでなくアフリカも対象地域としていることが分かる。これら2点を冊子体の『日本の参考図書』（*101*）では見つけるのは難しい。

A1-8　「国立国会図書館オンライン」で「件名検索」を行うために，まず「Web NDL Authorities」にて〈地名〉，〈日本文学〉，〈江戸〉，〈江戸時代〉という件名があることを確認。あらためて，「詳細検索」の画面から「件名検索」を行う。〈日本文学　地名〉で11点が検索される。〈日本文学　地名　江戸〉あるいは〈日本文学　地名　江戸時代〉により，『江戸文学地名辞典』（東京堂出版　1973）の書誌データは得られるが，内容解説はない。同書は新装普及版（1997）もあるので，これが手もとにあれば内容を確認できるだろう。「Webcat Plus」には新装普及版の内容解説があるが，江戸の地域範囲についてまでは言及していない。

　「日本の参考図書 Web 版」によれば，キーワード〈日本文学　地名〉で6点，〈日本文学　地名　江戸〉で4点が検索される。すべてに内容解説はあるが，日本文学の範囲や時代の点で適当なものがない。上記の『江戸文学地名辞典』は「日本の参考図書 Web 版」には収録されていないが，『日本の参考図書解説総覧』（*101n*）には収載されており，その解題もある。これによれば，"江戸を中心に2日行程以内の地にあるもの"を江戸の地名にしているという。

A1-9　「国立国会図書館オンライン」で「著者名検索」を行うために，まず「Web NDL Authorities」にて個人名典拠が〈寿岳，文章，1900-1992〉であることを確認。さらにリンクを利用して「著者名検索」を行うと，107点が検索される。これを1点ずつ見ていくと，このなかに"A bibliography of Ralph Waldo Emerson in Japan from 1878 to 1935"を見つけた。なお，107点が検索さ

れた状態で，件名に〈Emerson〉を入れたがヒットしなかったので，キーワードに〈Emerson〉入れてみると，当該資料が検索された。また，著者名で検索された107点を対象に言語コードを〈英語〉に指定すると，当該資料を含む英文資料8点が検索される。

　冊子体の場合，『日本書誌の書誌』(*105*)の「個人書誌－西洋人」のABC順排列のもとに，つぎの項目を見つけることができる。

　　Emerson, Ralph Waldo(1803－1882)アメリカの思想家，詩人

　　A bibliography of Ralph Waldo Emerson in Japan, from 1878 to 1935. 寿岳文章編　京都：向日庵　昭22.10　70p　A5

A1-10　国立国会図書館の「リサーチ・ナビ＞資料の種類から調べる＞児童書＞絵本・児童書＞子どもの本のブックリスト(テーマ別)」という順序で見ていくと，「科学の本」という項目に『科学の本っておもしろい 2003-2009』(連合出版　2010)，『子どもと読みたい科学の本棚：童話から新書まで』(東京書籍　2013)の2点が紹介されていた。内容解説によると，前者では500冊，後者では150冊が紹介されているとのことである。

　このほか，「国立国会図書館オンライン」で「件名検索」を行う方法もある。まず，「Web NDL Authorities」で〈科学〉，〈書誌〉の件名を調べたところ，それぞれ〈科学〉，〈書目〉が適切であった。そこで「詳細検索」にて件名〈科学--書目〉を入力して検索し，さらに出版年を2010年以降に絞ると先述の『科学の本っておもしろい 2003-2009』など34点が検索された。内容注記により，同書が適当と判断し，書誌データに付与された件名〈科学--書目--解題〉と同じ件名で2010年以降出版の資料を検索すると18点となった。この結果には大人向けのものも含まれているので，〈国際子ども図書館所蔵〉に限定したところ，9点が残った。2点以外は内容解説がないので推定であるが，これらが〈子ども向け〉という条件を充たすものではないかと考えた。「国立国会図書館サーチ」によれば，「件名検索」で〈科学--書目--解題〉を検索すると81点，さらに「資料種別」で〈児童書〉を選択して絞り込むと13件，うち2010年以降の図書は11件であった。「Webcat Plus」の「連想検索」を利用する方法もある。

　冊子体では,『参考図書解説目録 2017 − 2019』（*102n*）の事項索引を〈科学〉で検索すると, 2 点あげられており, うち 1 点は子ども向けで,『科学絵本ガイドブック』（岡山ふくろう出版　2017）であった。『Book page 2022』（*704*）は網羅的なリストになるが,〈児童書〉のもと「科学・理科の知識」,「自然・環境」,「化石・恐竜」,「星・宇宙・地球」などの見出しがあり, 2021 年に出版された図書が解説付きで掲載されている。

第 2 章

言語・文字の探索

2.1 何を求めるか

　われわれは言語を用いてお互いの感情，意志，思想などを伝え合う。言語は人間の意思伝達の手段である。とくに，活字による印刷術の発明以来，文字言語が知識の記録と伝播に重要な役割を果たしてきたことは改めて説明するまでもない。

　こうした言語(音声または文字による表現)に関わる疑問は日常頻発するため，レファレンス質問は当然ながら文字言語に集中する。しかも，その多くは〈どう読むか〉，〈どう書けばよいか〉といった即答質問として処理されるレベルのものである。

　もっとも，言語に関する質問といっても，言語自体についての質問ばかりではない。さまざまな事柄，事件，人物，文献などに関する質問もまた，ことばで表わされ，その処理に当たってまずことば〈キーワード〉が探索の手がかりになるから，あたかも言語に関する質問のようにみなされる。とくにインターネット上の検索においては〈キーワード〉の選びかたが検索結果を決定的に左右する。

　したがって，一国語に限ったとしても，言語を手がかりにする探索の問題はかなり多岐にわたることになる。さらに，各国語の場合にまで範囲を広げるならば，一層広範かつ複雑な問題が生じることになる。

　しかし，本章では，主として日本語の場合について，ことば自体の質問ないしはことばに即した情報の探索要求に絞って数種類の質問を取りあげることにしたい。なお，慣用句，故事成句，ことわざ，引用句などに関する質問についても，ことばの問題として扱える限りにおいて，本章に含めて取りあげることにする。

2.1.1　どう読むか

　文字言語に関する質問の一つは，まず特定の文字の読みかたの問題である。かなで書かれているならば，意味は分からなくても読めなくはない。しかし，文章中に漢字が使われている場合，その意味は分かっても正しい読みかたは分からないことがある。わが国のように，漢字文化圏においては，こうした読みの問題にしばしば悩まされる。

　もちろん，文章を読んでいるときなど，読めない漢字が一つや二つあったとしても，その文脈からおおよその見当をつけて飛ばし読みをして済ませることができる。

　しかし，それでは済ませられなくて，読めない単語あるいは熟語の読みを確かめる必要に迫られることがある。その多くは漢和辞書によって容易に確かめることができようが，常識では到底考えつかないような意外な読みかたをする難読語にぶつかることがある。

　こうした場合には，読み誤りをしたり，意味を取り違えたりするおそれがある。たとえば，〈九〉と書いて〈イチジク〉と読ませたり，〈月見里〉と書いて〈ヤマナシ〉と読ませたりする類である。植物名には，〈一日花〉，〈十大功労〉，〈百脈根〉，〈千薬萱草〉，〈万年青〉など，とりわけ難読語が多い。これらはそれぞれ〈とろろ（あおい）〉，〈ひいらぎなんてん〉，〈みやこぐさ〉，〈やぶかんぞう〉，〈おもと〉といった読みが与えられている。

　このほか，地名や人名にも難読語は多いが，本章では，読みかたが分からないことばの問題を一般的に取りあげ，難読の地名および人名についてはそれぞれ後続の第5章，第6章で触れることにしたい。

　なお，読めるということは，しばしばふりがながつけられるということにとどまらない。正しい読みかたに関連して，発音やアクセントが問題になることがある。同じかな表記であっても標準語の場合と方言の場合とでは，発音の仕方に違いがある。

　われわれが母国語を使って話すときには，多少発音が悪くてもほぼ支障なく相手に伝えることができるために，日常的に発音を確かめなければならないような事態はさほど生じない。しかし，使い慣れない外国語を使う場合には，発音が正しくないと理解してもらえないために，読みに関わって発音の

問題が起こってくる。

　また，第二次世界大戦後に現代かな遣いが普及するまでは，いわゆる歴史的かな遣いで読みが表わされていた。そのために，辞書や文献目録など，古典的なレファレンスツールを使おうとする場合，それらが歴史的かな遣いによる排列であり，戸惑うことがある。たとえば，現代かな遣いでは，いずれも〈おう〉と書き表される〈央〉，〈押〉，〈応〉，〈王〉，〈翁〉などは，歴史的かな遣いでは〈あう〉，〈あふ〉，〈おう〉，〈わう〉，〈をう〉と表わされる。多くの人が使い慣れなくなった現在では，漢字が歴史的かな遣いではどのように表記されるかを確かめる必要が生じる場合がある。

2.1.2　どう書き表すか

　漢字の場合には，どう読むかという読みかたの問題とともに，どう書くかという書きかたの問題にもしばしば悩まされる。たとえば，〈ゆううつ〉の〈うつ〉とか〈かまど〉などは，漢字で書かれていても間違いなく読むことができる人は多いはずである。しかし，それをどのように書くかとなると，自信を持って書ける人は少ないのではなかろうか。

　日常的に使っている漢字の多くは略字であるが，これらを本字で書こうとすると難渋する。漢字のなかには，おおよその文字のかたちを思い描くことはできても，正確に書けない文字がたくさんあるはずである。

　パソコンや携帯などを使っている場合には，文字変換機能があり，漢字表記の問題はさほど支障もなく処理できるために，それが障害として意識されることは少ない。しかし，それに慣れてしまうと，かえって手書きの場合に不自由を感じることになる。比較的頻繁に使う常用漢字であっても，ときとして度忘れし，とっさに思い出せないことがある。かな書きでは済まないとなると，調べなければならない。

　送りがなの問題もなかなかやっかいである。たとえば〈顧みる〉は〈顧る〉あるいは〈顧りみる〉と表されることもある。送りがなについて一貫性を保つのはかなり厄介なことは多くの人にとって経験済みであるが，情報検索にも影響するとなると，一定の配慮が必要である。

2.1.3　どんな意味か

　ことばに関する質問のうちでは，その意味を確かめようとするものが比較的多い。文字の読みかた，書きかたについての質問もしばしばことばの意味の問題と深い関わりがある。

　意味が分かりさえすれば，読んだり書いたりするのも案外容易にできることが多いからである。たとえば，単に〈ほしょう〉を漢字でどう書くかと尋ねられても，〈保証〉，〈保障〉，〈補償〉，〈歩哨〉など，いくつものことばは思い浮かべられる。どれが正答なのか，文脈を離れて回答を一つに絞ることはできない。ただし，〈つぐなって埋め合わせること〉という意味が与えられたならば，〈補償〉が適切であることは容易に分かる。

　このように，ことばやことわざについての情報要求のうちには，直接にはその意味が問われていなくても，その意味をまず確かめたうえで回答処理すると，うまくいく場合が少なくない。こうしたこともことばの意味を問う質問数を多くする要因となっている。

　普通語の意味は一般に自明であるが，意味を取り違えるということがなくはない。それが特殊語となると，意味を確かめないと理解できないことが多くなる。たとえば，〈あやける〉，〈おどける〉，〈おべる〉，〈きもける〉など，いずれも〈驚く〉ことを意味する方言であることを知らなければ，思わぬ誤解を招くことになる。また，〈がじくる〉，〈いぎばる〉，〈はるける〉はいずれも方言であるが，それぞれどの地方でどんな意味に使われたことばなのか，といった使用地域と意味が関わる問題もある。

　このほか，古文を読むときには古語の知識が，新聞やテレビのニュースを理解するには，しばしば新語の知識が必要になってくる。さらに，外来語，俗語，隠語などにもめずらしい読みがあり，それらの意味も理解しがたい場合が少なくない。

　相手と向かい合って話している場合には，相手の話すことばが理解できなければ尋ね返すこともできよう。しかし，文献その他に書かれていることばの意味を確かめようとするとき，辞書を使えばよいと分かっていても，日ごろ，使い慣れていないと，どんな辞書を使えばよいのか戸惑いがちである。

　外国語の場合，多くの人は英和，和英といった対訳辞書を使った経験はあ

るはずである。ある外国語に相当する日本語は何か，逆に，日本語のあることばに相当する外国語は何かなど，英語に限らず，対訳語，外国語の意味を確かめる必要が生じる場合が少なくない。

　また，〈bdg.〉，〈Inc.〉などの略語や〈MVP〉，〈LPGA〉，〈IPCC〉，〈AR〉などの頭字語が年々多用されるようになっている。それらはどんな意味のことばかといった質問もあるが，困ったことに，同じ省略形がいくつもの違う意味を表わすことがあるため，文脈を確かめないと思わぬ混乱を招くおそれがある。

2.1.4　語源・字源は何か

　ことばの意味は，それぞれの文脈において，いろいろと変わってくる。しかし，基本的には個々のことばの持つ意味の理解が必要である。そのために，ことばの本来のかたちや意味，すなわち語源についての理解が求められることがある。たとえば，〈あさぎの頭巾〉という場合の〈'あさぎ' ということばの語源は何か〉というように。

　また，漢字の場合，個々の文字の成り立ち，起源すなわち字源についての知識が，ことばの意味をよりよく理解するのに役立つことがある。もっとも，語源や字源を確かめることは必ずしも容易ではない。それらが確定しているとは限らず，辞書に解説があったとしても，いろいろの異説があったり，あいまいであったりするために，どの説が正しいのか，決めかねる場合が少なくないからである。したがって，この種の質問の解答にはとくに典拠を添える必要がある。

2.1.5　どんなことわざ・成句か

　ことわざや成句は比較的覚えやすい。しかし，その一部を度忘れしたり，うろ覚えであったりしたとき，全体を確かめる必要が生じることもある。また，〈「時の用には鼻を欠け」とはどういう意味か〉といったことわざの意味が問われたり，〈'災難' ということばを使ったことわざにはどんなものがあるか〉といった，特定のことばを手がかりにしたことわざの探索が求められたりすることがある。

　さらに，〈「人間到る処に青山有り」とは誰が最初にいったのか〉と，その作者あるいは出典が尋ねられることもある。このほか，〈「急がば回れ」に相当する英語のことわざはないか〉など，同じ意味を持つ外国語のことわざが問われることもある。

　以上，ことわざについていくつかの例を示したが，慣用句，成句，引用句などに関しても同種の疑問にぶつかることがある。

2.2　何を使って調べるか

2.2.1　インターネットを使う

　ことばについて何かを調べようとするとき，誰しもまず辞書を思い浮かべるのではなかろうか。ただし，コンパクトで検索機能の充実した電子辞書が広く親しまれ，Web辞書がますます多様な機能を発揮するようになると，冊子体の辞書に慣れ親しんでいた人々の冊子体離れを一層加速していくだろう。重くてかさばる冊子体の辞書を引くことは思いのほか使いづらく感じられ，敬遠されるようになってしまった。

　また，Googleでも，ことばの意味を知りたいとき，そのことばに〈とは〉とか，〈意味〉を付して入力すると，ことばの意味が分かるページを容易に検索することができる。読めない漢字の語句も，その読みかたを簡単に知ることができるし，英単語であっても，〈英和〉とか〈意味〉とか〈語源〉とともに入力すれば，該当する単語の和訳や語源が表示される。同様に，〈和英〉と入力し，日本語の単語を検索すると，英訳が表示される。

　インターネット上の辞典には，複数の辞典類を同時に使えるものが多い。たとえば，「コトバンク」（https://kotobank.jp/）は複数の冊子体辞典やデータベースを無料で使えるようにしてあるWebサイトとしてよく知られているが，2023年3月の時点で140の辞典・用語集・データベースから構成されている。このうち，ことばに関する辞典としては，小学館の「デジタル大辞泉」（*202n*），『精選版　日本国語大辞典』（*204n*）や同じく小学館の『プログレッシブ英和中辞典　第5版』（選 p.39），『プログレッシブ和英中辞典　第4版』（選 p.39），平凡社『普及版　字通』，朝日新聞出版「知恵蔵」（*230*）などが収

録されている。

　また，「ジャパンナレッジ Lib」（https://japanknowledge.com/library/）では，小学館「デジタル大辞泉」（***202n***），『日本国語大辞典　第2版』（***204n***），「新選漢和辞典 Web 版」，『故事俗信ことわざ大辞典　第2版』（***250***），『日本方言大辞典』（***234***），『ランダムハウス英和大辞典　第2版』，平凡社『字通』（***206***），KADOKAWA『角川類語新辞典』，自由国民社『現代用語の基礎知識』（***229***），集英社『情報・知識 imidas』（***228***）などを収録している。会員制で有料ではあるが，大学図書館や公共図書館などで提供されていれば利用することができる。また，学校向けとして「ジャパンナレッジ School」もある。

　学術的な専門用語について調べるには，たとえば「J-GLOBAL」（科学技術振興機構）（https://jglobal.jst.go.jp/）に収録されている「科学技術用語」によって，各分野の科学技術用語約33万語を検索することができる（選 p.51）。

2.2.2　国語辞書を使う

　もともと冊子体の辞書を使ってこなかった人たちは，自由に操作できる使い勝手のよいデジタル辞書が使える環境のもとでは，冊子体のアナログ辞書がなくても一向に不便を感じないだろう。

　しかし，辞書を引いて，目指す項目を見つけ，そのもとの一連の語義，用例などの解説を一覧できる冊子体辞書には無視できない利点がある。とくに，冊子体の辞書の利用経験はデジタル辞書を使ううえで大いに役立つはずである。

　辞書について知っているといっても，果たしてどの程度のことを知っているのか，人によってその理解度は大きく異なるだろう。多種多様な辞書があるにもかかわらず，使うのはいつも同じ辞書で，特色のある辞書を選んで，それらの特性を生かす仕方で使うことは少ないのではなかろうか。

　一般に通用している普通語の読みかた，書きかた，語義などを調べるには，定評のある「一般辞書」（選 2.1）があれば十分目的が果たせるはずである。とくに，『日本国語大辞典』（***204***）のように，大部な国語辞書の見出しには，普通語のみならず，古語や専門語も多数含まれており，語義の変遷もたどれるようになっている。このほかにも，人名，団体・機関名，地名その他の固

有名詞を多数加えることによって，こと典的な性格を強めている辞書が少なくない。

　したがって，どのような種類のことばなのか分からないときに，最初の手がかりを求めるにはインターネットの検索エンジンでとりあえず検索された情報を使うのもよいが，その確認を要するときは定評のある標準的な国語辞書を使うとよい。

2.2.3　漢和辞書・難読語辞書を使う

　冊子体の国語辞書では，読みが分からない漢字のことばを本文項目から直接見つけ出すことはできない。したがって，そのような場合には，「漢和辞書」（選 2.2）の部首索引，音訓索引あるいは総画索引を使って読みを確かめることができる。

　もっとも，一般の漢和辞書で調べることのできる程度の漢字の読みとか意味についてはインターネットでも簡単に調べることができるはずである。ただし，インターネットでは調べられないような漢字については，大部な漢和辞書を使う必要がある。たとえば，『大漢和辞典』（*208*）のように，正字のほか，略字，俗字，国字など，5 万もの親字や，50 万もの熟語を収載した辞書であれば，漢字に関わる問題解決にはきわめて有力なツールとなる。

　しかし，漢字で書かれていることばがすべて漢和辞書の見出し語になっているとは限らない。たとえば，大部な漢和辞書でも，わが国で作られた，いわゆる難読語とよばれていることばは収録していないことが多い。したがって，この種のことばの読みを確認するには，「難読語辞書」（選 2.3）に頼らなければならないだろう。

2.2.4　特殊辞書を使う

　古語，新語，外来語，方言など，あらかじめ普通語と区別できることばについては，特殊辞書で調べるのもよい。

　古語を選んで収録解説した「古語辞書」（選 2.5.1）には『角川古語大辞典』（*225*），『時代別国語大辞典』（*227*）など，大部なものがある。「新語辞書」（選 2.5.2）としては，『現代用語の基礎知識』（*229*），『イミダス』（*228*），『知

恵蔵』(*230*)などが知られている。後二者は冊子体での出版を終了しているが，『知恵蔵』は「コトバンク」(*230n*)に引き続き収録されている。また，『現代用語の基礎知識』は「ジャパンナレッジLib」(*229n*)にも収録されている。『イミダス』も「ジャパンナレッジLib」から提供されていたが，2023年5月末で提供が終了した。

「外来語辞書」(選 2.5.3)として特色のあるものは，『角川外来語辞典』(*231*)，『図解外来語辞典』(*232*)などである。「方言辞書」(選 2.5.4)では，『日本方言大辞典』(*234*)，『全国方言辞典』(*233*)，その他，特定地域を限定して方言を採録した方言集(選 p.46)が役立つ。

「発音辞書」(選 2.5.6)では，『NHK日本語発音アクセント新辞典』(*238*)があり，また「語源辞書」(選 2.5.8)では『暮らしのことば新語源辞典』(*242*)その他がある。

類語辞書，シソーラスとよばれるものには，インターネット上でも利用できるものが少なくない。そのうえに，『日本語シソーラス』(*245*)，『類語大辞典』(*248*)のような「類語辞書」(選 2.5.9)を参考にすることができれば，インターネット上の検索におけるキーワードの選び出しにも有用である。

2.2.5　諺語・名句辞書を使う

ことわざ，成句，名言，慣用句なども，広い意味のことばとしてここで扱うことができる。これらの情報についても普通語を扱っている国語辞書から得られることもあるが，「諺語・名句辞書」(選 2.7)があれば，比較的くわしく調べることができる。『故事俗信ことわざ大辞典』(*250*)，『世界の故事・名言・ことわざ総解説』(*253*)などが，特色あるものとしてあげられる。

また，著名な作品中の語とか句の所在を確かめようとする際に，「語句索引」(選 2.8)が使えるならば，効率的に検索することができる。とくに，古典的な作品を対象にして語句索引がたくさん作られており，これらは総索引あるいはコンコーダンスとよばれている。

同じく，「詩歌索引」(選 2.9)もことばの検索に役立つ。この種のものとしては，たとえば『新編国歌大観』(*260*)がある。このデジタル版(CD-ROM版，「ジャパンナレッジLibセレクト」)が利用できれば，和歌について「句検索」，

「語彙検索」，「歌集・歌番号検索」の側面から原歌，所収歌集を容易に確かめることができるだろう。

2.3　どのように探索するか

2.3.1　〈獺祭〉の読みと由来は？

　正岡子規は獺祭書屋主人と号したそうであるが，〈獺祭〉はどう読むか。なお，このことばには，どんな由来があるか。

解　Google で〈獺祭書屋主人〉を入力すると，「コトバンク」内「世界大百科事典　第2版」の〈正岡子規〉の項目の一部が表示され，その読みは〈だっさいしょおくしゅじん〉であることが分かる。しかし〈獺祭〉の由来についての説明はないので，あらためて「コトバンク」にて〈獺祭〉を検索すると，「デジタル大辞泉」(*202n*)，『精選版　日本国語大辞典』(*204n*)，『普及版　字通』が検索されるほか，「世界大百科事典　第2版」の〈カワウソ(獺)〉の項目の一部が表示される。

　「デジタル大辞泉」では"①〈「礼記」月令から〉カワウソが自分のとった魚を並べること。人が物を供えて先祖を祭るのに似ているところからいう。獺祭魚。おそまつり。うそまつり。②〈晩唐の詩人李商隠が，文章を作るのに多数の書物を座の周囲に置いて参照し，自ら「獺祭魚」と号したところから〉散文を作るとき，多くの参考書を周囲に広げておくこと"とある。『精選版　日本国語大辞典』では，"だっさいぎょ(獺祭魚)〉の略"とされ，リンク先に解説が載っている。また，『普及版　字通』では，用例として「五総志」を出典とする引用をあげている。ただし，凡例が「コトバンク」内『普及版　字通』には掲載されていないため，表記の意味を知るため，冊子体『字通』(*206*)で凡例を確認した。

　冊子体の人名事典類でも〈正岡子規〉を手がかりにすれば，獺祭書屋主人は〈だっさいしょおくしゅじん〉と読めることは簡単に分かる。しかし，〈獺祭〉の意味についての言及はない。したがって，この場合は，ことばの問題として処理した方がよい。仮に，漢字の読みから確かめるとなれば，

漢和辞書を使う必要がある。

　たとえば，『大漢和辞典』(*208*) によれば，その第 13 巻の「総画索引」により 19 画〈獺〉を手がかりにする。本文の〈獺〉の項では〈タツ〉，〈タチ〉，〈ダチ〉，〈ダツ〉などと読ませ，〈かはをそ〉をいうと記載されている。また，〈獺祭〉から参照指示されている〈獺祭魚〉を見ると，そのもとに，"①かはをそが自分の捕へた魚を四方に陳列すること。人が物を供へて祭るに似てゐるからいふ…　②作詩文に数多の参考書を座の左右に広げること。詩文を作るのに多く故事を引くこと…" と解説されている。

　『日本国語大辞典』(*204*) の〈かわうそ〉の項を見ると，〈獺祭（かわうそのまつり）〉があり，"獺が魚をとって河岸に並べておくことを，祖先の祭をしていると見たてていう語。陰暦 1 月中旬をその季節とする" という説明が得られる。しかし，本当にかわうそにそのような習性があるかどうかは不確かである。

　この点を確認するために，『世界大百科事典』(*301*) で〈かわうそ〉の項目を調べたところ，"中国ではカワウソが魚をとらえて自分の周囲に並べておき，ちょうど神に供えているように見えるとしてこれを獺祭（だっさい）と呼び，書斎で学者が周囲に参考書を積み重ねるのをこれにたとえている。日本でも同様の生態が見られるか否かは明かではない" と。

2.3.2　〈狗母魚無くば鯛〉の意味と〈狗母魚〉の呼称は？

〈狗母魚無くば鯛〉ということわざの意味と〈狗母魚〉の読みを知りたい。また〈狗母魚〉は，日本各地でどのように呼ばれているか。

[解]　Google で漢字〈狗母魚〉を入力検索することによって，読みは〈エソ〉であると簡単に分かる。意味については〈鯛なくば狗母魚〉という逆の表現を解説しているものは多いが，この表現は見つけにくい。また，各地の呼称について〈エソ　方言〉とか〈エソ　魚名〉などで検索しても部分的にしか分からない。

　冊子体の場合，〈狗母魚〉が読めなくても，『故事俗信ことわざ大辞典』(*250*, *250n*) を利用すればよい。その「総語彙索引」で〈たい［鯛］〉を

手がかりにすると，本文の〈狗母魚無くば鯛〉という項目を見つけることができる。（ただし，同書第2版(*250*)には「総語彙索引」はなく，その代わりに見出しと本文が収録された付録 CD-ROM があり，語句を検索することで項目を探し当てることができる。）これによって，〈狗母魚〉は〈エソ〉と読めることが分かる。その解説には"大和国（奈良県）の風習で，エソ（主にかまぼこの材料とする魚）を最上とし，鯛を次とすること"とある。つまり，他の地方とは逆である。なお，同書第2版には Web 版（「ジャパンナレッジ Lib」）もある。

　〈えそ〉の読みが分かれば『新編　故事ことわざ辞典』(*251*)も使える。これにも，"欲しい物がなければ代用品で我慢するよりほかない。大和の国（奈良県）では祭りの魚として狗母魚を最高としたので，なければ仕方がない，鯛でも我慢しようと，他国とは逆のことを言う習いであった"とある。

　また『日本国語大辞典』(*204*)は，〈えそ［狗母魚］〉の項に，"エソ科に属する海魚の総称"とあり，同じことわざをあげ，上掲の『故事俗信ことわざ大辞典』とほぼ同様の解説を与え，その典拠として『譬喩尽』を示している。

　さらに，『原色魚類大図鑑』(*389*)によれば，その「和名索引」のもとで〈エソ科〉を手がかりに検索することができる。〈エソ〉の種類を図版入りで解説し，各地のよび名として，たとえば，〈マエソ〉のもとでは，"イス，イソギス，エソ，オオヨソ，キシ，タイコノバチ，エラエソ，ヨソ，ヨソウオ"をあげ，〈オキエソ〉のもとでは，"アマエソ，イソギス，イモエソ，カネタタキ，シマエソ，ワニコ"をあげ，多様な呼称があることを示している。

2.3.3　〈きも〉のつく方言の意味は？

　〈きも〉は肝臓を意味するが，この語からなることばが各地で使われている。(1)〈きもいる〉，(2)〈きもが長い〉，(3)〈きもが細い〉，(4)〈きもがいもになる〉という表現は，それぞれどの地方で，どんな意味で使われているか。

解　『日本国語大辞典』(**204**)では，(1)，(4)の項目があるのみで，方言と
しての解説も十分ではない。そこで，『日本方言大辞典』(**234**)あるいはそ
の Web 版(「ジャパンナレッジ Lib」)で〈きも〉のもとを見る。その結果は，
それぞれ以下のとおりである。

(1)　きもいる［肝煎］［動］①腹を立てる。憤慨する。栃木県　群馬県
　　邑楽郡　埼玉県入間郡　千葉県印旛郡　②世話をする。取り持つ。歓
　　待する。岐阜県　鹿児島県　③よく働く　薩摩

(2)　①辛抱強い。長野県佐久　②気が長い　ちむながさん　沖縄県首里

(3)　小心だ。おくびょうだ。気が弱い。島根県　岡山県児島郡　きむ
　　ぐまさーん　沖縄県石垣島　きもが細(ほそ)い　島根県

(4)　肝がつぶれる。びっくりする。はらはらする。岡山県岡山市　児
　　島郡

また，『全国方言辞典』(**233**)にも，この項目はあるが，つぎのように，
使用地域が若干異なる。

(1)　①怒る　栃木，群馬県邑楽郡，埼玉県入間郡，千葉県印旛郡，②
　　周旋する。優待する　長野県西筑摩郡

(2)　容易に立腹しない。しんぼう強い　山梨県西山梨郡

(3)　臆病　島根県飯石郡

(4)　肝をつぶす　岡山

2.3.4　〈莫大小〉の原語は？

〈莫大小〉はどう読むか。また，このことばはわが国でいつごろから使わ
れはじめたのか，典拠となる文献があれば知りたい。

解　「コトバンク」を〈莫大小〉で検索すると，『精選版　日本国語大辞典』
(**204n**)では，〈メリヤス　莫大小・目利安〉のもと "日本には延宝～元禄
年間(1673−1704)頃伝来した" とあり，その典拠として俳諧・西鶴大矢和
(1681)，和漢三才図会(1712)をあげている。「日本大百科全書(ニッポニカ)」
では，〈メリヤス　medias スペイン語〉のもと "日本に伝来したのは江戸
初期，ポルトガル人やオランダ人が来日したときに持ち込んだものが伝え

られ",“メリヤスという語はスペイン語のメディアス medias（靴下の意）
がなまったもの"とされる。「ブリタニカ国際大百科事典　小項目事典」
では，〈メリヤス〉のもと“名称は江戸時代初期に靴下をさすスペイン語
の medias，ポルトガル語の meias が転訛したもの"との説明がある。

　そのほか，Google を〈莫大小〉で検索すると，「語源由来辞典」（https://
gogen-yurai.jp/）では，“メリヤスは，「靴下」を意味するスペイン語の「medias
（メジアス）」，ポルトガル語「meias（メイアシュ）」が転訛した語。メリヤ
スの発祥は古代エジプトで，中世に西欧へ伝わり，靴下の素材として重宝
された。日本にメリヤスが伝来したのは，16 世紀後半から 17 世紀後半と
いわれる"と解説されている。また，繊研新聞社の Web サイト（https://
senken.co.jp/posts/meriyasu-study）では，15 世紀ごろに欧州から日本に靴下
が伝わり，靴下を指すスペイン語のメディアス，ポルトガル語のメイヤス
が変化したといわれている，と解説されている。

　冊子体の場合，『大漢和辞典』（*208*）の総画索引で 11 画の〈莫〉を手が
かりにする。〈莫大小〉のもとに，“メリヤス　瓦斯絲で織った一種の織物。
専らシャツを作るのに用ひる。伸縮自在，大小自由である事から莫大小と
書く"とあるが，原語は示していない。

　また，『講談社新大字典』（*205*）によれば，〈莫大〉のもとに〈莫大小
メリヤス〉があり，“ガス糸で織った織物の一。伸縮自在，大小自由なこ
とから書く"とあるのみ。ただし，『広漢和辞典』（*208n*）では“メリヤス
スペイン語 medias のあて字"とある。

　つぎに，『角川外来語辞典』（*231*）の〈メリヤス〉の項を見ると，“メリ
ヤスをはいて蛤蜊踏れたり"という引用文とその典拠ならびに初出年とし
て“西鶴『大矢数』1677"を示している。さらに藤本昌美『日本メリヤス
史』から“メリヤスという語は多分メジアスというスペイン語か又はメイ
アスというポルトガル語から転訛したものらしい"を引用している。

　『外来語辞典』（選 p.45）によれば，〈メリヤス〉の項に，“唐人の古里寒
しメリヤスの足袋（たび）　自悦『洛陽集』1680（原意は「靴下」，長崎方言
では「メイヤス」ともいうから，ポルトガル語からの借用も認められる）"
とある。

2.3.5 〈雪花菜をこぼさずに食えば長者になる〉の意味は？

〈雪花菜をこぼさずに食えば長者になる〉とはどういう意味か。また，このことばの出典およびその著者名を知りたい。

解　Googleで〈雪花菜〉と入力して検索したところ,「コトバンク」,「Weblio国語辞典」,「goo辞書」などのサイトが検索され,〈おから〉,〈きらず〉,〈せっかさい〉の読みがあることが分かるが，ことわざの解説まではない。

冊子体の場合，〈雪花菜〉が読めなければ，『故事俗信ことわざ大辞典』(***250***，***250n***)の「総語彙索引」〈こぼす〉から検索する。(ただし，先述のように同書第2版には「総語彙索引」がなく，見出しと本文が収録された付録CD-ROMを検索する。〈雪花菜〉と入力すれば見つけられる。)〈雪花菜〉は〈きらず〉と読み，“粗末な食べ物である細かい「きらず」の一粒一粒でも大切にするように心掛ければ，金持ちになれる”と解説されている。出典も載っている。

また,『日本国語大辞典』(***204***)によれば，その〈きらず〉のもとに，“①豆腐のしぼりかす。おから。譬喩尽－六「豆腐殻(キラズ)不盈(こぼさず)喰えば長者に成る」”とある。なお，同書の出典一覧に，“譬喩尽　①松葉軒東井編　② 1786序　③国語資料　④諺集”があげられている。

この出典を確認するため,『日本古典文学大辞典』(***357***)によると，以下の解説が得られる。

譬喩尽　たとえづくし　8巻8冊。辞書。松葉軒東井編。正しい名称は「譬喩尽並ニ古語名数」。天明7年(1787)8月に一応成稿したが，その後も寛政末年頃まで補入が続けられた。編者自筆の稿本が龍谷大学に現存するのみで，版本はない。

2.3.6 質問と解答例

a）質問

Q2-1　〈鮴〉,〈鯒〉,〈鮗〉,〈鮎〉は魚へんの字であるが，それぞれどう読むか。また，このうち淡水魚はどれか。

Q2-2 文章の一節に〈漢浦塞のおどり, 阿蘭陀の銭〉と書かれていたが,〈漢浦塞〉とは何か。また, これはどう読めばよいか。

Q2-3 〈せっしゃくわん〉は漢字でどう書き表わせばよいか。また, その意味と出典も知りたい。

Q2-4 〈思多呉非(したごひ)にいつかも来むと…〉という万葉集の歌を知りたい。この〈思多呉非〉とはどういう意味か。

Q2-5 「おてもやん」という民謡に〈ごてどんがぐじゃっぺたるけん〉という一節があるが,〈ごてどん〉および〈ぐじゃっぺ〉はどういう意味か。

Q2-6 〈編席(アンペラ)を敷く〉と書かれていたが, この〈アンペラ〉とはどんなものか。外来語らしいが, 何語に由来することばかも知りたい。

Q2-7 相手方の妹に対する敬称として,〈お妹さん〉以外に, どのような表現があるか。

Q2-8 〈トンネル〉ということばが, わが国で最初に用いられたのはいつごろか。その証拠となる文章か, あるいは何かの記録があれば知りたい。

Q2-9 〈月とすっぽん〉の意味および〈すっぽん〉の語源を知りたい。また, これと同じような意味のたとえはないか。

Q2-10 〈涙肌骨を絞る〉とはどういう意味か。また, このことばの用例はないか。

b) 解答例

A2-1 Google で〈漢和辞典〉を入力すると,「漢字辞典 ONLINE」(https://kanji.jitenon.jp/)が検索される。読み, 画数, 部首などから漢字を検索できる

ようになっている。これによれば,〈鮴　ごり，めばる〉,〈鮗　このしろ〉,〈鮖　かじか〉と出ている。また,「コトバンク」では,〈鮴　ごり，ヨシノボリ・チチブ・カジカなどの地方での呼び名〉「デジタル大辞泉」(***202n***),〈鮗　このしろ〉「動植物名読み方辞典　普及版」,〈鮖　かじか〉「動植物名読み方辞典　普及版」と表示されている。

冊子体の場合,『講談社新大字典』(***205***)では,「魚部」に見られる漢字で,それぞれ〈鮴〉(ごり，めばる),〈鯒〉(こち),〈鮗〉(このしろ),〈鮖〉(かじか)の読みの国字である。前三者が海水魚，残りの〈かじか〉が淡水魚である。なお,〈鮴 ごり〉であれば淡水魚ということになる。この結果は,『大漢語林』(***207***)でも同様である。

A2-2　「漢字辞典 ONLINE」,「goo 辞書」,「Wiktionary」のいずれでも〈漢浦塞〉は検索されなかった。「コトバンク」を〈漢浦塞〉で検索すると,「日本大百科全書(ニッポニカ)」,『食の医学館』,『精選版　日本国語大辞典』(***204n***)の〈カボチャ〉の項目が検索された。そのうち,『精選版　日本国語大辞典』では,“(ポルトガル Cambodia から)1.　カンボジア王国。浮世草子・好色万金丹…四・一「丸山の噂，南京(なんきん)の小哥，漢浦塞(カボチャ)のおどり，阿蘭陀(をらんだ)の銭よむまねなどするうち」…”という引用がある。冊子体の『日本国語大辞典』(***204***)でも同様である。

他の冊子体の場合,『難訓辞典』(***211***)の 13 画〈漢〉のもとには収録されていない。そこで『宛字外来語辞典』(***210***)を見る。これには，13 画に近似の見出し〈漢甫寨〉“ハアヌボサイ　カボチャ［＝カンボジア］→柬蒲塞”がある。そこで，9 画〈柬蒲塞〉のもとを見ると,“カンボジア　カムプチア　カンボチア…”とあり,“インドシナ半島中部に位置。1863 年仏の保護領”とある。

A2-3　Google による検索でも〈せっしやくわん〉を入力し，容易に〈切歯扼腕〉を知ることができる。『大辞林』(***203***)によれば,〈せっし〉のもとに〈せっしやくわん〉があり，その漢字表記は〈切歯扼腕〉である。その意味は“歯ぎしりしたり，自分の腕を握り締めたりすること。ひどく残念がっ

たり怒ったりすることにいう"とある。出典は"史記－張儀伝"とある。

　冊子体の場合，多くの国語辞書に意味は載っている。とくに，『日本国語大辞典』(*204*)の解説はくわしく，出典も付記している。「コトバンク」からでも『精選版　日本国語大辞典』(*204n*)が利用できるが，『日本国語大辞典』(*204*)に比べると情報量は少ない。

A2-4　〈思多呉非〉で Google を検索すると，「コトバンク」に収録された『精選版　日本国語大辞典』(*204n*)および「デジタル大辞泉」(*202n*)が検索される。いずれも〈下恋　したごい〉を見出しとして，意味が載っている。

　冊子体で確認するため，『新編国歌大観』(*260*)の第 2 巻「私撰集編」の「索引」編の〈したこひに〉を手がかりにする。そのもとに〈万葉 3984，万葉 4002〉への参照指示がある。そこで，「歌集」編により，その大観番号 3984 のもとを見る。そこに"大船乃 由久良由久良尔 思多呉非尓 伊都可聞許武等 麻多須良牟 情左夫之苦…　おほぶねのゆくらゆくらにしたごいに　いつかもこむと　またすらむ　こころさぶしく…"とある。『新編国歌大観』は「ジャパンナレッジ Lib セレクト」にも収録されている。

　『岩波古語辞典』(*224*)の〈したごい〉の項に，"《シタは隠して見せない所》ひそかな恋。人目を忍ぶ恋"とある。『時代別国語大辞典』(*227*)の「上代編」にも，"心の内で恋い思うこと"とあり，いずれも〈したごひにいつかも来むと待たすらむ〉という例文をあげている。

A2-5　Google により，〈ぐじゃっぺ〉を入力検索すると，熊本弁として〈あばた面，要するに不細工ということ〉。また〈ごてどん〉は〈ご亭殿〉すなわち〈亭主，夫〉と分かる。「コトバンク」，「goo 辞書」ではこれらの語は検索されない。

　冊子体の場合，『日本方言大辞典』(*234*)では，〈ごてどん〉，〈ぐじゃっぺ〉から，それぞれ〈ごて(御亭)〉，〈ぐじゃ〉に参照指示し，前者は"亭主，主人，夫　熊本県"，後者は"疱瘡(ほうそう)を患った跡，あばた　熊本県"と解説している。また，『全国方言辞典』(*233*)でも，〈ごてどん〉は熊本，長崎で〈夫〉，〈ぐじゃっぺ〉は熊本で〈ぐんじょ，あばた，あばた面〉のこ

ととする。なお，『日本国語大辞典』(*204*)には，〈ごてどん〉，〈ぐじゃっぺ〉のいずれの見出し項目もない。

A2-6　Google で〈アンペラ〉を検索すると，「コトバンク」，「goo 辞書」，「Weblio 国語辞典」などが表示される。いずれも「デジタル大辞泉」(*202n*)の〈アンペラ〉の項目を掲載し，それによれば，"カヤツリグサ科の多年草。湿地に生え，高さ 0.5 〜 2 メートル。葉は退化して鱗片(状)。茎の繊維は強く，むしろの材料にする"植物で，"ポルトガル語 ampero または(マレー語 ampela)"に由来することが分かる。

　冊子体の『日本国語大辞典』(*204*)および「コトバンク」所収の『精選版日本国語大辞典』(*204n*)によれば，〈アンペラ〉のもとに"①カヤツリグサ科の多年草。②①の茎で織ったむしろ"とあり，[語源説] として，"(1)マレー語 ampela から。語原はバタビア語。ポルトガル語 amparo の訛とする説もある [外来語辞典＝楳垣実] (2)アミヘラ(編平)の転 [言元梯]"とある。

A2-7　Google を〈妹　類語〉で検索すると，複数の辞典でそれぞれ類語をあげている。「Weblio 類語辞典」(https://thesaurus.weblio.jp/)では，「日本語 WordNet(類語)」を出典として〈妹君, 妹さん, 小妹〉,「連想類語辞典」(https://renso-ruigo.com/)では〈実妹, 令妹, 義妹, 妹御, 愚妹, 妹君, 妹御様, 貴妹, 亡妹, 兄妹, 弟妹, 実妹, 異母妹, 継妹, 庶妹, 小妹ほか〉, そのほか「goo 類語辞書」(https://dictionary.goo.ne.jp/thsrs/)では『使い方の分かる類語例解辞典　新装版』(小学館　2003)を出典として〈義妹〉があがっている。

　冊子体の場合，『日本語シソーラス』(*245*)では，妹, 弟妹, 愚妹, 拙妹, 小妹, 少妹, 令妹, 貴妹, 尊妹, 賢妹, 妹御, 御妹御ほか 26 種をあげている。

　『類語国語辞典』(*246*)によれば，"妹御　いもうとご, 令妹　れいまい",『類語辞典』(*247*)によれば，〈いもうと〉のもとに類語があり，敬称として"令妹　れいまい, 秀妹　しゅうまい, 貴妹　きまい, 尊妹　そんまい, 賢妹　けんまい, 妹君　まいくん, 小嬢　しょうじょう, いもとご(妹御)"が列挙されている。

A2-8 　『角川外来語辞典』(*231*)は，〈トンネル〉という見出し語のもとで，福沢諭吉の『条約十一国記』(1865年刊)のなかに〈テイムス・トンネル〉という表現が見られることを示している。そこで，『日本国語大辞典』(*204*)の〈トンネル〉の項目のもとで確認すると，"条約十一国記〈福沢諭吉〉「又其河下に至りテイムストンネルといふ珍らしき仕掛あり」"という用例が示されている。「コトバンク」所収の『精選版　日本国語大辞典』(*204n*)でも同様である。

A2-9 　「コトバンク」で〈月とすっぽん〉を検索すると，『ことわざを知る辞典』(小学館　2018)，「デジタル大辞泉」(*202n*)，『精選版　日本国語大辞典』(*204n*)が表示される。『ことわざを知る辞典』では，〈二つのものの隔たりが大きすぎて，比べ物にならないことのたとえ。また，釣り合いがとれないことのたとえ〉とあり，使用例や詳しい解説も出ている。「デジタル大辞泉」では類語として，"提灯に釣鐘"，"雲泥の差"をあげている。『精選版　日本国語大辞典』では出典もあげられている。

　冊子体の場合，『新編大言海』(富山房　1984)によれば，〈すっぽん〉のもとに，"月にすっぽント云フハ，相，似テ，実ハ，甚ダ懸隔シタル意"とあり，すっぽんの語源は，"すぽんぽノ転，或ハ，葡萄牙語ナリト云フ説モアリ"とある。

　また，『日本国語大辞典』(*204*)によれば，すっぽんの語源について"(1)スボンボの転。またはポルトガル語か［大言海］。(2)鳴声スホンスホンときこえるからか［瓦礫雑考・三余叢談・俚言集覧・名言通］…"などと，出典を添えて解説している。

　『語源大辞典』(東京堂出版　1988)では，"スッポンの鳴声がスポンスポンと聞えることからの命名か"とある。また，『日本語源広辞典』(*241*)では，〈すっぽん〉の"語源は，「すぼむ＋ぼ(もの)」"，"首をすぼめてなかなか出さない亀の意"としている。

A2-10 　Googleからは〈涙肌骨を絞る〉では検索できないので，〈ことわざ〉で検索すると，「漢字ペディア」(https://www.kanjipedia.jp/)の故事・ことわ

ざ索引が表示される。これを用いたが検索されない。そのほか，「ことわざ
辞典」，「辞典オンライン」，「コトバンク」，「goo 辞書」，「Weblio」でも同様
である。

　冊子体の場合，『故事俗信ことわざ大辞典』(*250n*)では，〈なみだ〉のも
とから，〈涙肌骨(きこつ)を絞る〉が探せる。その解説には"《「肌骨」は，
肌と骨，また，全身の意》くやしさや感動で涙があふれ出る。また，全身で
感情を表わすたとえ。「有がたきお情とひろ椽にひれふして，涙肌骨をしぼ
りしが」[浄・信州川中島合戦－三]"とある。同書第 2 版(*250*)であれば付
録 CD-ROM を〈涙〉で検索することによって，このことわざを見つけるこ
とができる。また『日本国語大辞典』(*204*)でも，〈なみだ〉の項のもとに，〈な
みだ肌骨(きこつ)を絞る〉の見出しがあり，意味，用例を添えている。

第 **3** 章

事物・事象の探索

●
●
●

3.1 何を求めるか

　図書館では，図書とか雑誌などの文献資料に関する問題とともに，事物・事象に関わる問題が比較的多く扱われてきた。それらの多くは即答質問といわれるもので，〈もの〉とか〈こと〉に関わりのある一般的な問題といってよい。これらは，いずれの分野に関わる問題なのかはっきりしないことが多い。それだけに，問題解決の最初の手がかりを求めて問われる問題でもある。

　〈もの〉とか〈こと〉に関する情報要求は，自然的事物および人工的事物のすべてに関わり，それらが生起・消滅するすべての現象を含むものとする。

　したがって，〈もの〉や〈こと〉に関わる探索問題が，すべて百科事典のような概括的，要約的な解説をしているツールによって解決できるわけではない。すでに第2章で取りあげたように，ことばや文字からの探索が有効な場合もある。また，次章以下で取りあげるように，時間軸を立てての探索(第4章)，地理的な面からの探索(第5章)，人名からの探索(第6章)によって解答を求めた方が有効な場合もある。

　本章では，主として事物，事象に関わる一般的問題ないし他の探索への手がかりを得るための探索問題を取りあげることにしたい。

3.1.1 どんなものか

　生物や事物のように，具体的なかたちのあるものについて，〈どんなものか〉を知るには，実物をじかに自分の眼で確かめることができればよい。しかし，何かを見たいときに，いつでもその実物を眼にすることができるわけではない。

　かつて存在していたけれども，現在では消滅したもの，あるいは現存していても特定の場所に出向かなければ見ることができないものなどはたくさん

ある。つまり，時間的，空間的制約があるために，どうしても実物を直接見ることができないものを確認したいことがある。たとえば，〈江戸時代，日本にいたといわれる山犬は，どんなものか〉と問われた場合，すでに絶滅している今日では，文章による解説，図解，その他の記録物あるいは標本などによって実物に代えるしかない。

こうした例は特殊としても，事物の形状・構造・色彩などや，生物の形態・生態などについての情報が求められる場合，文献資料その他の記録によって解説したものが利用できるならば好都合である。眼の前に実物がある場合でさえ，それに併せて，その図解および解説が参照できるならば，より理解を深める助けになるはずである。

3.1.2　どんな種類があるか

種類を知ることによってはじめて対象をはっきり知ることができる場合が少なくない。分かることは分けることであるといわれるゆえんである。したがって，〈どんなものか〉をよりよく理解するために，しばしば種類が問われることになる。

その場合，必ずしも〈○○には，どんな種類があるか〉と問われるとは限らない。たとえば，〈日本古来の履物にはどんなものがあるか〉とか，〈北海道で獲れる魚のうち，主なものは何か〉といった質問は，それらの種類名を明らかにすることが回答となる。

もちろん，どのような観点から類別するかによって，その種類が異なってくることもあろう。したがって，あらかじめ観点を確認してからでないと，種類名を特定できない場合がある。さらに，それぞれの種類名とともに，その特徴についても説明が求められる場合があるかもしれない。

3.1.3　どんなよび名か

生物，事物，現象など，目に見え，しかも説明することのできる対象であっても，それを〈何というのか〉呼称が分からなかったり，思い出せなかったりすることがある。

しかも，その対象が容易に特定化できるとは限らない。たとえば，〈旅人

を捕らえて自分のベッドにねかせ，その足がはみ出せば切り落とし，短ければ引き伸ばしたという追いはぎがいたという。そんなギリシャの伝説上の追いはぎの名に因んで，‘○○のベッド’ということばができたそうだが…〉といった質問に見られるように，いくらでもくわしく説明することはできるが，その追いはぎの名前が思い出せないために，手がかりが絞りにくい場合がある。

　また，一つのものが二つ以上の呼称を持っていたり，二つの異なるものが同じ呼称でよばれていたりすることもある。このように，呼称の確認は単純なようでも，あらかじめ対象が特定化されていないと，しばしば混乱を招くおそれがある。

3.1.4　数・量はいくらか

　即答質問には，ものの数や分量あるいは規模などに関連する情報要求が多くを占めている。世界あるいは日本における記録（レコード）に関する質問，たとえば，〈日本最大の昆虫は何か〉，〈世界で最長のトンネルはどこにあり，全長何メートルか〉，〈世界最速の鳥のスピードはどのくらいか〉など，広い意味の数とか量に関わる問題への関心は日常頻繁に生起する。

　それらのうちでも，とくに諸科学の分野においては，統計データ，物理的データ，化学的データなど，数値情報が重要な役割を果たしているだけに，対象種別や測定基準に対応した正確なデータが求められる。

　こうした数とか量に関連する情報要求に適切に応えようとする場合，その単位に関わって，その名称，略号，定義および換算法などの知識が必要になることがある。たとえば，ある山の高さが求められ，その結果がフィートで得られた場合，それをメートルに換算するといった場合である。また，〈ヤール幅というのは何センチメートルのことか〉という質問には，どの業界でそれが使われているかによって回答に違いが生じる。さらに〈1ガロンというのは何リットルか〉といった質問には，国による単位換算の相異を考慮する必要がある。

3.1.5　どんな方法・手順か

　何かについて知りたいといわれる場合，その対象についての情報ではなく，たとえば，〈鮭のくんせいを作るにはどうすればよいか〉，〈金属塗装法について解説したものがあるか〉など，その仕方とか方法に関わる知識が求められることがある。使いかた，作りかたなど，一般に〈ハウツー〉といわれる常識的なレベルのことから，専門的な手法，手順，手段に関する問題までを含めるならば，方法・手順に関わる情報要求は広範多岐にわたる。

　今日のように変化の激しい社会で生活するには，何かについて知っていることよりも，そのことについて知る方法を知っていることの方がますます大切になるだろう。

　とりわけ，社会生活が複雑になるにつれて，いろいろな規則のもとで，一定の期日までに法的な手続きをとっておかなければならないような問題はいっそう増えてくる。たとえば，〈クーリングオフのためにはどんな手続きが必要か〉とか，〈相続した不動産の登記はどのようにすればよいか〉など，そのことを知っている人にとっては何でもないことでも，それを知らなかったばかりに，思わぬ損失を被るといったこともある。こうしたことも方法・手順に関わる問題に含めることができる。

3.2　何を使って調べるか

3.2.1　インターネットを使う

a)　インターネット百科

　インターネットの普及に伴い，日常生活に必要とするような〈こと〉がらや〈もの〉ごとについて確かめようと思えば，各種の検索ツールを利用して関係情報にアクセスすることができ，知識の欠落を補うことが比較的容易かつ迅速に行えるようになった。

　従来，調べものをするのに広く利用されてきた冊子体の百科事典に代わり，CD-ROM 版あるいは DVD-ROM 版の百科事典が利用できるようになり，その検索はいちじるしく容易になった。さらに文字，画像，動画，音声などを総合的に扱えるマルチメディアとしての〈インターネット百科〉の出現によっ

て，この分野に革新的変化をもたらした。

　こうなると，多巻ものの重くてかさばる百科事典のページを繰るのが敬遠されても仕方がない。とくに，ハイパーリンクのシステムを活用したインターネット百科が逐次更新され，最新の情報を提供するようになると，到底冊子体の百科事典が太刀打ちできるものではない。たとえば「Wikipedia」のように，編集に参加することさえも可能なインターネット百科を誰でも自由に利用できるとなると，その影響力は甚大である。

　CD-ROM，DVD-ROM 事典のさきがけとして「Britannica CD」，「Microsoft エンカルタ総合大百科」が，インターネット百科では「Britannica Online」，「MSN エンカルタ百科事典」がこれまで普及してきたが，その後わが国でも冊子体の百科事典として長い歴史を持つ『世界大百科事典』(*301*)や『日本大百科全書』(*302*)も「コトバンク」，「ジャパンナレッジ Lib」(会員制有料)からインターネットで利用できるようになった。

b)　インターネット図鑑

　通常，検索サイトでは，写真やイラストの検索が容易にできるようになっている。たとえば，Google や Yahoo! のトップページの「画像」を選び，求めたいものをキーワード入力すると，その写真，イラストなどを検索することができる。

　また〈インターネット OR オンライン　図鑑〉と入力すると，多くの〈インターネット図鑑〉あるいは〈オンライン図鑑〉にアクセスすることができる。動物園，植物園，水族館などで作成された信頼度の高い特色のあるインターネット図鑑もある。

　このほか，国内のさまざまな分野のデジタルアーカイブと連携し，多様なコンテンツを横断的に検索，閲覧できるプラットフォーム「JAPAN SEARCH」(https://jpsearch.go.jp/)(2020 年 8 月公開)によって，図書館，博物館，美術館，研究機関等が所蔵するコンテンツを探すことができる。キーワードによる検索のほか，「データベースを見つける」，「テーマ別検索機能を使う」，「施設・機関を見つける」といったカテゴリーによる検索もできる。

3.2.2　百科事典・専門事典を使う

「百科事典」（選 3.1）は，あらゆる分野にわたる知識が総覧できるように，すべての知識領域から選ばれた項目を見出しに立て，その定義，内容，種類，背景などにわたって総合的に解説することを特色としている。したがって，〈もの〉あるいは〈こと〉に関わる知識を手っ取り早く求めるのに役立つ万能のツールとみなされてきた。

しかし，上述のようなインターネット百科が普及するとともに，冊子体の百科事典への依存度が急速に低下することは避けられなかった。もっとも，インターネット上では満足な情報が得られない場合や，得られたとしても，その内容を確認するために，冊子体の百科事典その他の文献によってじっくり読み取る必要が生じることもある。また，当然ながら，いつでも，誰でも，つねにインターネットが利用できるとは限らない。

百科事典のみならず，インターネットで検索してみても，必要な情報が得られなかったり，情報が簡略すぎたり，一般的すぎたりして，期待どおりの結果が得られないことがある。そんなとき，「専門事典」（選 3.2）を使うと，専門分野は限定されているけれども，他からは入手できなかった情報や，専門的にくわしい情報が得られることがある。

また，専門事典の解説項目には，しばしば参考文献が添えられている。その文献を参照すれば，さらにくわしい情報が得られるかもしれない。ただし，専門事典だからといっても，必ずしも百科事典よりも専門的にくわしい情報が得られるとは限らないことも心得ておく必要がある。

3.2.3　便覧類を使う

百科事典や専門事典だけでは方法や手順について調べることができない場合がある。そんなときに役立つのが「便覧類」（選 3.3）である。便覧類と総称されるものには，ハンドブック，マニュアル，ガイドブック，要覧，総覧，手引きなどとよばれるものが含まれる。

実際に，タイトルを事典と名づけているものにも便覧的なものがあり，事典と便覧の区別はつけにくい。しかし便覧は，事典のように項目見出しを一系排列して解説を加えるのではなく，何らかの体系のもとに事項を解説し，

情報(データ)の提示方法に特色を持たせる編集をしているものが多い。

　便覧は，一般人向けの啓蒙的な〈ハウツーもの〉といわれるものから専門便覧の〈データブック〉とよばれるものまで，内容的には多種多様である。多くは実用的な知識・技術等について，諸表，図解，実例を用いて要約的に解説することによって方法・手順などを調べるのに有用な情報を提供する点に特色がある。

　どんな便覧を使えばよいか。これまでに出版された便覧類はきわめて多種類にのぼるから，いざ便覧を使おうとしても，どんな便覧があるか，どれがよいのか，見当がつかないことがある。そんなとき，便覧探索の手がかりを与えてくれるのが，第Ⅱ部第1章で取りあげた「レファレンスブックのガイド」(選1.3)とか，『便覧図鑑年表全情報』(*104n*)のような便覧を含むリスト類である。

3.2.4　図鑑類を使う

　百科事典や便覧類にも写真，図解などを豊富に収載しているものが多い。しかし，具体的な事物について，その形状，構造，色彩などについて調べようとして使ってみても満足な結果が得られないことがある。

　そのような場合に適切な「図鑑」(選3.4)があればよい。とくに，画像，写真などイメージの面から事物を確認しようとする場合には，図鑑を最初から使うようにした方が効率的である。図鑑は文字によって説明するだけでは分かりにくい事物のかたち，構造，色彩などについて，写真，図解を用いて解説しているので，事物の比較，同定，検索に適している。

　上述のように，インターネット上から写真やイラストが容易に得られるようになったが，依然として冊子体の図鑑ほどには多様な要求に十分応じられないのが現状である。

　とくに，冊子体の図鑑類の場合，類似の対象物が一覧できるよう排列されているために，それらの比較同定が容易である。しかも，近年では印刷技術の発達により，印刷物ならではの鮮明で目になじむ色彩豊かな図版からなるものが増えてきており，それらにCD-ROM版やDVD-ROM版を添付して検索の便を図ったり，動画を提供したりしているものもある。

　これまで多数の図鑑が出版されているが，どれを使えばよいのか。その探索のために役立つのが各種の〈レファレンス事典〉とよばれるツールである。たとえば，『植物レファレンス事典』（選 p.78）は，2 万 7000 種以上の植物名を見出しとし，それを収載している図鑑類を探すことができる一種の索引である。同様に，分野は違うが，『動物レファレンス事典』（選 p.79），『昆虫レファレンス事典』（選 p.79），『魚類レファレンス事典』（選 p.79）がある。

　また，『日本美術作品レファレンス事典』（選 p.81）にも「絵画篇」，「彫刻篇」，「陶磁器篇」，「書跡篇」，「工芸篇」，「建造物篇」の各セットがあり，多数の美術全集に収載されている美術作品の図版索引として利用することができる。

　さらに『西洋美術全集絵画索引』（選 p.80）も都立中央図書館所蔵の美術全集に掲載されている作品を対象にした同種の索引である。

　ここには個別の図鑑名は取りあげないが，必要に応じて「レファレンスブックのガイド」（選 1.3）のもとに収録されている代表的な図鑑のほか，『便覧図鑑年表全情報』（*104n*）に含まれている図鑑類を選んで利用するとよい。

3.3　どのように探索するか

3.3.1　作業療法士になるには？

　作業療法とは何か，また作業療法士の資格をとるにはどうすればよいか。資格取得のための受験資格，試験などについて知りたい。

解　Google でも，Bing でも，〈作業療法士〉を入力すると，多数の Web サイトが検索される。「Yahoo! しごとカタログ」（https://jobcatalog.yahoo.co.jp/）では，"作業療法士は体や精神に障害のある人がその心身機能を回復し，日常生活・社会生活に復帰できるように，食事，歯みがきなど日常生活の動作，家事，芸術活動，遊び，スポーツといった生活の中における作業や動作などを用いて訓練・指導・援助を行う医療技術者である。OT（Occupational Therapist）とも呼ばれる" と解説されている。また，「日本作業療法士協会」（https://www.jaot.or.jp/）では，"学校養成施設を卒業するこ

とで，国家試験の受験資格が得られる”，“1年に1度，2月頃に行われる国家試験に合格することで作業療法士の国家資格を取得することができる”とあり，カリキュラムや作業療法士へのインタビューが紹介されている。

　これらのサイトでは国家試験についてのくわしい記載はないので，あらためて〈作業療法士　国家試験〉で検索すると，「厚生労働省」のサイト（https://www.mhlw.go.jp/）が表示され，〈医療，医薬品，健康，食品衛生関連〉のリンクのもとに，〈作業療法士国家試験の施行〉として，具体的な説明がある。

　冊子体の場合，『社会福祉用語辞典　六訂』（中央法規　2012）によれば，〈作業療法〉とは“身体又は精神に障害のある者に対し，主としてその応用的動作能力又は社会的適応能力の回復を図るため，手芸，工作その他の作業を行わせることをいう”，と説明され，5種類の作業活動があげられている。〈作業療法士〉の項目では，“理学療法士及び作業療法士法に定められた国家試験に合格し，厚生労働大臣の免許を受けた者で，医師の指示の下に，作業療法を行うことを業とする者”と説明している。『南山堂医学大辞典』（選p.69）では，〈作業療法〉の項目に“疾病や外傷による身体機能の障害，または精神に障害のある者やそれが予測される者に対し「作業活動」を用いて諸機能の改善や維持および開発を促し，日常生活活動改善，生活の質の向上を目的として治療，指導および援助を行う”とあり，作業活動の具体的例や「理学療法士及び作業療法士法」における定義もあげられている。さらに，わが国での歴史的な経緯として，精神科領域に位置づけられる精神科作業療法と身体障害に対するリハビリテーションとしての作業療法の流れがあり，国家資格としては同一であるが，医療の現場においてはそれぞれ異なった専門性をもち，診療報酬上でも区別されていると言及している。

3.3.2　銭太鼓のかたちは？

　〈銭太鼓〉は，どんなかたちをしているものか。とくに，八重山地方の踊りで用いられるものについて知りたい。

解　Googleで〈銭太鼓　八重山〉を「画像検索」すると，多数の写真が表示されるが，概要が分かる写真はない。幅広い分野にわたるデジタルアーカイブを横断検索する「JAPAN SEARCH」（https://jpsearch.go.jp/）で〈銭太鼓　八重山〉と入力し，「画像検索」を指定すると『南島採訪記』（明善堂書店　1962）が表示された。「国立国会図書館デジタルコレクション」に収録され，図書館・個人への公開が可能な資料なので，ログインして閲覧すると，古見という地域の〈銭太鼓〉の写真を2点見つけることができた。

　冊子体の『音楽大事典』（平凡社　1981-1982）で〈ぜにだいこ　銭太鼓〉のもとを見ると，"日本の民俗芸能で用いられる体鳴楽器"とある。これに続けて，各種の銭太鼓の解説があり，(4)として，"太鼓の桴（ばち）の両端に3枚ずつ硬貨を取りつけたもので，太鼓を打ったり桴を振り回すと硬貨が触れ合って音が出る。沖縄の八重山地方の〈鶴亀踊〉に使用。沖縄では，これを「じん（銭のなまり）だいこの桴」と呼ぶ"と解説している。

　また，『祭・芸能・行事大辞典』（朝倉書店　2009）を見ると，〈銭太鼓〉の項目があり，"太鼓という名称であるが，実際は膜鳴楽器ではなく体鳴楽器。もとは穴のあいた銭を使ったのでこの名称があるが，現在では金属の小さな円盤または輪を使ったものもある。民俗芸能で使う"として，使用されている地域があげられており，そのなかで"沖縄県八重山の「鶴亀踊」では太鼓の桴（ばち）に銭をつけたものを使う"と紹介されている。

　そこで，『沖縄大百科事典』（*562*）の〈銭太鼓　ぜにたいこ（ジンダイク）〉のもとを見ると，以下の解説がある。合わせて，銭太鼓の内側の写真も添えられている。

　　八重山の芸能。また，その芸能に用いられる小さな太鼓のこと。直径30cmの太鼓の空洞に，針金を十字に張り，穴あき硬貨を取り付けたもので，表皮を打つときの振動で中の硬貨も鳴るように調えられている。この太鼓や銭棒，銭引き，銭采（ジンざい）などの採りものを用いる舞踊も〈銭太鼓〉または〈ささら銭太鼓〉と称している。

　これは，『音楽大事典』，『祭・芸能・行事大辞典』の解説とは一致しない。先述した古見地域の〈銭太鼓〉も，写真が不鮮明ではあるが，細長い桴のかたちをしている。

3.3.3　ハチ毒アレルギーの治療法は？

ハチ毒アレルギーの治療には減感作療法が有効と聞いたが，この療法では，どんな方法が行われるのか。減感作療法の概要について知るには，何を読めばよいか。

解　Google で〈ハチアレルギー　減感作療法〉と入力すると，多数のサイトが検索されたので，期間を最近2年間（2021年5月1日以降）に限定する。専門的な内容の論文や日本アレルギー学会『アレルゲン免疫療法の手引き』（https://www.jsaweb.jp/uploads/files/allergen_202101.pdf）も検索されたが，一般読者にも読みやすい記事として，上記手引きの作成委員のひとりでもある，獨協医科大学埼玉医療センター呼吸器・アレルギー内科医，平田博国による「『2度目』は要注意！　万一のための『自己注射薬』」（『ヘルシスト』269号（2021.9.10発行）「特集　『ハチ刺され』傾向と対策」）（https://healthist.net/medicine/2034/）があり，以下の解説が載っていた。"近年まで，ハチに対するアレルギー体質を減弱させる非常に有効な「アレルゲン免疫療法」が行われていました。「減感作療法」と呼ばれていた治療法で，スギ花粉症などの治療で知られています。ハチ毒アレルギーでも採用され，欧米の先進国では保険適用の治療法として効果を上げていました。"続けて，日本では保険適用外のため自由診療であること，この治療はハチ毒アレルゲンエキスの皮下注射を行うもので，その量や頻度などくわしく説明されている。しかし，ハチ毒アレルゲンエキスを製造する企業は海外に2カ所あるだけで，その1カ所が製造中止になり，入手できなくなったことから，日本だけでなく，世界各国でこの治療法ができなくなっている，と書かれている。1度刺され「ハチ毒ハイリスク」とされる人は，アナフィラキシーが起こったときに備えて，アドレナリン自己注射薬の携帯が，いっそう重視されている，とのことである。

冊子体の場合，『医学生物学大辞典』（*340*）では，〈減感作〉についてはごく簡単な説明しか得られない。そこで，『南山堂医学大辞典』（選 p.69）を調べたところ，〈減感作療法〉の見出しから〈アレルゲン免疫療法〉への参照があり，参照先の見出しのもとにくわしい解説が出ていた。また，

治療法の名称について，1997 年の WHO の見解書で減感作療法がアレル
ゲン免疫療法へ，アレルゲンエキスがアレルゲンワクチンへ改名された，
と説明されている。『医学書院医学大辞典　第2版』（医学書院　2009）で
は〈減感作療法〉の見出しのもとに解説があり，「最近では免疫療法の名
称が一般的である」と言及されている。

3.3.4　名字を変更できるのは？

　名字はどんなときに変えることができるのか。素人にでも分かりやすく解
説しているものがあるか。

解　Google で〈名字の変更〉と入力する。裁判所による「氏の変更許可」
（https://www.courts.go.jp/saiban/syurui/syurui_kazi/kazi_06_19/index.html）を選
択すると，概要として"やむを得ない事情によって，戸籍の氏を変更する
には，家庭裁判所の許可が必要"であり，"やむを得ない事情とは，氏の
変更をしないとその人の社会生活において著しい支障を来す場合"と述べ
られている。続けて，申立人，申立先，必要な費用・書類，書式（記載例）
など，項目ごとに説明されている。また，ベリーベスト法律事務所大阪オ
フィスの Web サイト（https://osaka.vbest.jp/columns/general_civil/g_others/
4548/）では，改名が認められる事由，改名の許否の判断ポイントについて
も解説されている。

　冊子体の場合，『現代法律百科大辞典』（*319*）では，〈氏名〉の見出しの
もとで〈氏の変更〉の小見出しを設けて解説している。すなわち，"戸籍
法 107 条 1 項は，一般的な氏の変更を定めている"とし，さらに"…「や
むを得ない事由」という厳格な要件をみたすことを必要とする"とし，そ
れらの要件について述べるとともに，「姓名の変更」というコラムを設けて，
問答形式で回答している。

3.3.5　和雑膾はどんな料理？

　和雑膾というのは料理名らしいが，これはどんな料理で，どう読めばよい
か。合わせて，その作りかたの概略を知りたい。

解　Google で〈和雑膾〉と漢字入力したところ，いくつもの Web サイトが検索されたが，そのうち「goo 辞書」では，〈かぞうなます〉の項目のもとに，「デジタル大辞泉」(**202n**)出典として，"キス・サヨリ・カレイ・イカなどの切り身をまぜて，酒で割った酢や蓼酢（たです）で味つけしたなます。かんぞうなます。かんぞうなます"という解説が得られた。また，「コトバンク」でも〈かぞうなます〉のもとに，『精選版　日本国語大辞典』(**204n**)を出典として，ややくわしく，"夏の料理の一種，キス，サヨリ，カレイ，イカなどの切身まぜて蓼酢（たでず）（＝青蓼の葉をすり，酢を加えたもの）で味つけしたもの。神上膾（かんじょうなます）。がんぞうなます"という解説を載せていた。加えて，俳諧・洛陽集(1680)「和雑鱠（ガザウナマス）蓼酢たたへて藍のごとし」との典拠の記載もあった。

　再度「コトバンク」を読みの〈なます〉で検索すると，「日本大百科全書（ニッポニカ）」のくわしい解説があり，種類について説明したなかに，"…がんぞうなます（含雑膾）は夏の料理である。これは〈くゎぞう〉（和雑）が〈かんぞう〉となまったものといわれ，キス，サヨリ，カレイなどを細く刻み酢と塩を適宜加えてつくる"とある。

　冊子体の『大辞林』(**203**)でも〈かぞうなます〉のもとに解説があり，"夏の料理の一種。種々の鮮魚の切り身を混ぜて，蓼酢（たです）や塩で味をつけたもの。かんぞうなます。かんじょうなます"とある。〈かんぞうなます　和雑膾〉は"〈かぞうなます〉の転"とされている。

　また『図説江戸料理事典　新装版』(柏書房　2009)でも〈かぞうなます[加雑膾・加増膾・和雑膾]〉の見出しのもとに，"各種の魚介類をとり合わせたなます。「がんぞうなます」ともいう。名の由来は和えてまぜるところからとも，また『嬉遊笑覧』では嘉定（かじょう）の日に作ったためかとしている"と説明し，出典として『料理物語』第十，『茶湯献立至難』巻四など6点の文献をあげ，くわしく解説している。

3.3.6　質問と解答例

a)　質問

Q3-1　三味線に〈乳袋〉というところがあるそうだが，どの部分にある，

どんな形状のものか。

Q3-2 　葉酸漿は弁慶草と同じものといってよいか。また，これらの葉はどんなかたちをしているか。

Q3-3 　障泥板が神明造りに用いられているそうだが，それはどんな働きをするものか。図示したものがあれば欲しい。

Q3-4 　フィラデルフィア美術館に収蔵されているクレーの作品「魚の魔術」の図版あるいは写真を見たいが，何を見ればよいか。

Q3-5 　キンカジューの体型，習性などについて知りたい。これはオリンゴに似た動物といわれているが，両者はどう違うのか。

Q3-6 　古い文献のなかで，〈浮石糖〉という文字に〈カルメイラ〉とルビがふられていたが，これは現在のカルメ焼と同じものか。

Q3-7 　スティブナイトという日本産の鉱物は主としてどこで産出され，どんな形状か知りたい。その写真ないしは挿図はないか。

Q3-8 　キムネシマアザミウマの雌の体長，頭部や腹部のかたち，全体の色彩などについて知るには，なにを調べればよいか。

Q3-9 　〈破笠細工〉というのは，どんな細工をいうのか。その作品には，どんなものがあるか。

Q3-10 　ガラツキーというスポーツがあるそうだが，どこの国のどんなスポーツか。その用具，競技法などの概要を知りたい。

b)　解答例

A3-1　Googleでも，Bingでも，〈三味線　乳袋〉を入力すると，三味線の構造に関連するいくつものWebサイトが見つかる。たとえば，「和楽器市場・本館」（https://www.wagakki-ichiba.com/sozai.htm）では，図によって三味線の構造が解説されており，素人にも理解しやすい。「コトバンク」でも複数の辞典による説明をあげている。そのうち「デジタル大辞泉」（*202n*）では，〈乳脹　ちぶくら〉という見出しで"三味線の棹の上端，糸倉の下で，左右に丸くふくれた所。ちぶくろ"との説明が出ている。また，『精選版　日本国語大辞典』（*204n*）では，見出しを〈乳袋　ちぶくろ〉とし，説明は「デジタル大辞泉」とほぼ同じである。

　『音楽大事典』（平凡社　1981-1982）によれば，〈三味線〉のもとに〈乳袋（ちぶくら）〉の小見出しがあり，"〈ちぶくろ〉のなまりと考えられる。鼓の部分名からきた名前ともいわれる。演奏中に左手を動かす際に，いちばん上の勘所のめやすとする"と説明されている。また，〈構造と各部名称〉の図があり，乳袋の位置が示されている。

A3-2　Googleにより，〈葉酸漿〉を入力し，その読み〈はほおずき〉を知る。「コトバンク」収録の「動植物名よみかた辞典　普及版」には，"薬用植物，ベンケイソウの別称"，「Weblio辞書」収録の「難読語辞典」でも"ベンケイソウ科の多年草，園芸植物，薬用植物"と出ているので，〈葉酸漿〉と〈ベンケイソウ〉は同じとみなしてよさそうである。さらに，〈ベンケイソウ　葉〉で「画像検索」をすれば，写真を見ることができる。ただし，さまざまな種類の〈ベンケイソウ〉の画像が混在し，違いが分かりにくい。

　そこで，『牧野日本植物図鑑』（1940）と同増補版（1956）を収録した「牧野植物図鑑インターネット版」（https://www.makino.or.jp/fixed/?page_key=dr_makino-book）を利用する。「名前検索」で〈べんけいそう〉と入力し，「和名で検索」を指定すると，"初版1493図"に載っていることが分かり，「この植物を図鑑で見る」を選択すると，くわしい図と解説が確認できる。〈はほおずき〉では検索されなかった。

　冊子体の場合，まず〈葉酸漿〉の読みを確認するため，『難訓辞典』（*211*）

を利用する。その 14 画に〈酸漿　ほおずき〉があり，"茄（なすび）科の多年
生草本…"と解説されている。したがって，葉酸漿は〈ほおずき〉に〈葉〉
を加えたもの，すなわち〈ははほおずき〉であると見当がつく。

　『日本国語大辞典』(*204*)の〈ははほおずき［葉酸漿］〉のもとを見ると，"植
物「べんけいそう（弁慶草）」の異名"とある。なお，『植物和漢異名辞林』(杉
本唯三　第一書房　1929；1982 復刻)にも，〈ははほほづき〉の見出しのもとに，
"べんけいそうヲ見ヨ"とある。

　そこで，べんけいそうの葉のかたちを調べるために『植物レファレンス事
典』(選 p.78)の〈ベンケイソウ〉のもとを参照したところ，『原色牧野植物
大図鑑』(*382*)，『原色世界植物大図鑑』(*381*)その他に〈べんけいそう〉が
収載されていることが分かる。これらの図鑑によって，葉のかたちを確認す
ることができる。

A3-3　Google を〈障泥板〉で検索する。「コトバンク」収録の『精選版
日本国語大辞典』(*204n*)では〈障泥板〉は〈あおりいた〉と読み，"屋根の
大棟の両脇下に取り付けた雨仕舞（あまじまい）のための覆い板"と説明され，
出典も添えられている。「デジタル大辞泉」(*202n*)でも簡単な説明が出てい
る。日本金属屋根協会の「用語集」(http://kinzoku-yane.or.jp/glossary/index.
html)ではこれらよりくわしく，"神社建築，特に神明造りの社殿の棟によく
見られる一種の雨押さえ"，"棟が屋根面に接する部分に雨仕舞いを目的とし
て屋根葺材を押さえて取り付けられる長い板"と説明があり，図で形状が示
されている。語源は馬具のひとつ「障泥」で，"鞍の下に敷き込み，馬の両
脇腹を包んでいる布状の毛皮や雛皮で作られ"るもので，"棟の両側に付け
られ，障泥の機能とよく似ている"とのことである。

　冊子体の場合，『建築大辞典』(*342*)の「難読語集」の 14 画で読み〈障泥
板　あおりいた〉を確認したうえで，本文の〈あおりいた〉のもとの 3 種類
の解説を読む。その一つに"神明造りの社殿において大棟を保護するために
左右に傾斜して取り付けてある一枚の厚板。頂部は薨覆（いらかおおい）で覆
われている。飛貫（ひぬき）で留める"という解説と，その部分を示す図が添
えられている。橋場信雄『建築用語図解辞典』(理工学社　1970)の「用語編」

によれば，〈あおりいた　障泥板〉のもとに，"雨仕舞いのために用いる一種
のおおい板"とあり，「図解編」の〈神社・仏閣〉のもとの図に参照指示が
なされている。

A3-4 Google の「画像検索」により〈クレー　魚の魔術〉を入力したところ，
多数の Web サイトが検索された。ルネッサンス期から現代アートまで世界中
の絵画・アートを解説するというオンライン・ミュージアム「MUSEY（ミュー
ジー）」(https://www.musey.net/)にも，この作品が紹介されており，画像に"1925
年制作，フィラデルフィア美術館所蔵"との解説が付されている。
　冊子体の場合，『西洋美術作品レファレンス事典』の「絵画編」（選 p.81）
により，〈クレー，パウル　Klee, Paul〉のもとの〈魚の魔術〉を探すと，『世
界の美術 24』（河出書房新社），『現代世界美術全集 13』（集英社)などに，フィ
ラデルフィア美術館所蔵の〈魚の魔術〉の図版が収載されていることが分か
る。

A3-5 「コトバンク」で〈キンカジュー〉を入力すると，「日本大百科全書
（ニッポニカ）」，「ブリタニカ国際大百科事典　小項目事典」，「世界大百科事
典　第 2 版」などの解説があり，もっともくわしい「日本大百科全書(ニッ
ポニカ)」によると，"頭胴長 42～58 センチメートル，尾長 40～56 センチメー
トル。頭は丸く，耳は小さい。前肢より後肢が長い。…"などの特徴や習性
についての解説が載っていた。〈オリンゴ〉については，「日本大百科全書(ニッ
ポニカ)」と「世界大百科事典　第 2 版」のみ表示され，前者では"頭胴長
35～48 センチメートル，尾長 40～48 センチメートル，体重 950～1500 グラム。
体は細長く，頭部は円く，頭頂部は平らで，…"などの特徴や習性があげら
れていた。後者では〈キンカジュー〉の項目内で言及されていた。インター
ネットで「画像検索」をすれば写真を見ることができるが，〈キンカジュー〉
と〈オリンゴ〉の違いははっきりしない。国立国会図書館の「リサーチ・ナ
ビ＞動物一般について調べる」では，オンライン資料を見つけることができ
なかった。
　冊子体の場合，『動物レファレンス事典』（選 p.79）によれば，〈キンカジュー〉

は "哺乳綱食肉目アライグマ科の動物。絶滅危惧 IB 類と指定。体長 39〜
42cm" とあり，〈オリンゴ〉は "アライグマ科オリンゴ属に含まれる動物の
総称" とある。両者ともに，『世界動物大図鑑』（ネコパブリッシング
2004），『イラストアニマル』（平凡社　1987）などへの参照指示がある。

　『世界大百科事典』（*301*）を利用し，その本文〈キンカジュー〉のもとを見
ると，"巻きつく長い尾をもつ食肉目アライグマ科の哺乳類。…honey bear
の名でペットとして売られる" と解説されている。体型については "体長
42〜58cm，尾長 40〜56cm，体重 1.4〜2.7kg，吻（ふん）が短く目が離れてい
て頭が丸く，耳介が小さい。胴は長くがんじょうで四肢が短い" とあり，餌
は "鳥や卵も食べるが，イチジク，バナナなどの果実，花みつ，蜂みつを好
み…" とある。オリンゴについても言及し，"ほぼ同大で本種に似るが，吻
が灰色でとがり，尾がやや扁平で巻きつかず，その上面に多数の暗色横帯が
ある" と述べている。なお，キンカジューとオリンゴの図もあり，両者を比
較することができる。なお，「コトバンク」所収の「世界大百科事典　第 2 版」
では，短い解説にとどまり，図も示されていない。

A3-6　Google で〈浮石糖〉を検索すると，「漢字ペディア」（https://www.
kanjipedia.jp/）の見出し〈泡糖　カルメラ〉のもとに "ざらめ糖と水を煮つめ
て泡立たせ，重曹を加えてふくらませて固まらせた菓子。カルメ焼。カルメ
ル。「浮石糖」とも書く" との解説を見つけることができる。「コトバンク」
内の「世界大百科事典　第 2 版」〈カルメラ〉の項目においても，〈浮石糖
ふせきとう〉について言及されている。

　冊子体の場合，『世界大百科事典』（*301*）の「和文索引」を用い，〈浮石糖〉
を手がかりにして探す。本文の〈カルメラ〉の項に "江戸時代には〈かるめ
いら〉などと呼び，浮石糖，泡糖などの字があてられた。当時の製法は砂糖
に水を加えて煮立て，それをすって泡立ったとき，上に絹をかけて冷ます…
といったもので，膨化剤は使わなかった" と述べ，カルメ焼は "銅製の小な
べに黄ざらめと小量の水を入れて煮つめ，泡だってきたら棒の先に重曹をつ
けてかきまぜ，丸くふくらませて固まらせる" ものであるとして，その違い
を明らかにしている。なお，先にあげた「コトバンク」内の「世界大百科事

典　第2版」では，〈浮石糖〉で検索した場合，カルメ焼について述べた部分は割愛されており，〈カルメ焼〉として改めて検索しないと表示されない。

[A3-7]　「コトバンク」で〈スティブナイト〉は検索されなかった。また，国立国会図書館の「リサーチ・ナビ」で「主題から調べる＞地球科学・地学＞岩石・鉱物について調べる＞インターネット情報源」の順に調べたが，適切なサイトが見つからない。そこで，Googleで〈スティブナイト〉を入力すると，多数の販売サイト・画像が検索される。「天然石・パワーストーン意味辞典」（https://www.ishi-imi.com/）に比較的くわしい説明があり，"アンチモンを含む鉱物の一種。…日本でも江戸時代から明治までは盛んに採掘されており，愛知県津具鉱山，愛媛県市ノ川鉱山，山口県鹿野鉱山などが主な産地"と述べられている。さらに，日本のスティブナイトは状態がとてもよいことで知られ，1メートルを超える大きなものも採掘されたため，スティブナイトの産出国として日本が一番といわれた時期もあった，との解説が得られる。また，Googleで〈スティブナイト〉を「画像検索」すると，多数の写真を検索することができる。

　冊子体の場合，『原色新鉱物岩石検索図鑑』（*379*）の英名索引により，〈stibnite〉を手がかりにして〈輝安鉱〉であることを確かめる。本文の記述によれば，"硫化アンチモン　Sb_2S_3，斜方晶系，柱状，または針状結晶。熔融度1で熔けやすく，マッチの火で結晶の角をあぶっても丸くとける…明治年間に市ノ川鉱山からは日本刀大の大晶が多産したが，外国へ流出して日本には博物館にあるほか，あまり保存されていない"とある。なお，その結晶の図版もある。

　〈スティブナイト〉の和名は〈輝安鉱〉であることが判明したので，再び「コトバンク」を〈輝安鉱〉で検索すると，百科事典など7点が検索された。カナではなく〈stibnite〉であれば，検索できたようである。

[A3-8]　Googleで〈キムネシマアザミウマ〉を検索する。「コトバンク」に収録された「動植物名よみかた辞典　普及版」"黄胸縞薊馬　キムネシマアザミウマ"の項目が検索されるが，くわしいことは書かれていない。ほかに，

柴田智広「足羽三山周辺のアザミウマ類　補遺 1」(『福井市自然博物館研究報告』第 66 号　p.85-88(2019))(http://www.nature.museum.city.fukui.fukui.jp/shuppan/kenpou/66/66-85-88.pdf)では雌の写真が掲載されている。また，農研機構「農業環境変動研究センター」(https://www.naro.affrc.go.jp/org/niaes/type/thysanolist.html)の「昆虫標本館所蔵タイプ標本」のもとからも〈キムネシマアザミウマ〉が検索できる。雌の見出しのもとに，その全体，頭部，腹部などのスライド写真とともに，採集場所，日付などが記載されている。

　冊子体の場合，〈あざみうま〉が微小な昆虫の一種であることを知らなければ，あらかじめ百科事典などで確かめておく必要がある。昆虫であることが分かれば，『昆虫レファレンス事典』(選 p.79)によって検索すると，『原色昆虫大図鑑』(*388*)，『学研生物図鑑　特徴がすぐわかる昆虫』(学研　1990)などへの参照指示がある。前書で，〈キムネシマアザミウマ〉を見ると，"体長 1.5mm，体は 2 色，頭部，胸部，腹部第 1 〜 6 節は黄色，腹部第 7 〜 10 節は暗褐色…"などと，くわしい解説があり，原色図版もある。なお，"雄はまだ発見されていない"とある。なお，『日本原色アザミウマ図鑑』(全国農村教育協会　2022)にもくわしい解説があり，雌の体長は"1.7-1.8mm"とあるが，雄については"未知"とされている。

A3-9　「コトバンク」で〈破笠細工〉を検索すると，『精選版　日本国語大辞典』(*204n*)，「デジタル大辞泉」(*202n*)，「世界大百科事典　第 2 版」が検索される。もっともくわしいのは，「世界大百科事典　第 2 版」で，それによると，"漆芸細工の一つで，貝，牙角(がかく)，陶片，板金などを蒔絵(まきえ)と併用して文様を表したもの。江戸中期の漆芸家小川破笠(1663-1747)が得意としたところから名づけられた"との説明があるが，作品については具体的には説明がない。Google により，〈破笠細工〉を検索すると，「Wikipedia」の〈小川破笠(おがわ　はりつ)〉の項にアクセスできる。そのもとで，破笠細工について，"蒔絵に鉛・金・銀・銅・鉄・陶器片・象牙・ギヤマン(硝子)など，多種多様な美しい異物を混然と嵌入して，時にはその上にさらに蒔絵を凝らす，という彼独自の，いわゆる破笠細工(笠翁細工)を生み出し"たと解説されている。なお，〈外部リンク〉として表示されている文化庁の「文

化遺産オンライン」（https://bunka.nii.ac.jp/）から，「小道具蒔絵茶箱」など数点の写真が検索できる。

　冊子体の場合，『新潮世界美術辞典』（*346*）の「難読索引」により，〈はりつざいく〉の読みを確認し，参照指示されている本文の〈小川破笠〉の項目を見る。そのもとで，江戸中期の漆工，小川破笠（はりつ）による“蒔絵に陶磁，鉛，錫などを嵌入し，独特の作風のもの”を後世，〈破笠細工〉というとの解説を得る。さらに，“代表作に「古墨蒔絵硯箱」（東京国立博物館）がある”と続けられている。

A3-10　Google でも，Bing でも，〈ガラツキー〉で検索すると，「デジタル大辞泉」（*202n*）の解説が得られる。すなわち，“旧ソ連で発達した民族遊戯。陣地（ガラドーク）の中にセットされた，5 本の短い棒（リューハ）からなる標的に対して，13 メートル離れた地点から，野球のバットに似た長さ 60〜70 センチの棒を投げて，標的を枠からはじき出すのを競うゲーム”である。

　冊子体の場合，『最新スポーツ大事典』（平凡社　2006）の見出し語〈ガラツキー〉のもとに，“ロシア民族競技のひとつ。ソビエト連邦［注：現在のロシア］では大衆スポーツの一種目となっている。屋外コートで行い，セットされた木槐（ガラドーク）をバットを投げてはじき出すことを競う競技”とあり，歴史，競技，用具などにわたり，くわしい解説をしている。

第 **4** 章

歴史・日時の探索

4.1　何を求めるか

　あらゆる地域の文化，社会生活に歴史がある。それぞれの歴史は遠く古代から現代におよぶ長い年月にわたる時代的変化の跡であるといってよい。したがって，歴史関係の情報は著しく広範多岐にわたっており，当然のことながら，それらに関わる情報要求に対してはさまざまな探索方法をもって応えることができる。しかし，とりわけ，時間軸にそった情報探索が有効であることが多い。

　人々の生活の成り立ちや変遷の跡をたずね，過去に生起した諸事象に関する手がかりを得るために，史料（遺物とか報告）その他の記録資料に対する需要も強い。これらの史料探索の専門的方法については本書では割愛するが，一般的には歴史関係の資料探しの場合にも，後述の第 7 章「図書・叢書の探索」および第 8 章「新聞・雑誌の探索」で取りあげる探索方法が役立つはずである。

　また，歴史の舞台でさまざまな役割を演じた人物に関連する情報が求められることも多い。この種の要求については第 6 章「人物・人名の探索」で扱うことにする。もっとも，人に関する情報要求であっても，〈○○をした人は誰か〉というかたちの要求は，回答を求める手がかりからみて，本章で取りあげるのがふさわしい。

　したがって，歴史関係の探索事項は多岐にわたるが，本章では歴史的事件を中心に，その原因，経過，結果，さらにその影響などについての情報要求に焦点を合わせることにしたい。また，日付に関連の深い事物起源，年中行事に関わる情報要求も，ここに含めることにする。

4.1.1　どんな背景があるか

　人類社会の過去における変遷として歴史をとらえるならば，日常の問題解決のために求められる情報の多くが歴史に関わっていることに改めて気づかされる。ある一つの事件であっても，〈どんな事件であったか〉とか，〈どんな事象であったか〉といった一般的な問いかたがなされるほか，〈どうしてそうなったか〉といった原因あるいは動機を求めるものから，〈どうなったか〉といった結果を尋ねるものまで，さまざまな問いの側面がある。当然，その間の経過ないし沿革が問題にされることもあるだろう。

　また，その事件が〈どんな影響をおよぼしたか〉といった他の事件・事象などとの関係が問われることもある。〈なぜ，○○は××の状態にあるのか〉という形式の問いに対しては，その状態の由来を明らかにすることが回答になることが多い。

4.1.2　いつのことか

　歴史関係の情報と切っても切れない関係にあるのが，〈日時〉ないし〈日付〉の問題である。〈○○が起こったのは，何年何月何日か〉とか，〈○○をしたのは，いつか〉など，日常的に日付を確定する必要は頻繁に起こってくる。特定の日付が分かれば足りる場合もあれば，二つ以上の歴史的事件の前後関係を確かめたいために，その手段として日付が求められる場合もある。

　とくに，日本(あるいは世界)で，〈初めて○○をしたのは，いつ(誰，どこか)〉といった事物起源に関わる質問は日常頻出する。この種の情報要求は単に好奇心を満たそうとするだけであって，必ずしも明確な史実を求めるものではないかもしれない。解答にしても，ことがらの性質上あいまいな場合が少なくない。したがって，ふたつ以上の結果が得られた場合は，それぞれ典拠資料を添えておく必要がある。

　日付あるいは時代が確定しているとか，日付が容易に確かめられるとかする場合に，そのときに何があったのか，同時代(時期)にどのような事件が起こったのかといった疑問が提起されることがある。たとえば，〈滝川事件があった年に，日本の教育界では，ほかにどのような事件があったか〉というような場合，第1段階は，滝川事件が生起した年を確かめるという〈日付の

確認〉を目的としているが，第 2 段階では日付を手がかりにして同時代を鳥
瞰できるような検索ツールを使って各種の情報が求められる。

4.1.3　原因・動機は何か

　あるできごとが〈なぜ起こったか〉といった原因あるいは動機に関わる質
問がある。この種の質問に対する回答をするのは意外にむずかしい。周知の
事件でも必ずしも原因が明らかにされているとは限らない。原因は不明であ
るとか，原因はあいまいに放置されていたといったことがあるからである。
　また，原因が明らかな場合でも，原因を一つに絞れるような単純な場合ば
かりではない。多くの場合，主要な原因と副次的原因，あるいは直接的原因
と間接的原因が考えられる。場合によっては，これらの原因が複雑に絡み合っ
ているかもしれない。さらに，これらの原因は事件をとらえる観点によって
も異なる場合がある。
　したがって，原因・動機に関わる質問に対する回答は，利用した情報源に
よって相異が生じがちである。そのため，原因についての解答には，とりわ
け典拠を示すように配慮する必要がある。

4.1.4　どんな経過・推移をたどったか

　ある事件が〈どうなったか〉といった質問には，その結果ないし結末を明
らかにすれば足りることが多いだろう。しかし，事件の発端から結末まで単
純に推移するとは限らないために，結果だけでは質問者は満足しない場合が
ある。そのような場合には，その結果にいたる経過あるいは事件の推移を明
らかにしてはじめて要求内容に合致する回答をしたことになる。
　歴史的に周知の事実についての経緯とか沿革に関する質問は，原因を問う
ものと違って比較的回答しやすい。しかし，多くの事件には，結果は明らか
だが，事実経過があいまいな事例が少なくない。したがって，この場合も情
報源について典拠を添えることを忘れないようにする必要がある。

4.1.5　実態を表すデータがあるか

　過去のできごとといっても，はるか遠い歴史上の事件・事象もあれば，ご

く最近の事件・事象もある。比較的近年の実態・動向の裏づけを得るために，しばしば統計データが求められる。

　統計データは一定の条件で定められた集団について調べた結果を，集計・加工して得られた数値であるから，その作成目的に即した使いかたをする必要があるのはいうまでもない。確かな根拠もなしに判断するよりは，ある実態や変化を数量的に示した統計データを利用することができるならば，的確な判断をくだすうえで好都合である。

　比較的近年のトピックあるいはその実態についての情報は，日常的に，かなり頻繁に求められる。しかし，いわゆる歴史関係の資料とか事典だけでは十分カバーできない。

　この種の比較的近年の問題に関する情報要求に対しては，評価の定まらない，さまざまな情報資料が多数存在し，同時にいくつも利用することができる。それだけに，それら相互の内容が一致しないために，情報の多さがかえって混乱を招くおそれがある。したがって，探索に際しては，できるだけ信頼のおける権威のある資料あるいは統計データを参考にするよう心がけなければならない。

4.2　何を使って調べるか

4.2.1　インターネットを使う

　歴史的事件のほか，歴史的背景を知るために求められる人名，地名，社会組織，習俗，文化財など，歴史関係の情報について調べようとするとき，インターネット上の検索サイトを使って，それにふさわしいキーワードを選んで入力して検索すれば，ズバリ解答を得られる場合が少なくない。解答が得られないまでも，しばしば解答へのヒントが見つかることもある。

　多くの場合，前章で取りあげた「インターネット百科」は歴史・日時関係の情報を求めるときにも役立つが，それに加え，以下の年表および統計関係のデータベースも有用である。

a)　年表

　国立国会図書館「史料にみる日本の近代」（https://www.ndl.go.jp/modern/

index.html）には，「開国から戦後政治までの軌跡」として，嘉永6（1853）年から昭和36（1961）年の年表があり，関連史料へのリンクがある。

　「Wikipedia」の「年表」には，各年代にリンクが張られ，その年の事件，事項等に月日順にアクセスすることができる。さらに，テーマ別に年表を検索できる「年表一覧」もあり，「Wikipedia」内の年表を歴史年表，思想・宗教，科学・技術，経済，文化・生活，その他に分けて検索できるようになっている。そのほか，インターネット上では，一般年表のほか，特定年代，特定地域，特定分野の専門年表を探すことができる。ただし，典拠が不明確なものもあるため，利用には注意を要する。

　また，特色のあるものとして，データベース「世界と日本」（政策研究大学院大学　田中昭彦代表）内の「データベース20世紀・21世紀年表検索ページ」（https://worldjpn.net）のように，検索語と期間を入力することによって，その検索語に関わる1900年から2006年12月のあいだの事項を年月日順に表示することができるものもある。

b）　統計データ

　統計データを探すには，まず求めようとする統計データが実際に存在するかどうか，存在するならば，どんなかたちで公表されているのかを調べる必要がある。そのためには，冊子体の資料を調べるよりもインターネット上のデータベースを検索する方がはるかに効率的である。

　国内における統計調査は，国，地方公共団体等が行う公的なものと，民間団体等が行うものとに大別することができる。前者のうち，官庁統計といわれるものは，総務省により統計法に基づいて実施されている。

　したがって，これらの官庁統計を探すためには，「総務省統計局」（https://www.stat.go.jp/）のサイトを利用したり，独立行政法人統計センターによる「政府統計の総合窓口 e-Stat」から「組織（府省）別統計」，「分野別統計」や統計名，調査年月など諸条件による検索を利用したりするとよい。

　そのほか，統計関係のリンク集を手がかりにすれば，専門的な統計データにも比較的容易にアクセスすることができよう。

　また，上述の「総務省統計局」から二次統計書ともいうべき『日本統計年鑑』（*463*），『日本の統計』（*463n*）などの最新版の内容を参照することがで

きる。もっとも，過去にさかのぼってデータを必要とする場合や，目次では検索できない場合は，それらに対応する冊子体の統計書の旧年版の事項索引を使って探す必要がある。

4.2.2　歴史事典・歴史便覧を使う

　歴史的事件とか事実について調べるには，「百科事典」（選3.1）および「専門事典」（選3.2）で足りる場合が多い。また，「一般辞書」（選2.1）でも〈こと典〉的な辞書ならば，見出し語のもとに歴史的事件・事実を簡潔に解説していることがある。

　しかし，同じことがらでも，歴史的側面からくわしい解説を求めようとする場合は，「歴史事典」（選4.1）が適している。そのうち，広域を対象とする歴史事典としては，『世界歴史大事典』（*401*），『世界歴史事典』（選p.88），『アジア歴史事典』（*402*）などがある。

　また国ごとに歴史的事件を取りあげて解説している各国史事典がある。日本史関係では，『国史大辞典』（*403*），『日本歴史大辞典』（*404*），『日本歴史大事典』（*405*）などがある。さらに時代区分のもとで『戦後史大事典』（選p.90）のように時代史事典がつくられている。

　そのほか，ここでは取りあげないが，思想史，仏教史，キリスト教史，政治史，経済史など，特定の専門分野あるいは主題関係の事項を選んで歴史的側面から解説している専門史事典も少なからず出版されている。

　さらに，「歴史便覧」（選4.2）は諸表，年表，系譜，資料などの形式で各種の歴史関係のデータをまとめているので，単独の情報源としての利用だけでなく，歴史事典と併用することによって一層有用性を発揮する。日本史関係のものとしては『日本史総覧』（*408*），『読史総覧』（*407*）などがある。

　なお，レファレンスブックスだけでは必要とする情報が得られなければ，歴史分野の文献からその問題を扱っている文献を探して調べることも考えられる。その際，どんな文献があるのか見当がつかないならば，その分野の解題書誌を使うとよい。そのためには，まず『日本の参考図書』（*101*）のようなレファレンスブックのガイドを使って，役立ちそうな解題書誌を探すのがよい。それによって，『国史文献解説』（遠藤元男 等編　2冊　1957－65），『史

蹟解題辞典』(竹内理三 等編　2 冊　1986), 『日本近現代史文献解題』(佐治
芳雄　1979)など, 歴史関係の解題書誌を選ぶことができる。これらの解題
書誌は, 歴史関係の文献をリストし, それらの内容を解説しているから, そ
れを参考にして必要とする文献を選ぶことができる。

4.2.3　年表・事物起源事典を使う

　一般に, 〈いつ, どこで, 何が起こったか〉といった質問には, 歴史的,
時代的な時の経過を軸として各種の事件・事項, 人物などを検索することが
できるように, 充実した索引を付して編集された「年表」(選 4.4)が適して
いる。年表は, 事項の年代順索引とみなすことができるが, それに付された
索引において一系排列(たとえば, 五十音順排列)された項目を手がかりにす
れば, その年代(日付)の確定は容易であり, その探索範囲を絞るのに役立つ。

　年表には, 一般的な『世界史大年表』(*416*), 『世界史年表』(*415*)などが
あり, 日本関係では『日本史総合年表』(*417*), 『日本文化総合年表』(*421*)
などがある。さらに地域を限定した『総合地方史大年表』(*420*), 時代を限
定した『近代日本総合年表』(*422*), 同 CD-ROM 版「岩波電子日本総合年表」
(*421n*, *422n*), 『20 世紀年表』(*423*), 主題を限定した『日本博物誌総合年表』
(*430*)などをあげると, その数はおびただしい。

　年表は単独に刊行されるものばかりでなく, 他の図書の一部に付載される
ものも多数ある。したがって, 必要に応じて年表類を検索し, その所在を確
かめることのできる〈年表索引〉があれば, 有用である。たとえば, 『年表
情報集覧』(選 p.93), 『年譜年表総索引』(選 p.93), 『便覧図鑑年表全情報』
(*104n*)がその類である。

　以上のほか, 過去の事件が起こった年とか, さまざまなことがらが最初に
はじまった年月日とかを確かめるには「事物起源事典」(選 4.3)が, また,
各種の年中行事の内容, 由来, 日付などを確認するには「年中行事事典」(選
4.3)が簡便なツールとして利用できる。

　なお, ことばの面, とくに外来語を跡づけることによって外国から渡来し
た事物, 風俗, 制度などに関わる文物や事物の起源を明らかにすることがで
きる。その点で,「一般辞書」(選 2.1), とりわけ「外来語辞書」(選 2.5.3),「新

語辞書」(選 2.5.2)などの解説が役立つことがある。

4.2.4　年鑑を使う

　比較的新しい年代(時期)の政治・経済・文化・社会にわたる諸般の事項の解説は歴史事典をはじめ,各種の事典類から求められるが,近年の動向や年々の推移を跡づけるツールとしては,むしろ年鑑類が適している。

　わが国ではまれであるが,百科事典の補遺としての〈百科事典年鑑〉があれば,本体の百科事典編集以降の新しい事件や事項が見つけやすい。報道的な性格の強い「一般年鑑」(選 4.5.1)も,索引が充実しているならば,こうした利用目的にそうものである。とくに,専門主題や専門的事項の動向や推移について調べるには「専門年鑑」(選 4.5.2)が役立つ。

　なお,年鑑類にどんなタイトルがあるかを知るには,『年鑑・白書全情報』(*104n*)を利用するとよい。「一般年鑑」(選 4.5.1),「地域年鑑」(選 5.4)のほか,かなり特殊な専門年鑑も探すことができるだろう。

　このほか,「新語辞書」(選 2.5.2)も,ことばの面からカレントな情報を求める際によい手がかりを与えてくれることがある。たとえば,『現代用語の基礎知識』(*229*),『知恵蔵』(*230*)などである。『現代用語の基礎知識』は,インターネット上の有料検索サイト「ジャパンナレッジ Lib」に,『知恵蔵』は冊子体での刊行は終えているが,Web 版「知恵蔵」として無料辞書検索サイト「コトバンク」に収録されている。

　さらに,昨今のカレントな情報について知るには,新聞・雑誌が欠かせない。これらは政治・経済・社会・文化など万般にわたる事件・事項・人物などを素材にして編集しているからである。なお,新聞・雑誌については,第Ⅱ部第 8 章で改めて取りあげることにする。

4.2.5　統計年鑑を使う

　社会的,自然的事象の実態,傾向,さらに現勢などを調べるために,しばしば統計データが求められる。その際「統計年鑑」(選 4.6.1)は,統計データを集めた専門年鑑として有用である。

　世界の各国の統計データを求めるには,国際連合の『世界統計年鑑』(*460*),

ハンディな『世界国勢図会』(**462**)などを利用することができる。日本に関しては『日本統計年鑑』(**463**)が基礎的な統計資料を体系的に収録しており，そのダイジェスト版として『日本の統計』(**463n**)がある。この年鑑は，第二次世界大戦前には『日本帝国統計年鑑』(選 p.104)として刊行されていたものである。全国の自治体ないし地域に関する統計集としては『日本都市年鑑』(**464**)，『民力』(**465**)(2015 年版まで)がある。なお，『日本統計年鑑』，『世界国勢図会』は「ジャパンナレッジ Lib」にも収録されている。

　過去にさかのぼるにつれて，年鑑形式では必要とするデータが求めにくくなる。古い時期の統計データを調べるには，「歴史統計・累年統計」(選 4.6.2)があれば有用である。たとえば，総合的な二次統計書としては，『完結昭和国勢総覧』(**469**)およびその姉妹編『全国都市統計総覧』(**471**)がある。

　さらにさかのぼると，『明治大正国勢総覧』(**473**)が利用できる。また『新版日本長期統計総覧』(**472**)は 1868(明治元)年から平成 10 年代までをカバーしている(「ジャパンナレッジ Lib」にも収録)。これらによって統計データを求めるとともに，必要ならば，これらが典拠としている一次資料への手がかりを得ることもできる。

　いわゆる統計年鑑以外の「一般年鑑」(選 4.5.1)および「専門年鑑」(選 4.5.2)などの各種年鑑や白書類も統計データを収載していることが多い。『年鑑白書収載図表統計索引』(**476n**)は 1997 年刊行の年鑑，白書に収載されている統計を索引対象にしているが，年鑑類は継続的な方針のもとに編集されることが多いから，その後の年版のものから統計を探す際にも参考になる。同じく『白書統計索引』(日外アソシエーツ　2005)もある。

　その他，統計を探すツールとして「統計索引」(選 4.6.3)がある。たとえば各種の統計調査，業務統計および加工統計の主要な統計刊行物を整理編成した『統計情報インデックス』(**474**)およびその CD-ROM 版(**474n**)，やや古くなったが統計表の表頭，表側に表われている個々の細目を検索できるようにした『日本統計索引』(**476**)などである。また統計目録(統計ガイド)，たとえば『統計調査総覧』(**475**)を利用して，統計資料のタイトルを確かめてから統計を探すこともできる。

4.3　どのように探索するか

4.3.1　縁切寺の歴史と関係文献は？

〈くやしくば尋ね来て見よ松が岡〉などといわれていた鎌倉の縁切寺が創建されたのはいつか。また，この寺が縁切寺といわれた由来に関する文献をいくつか紹介してほしい。

解　Google で〈縁切寺　鎌倉〉を入力して検索すると，「北鎌倉松岡山東慶寺」(https://tokeiji.com)があり，その「歴史」に，"弘安 8 年(1285)東慶寺開創。開山　覚山志道尼(北条時宗公夫人)，開基　北条貞時。臨済宗円覚寺派の寺院"であり，"女性から離婚できなかった封建時代に，当寺に駆け込めば離縁ができる女人救済の寺として明治に至るまでの 600 年間，縁切りの寺法を引き継いで"きたとある。また，"後醍醐天皇皇女が護良親王の菩提を弔うため五世住職となり，御所寺，松ヶ岡御所とも呼ばれ，鎌倉尼五山の第二位に列せられる格式の高い尼寺になった"と説明されている。開山から平成 25(2013)年までのくわしい年表も掲載される。また，縁切りにまつわる古文書約 800 点が「東慶寺文書」として平成 13(2001)年に重要文化財に指定されたとのことで，その一部が紹介されている。

　冊子体では『国史大辞典』(***403***)により，〈えんきりでら〉の見出しを探す。そのもとに，"縁切寺という言葉は江戸時代の史料ではまだ見当たらないが，ありえたことと考える。縁切寺として有名なものに，相州鎌倉松ヶ岡(神奈川県鎌倉市山ノ内)の東慶寺…があった"との解説があり，その項目末に参考文献として"穂積重遠『離縁状と縁切寺』，石井良助『江戸の離婚』(「日経新書」25)"があげられている。また，〈東慶寺〉のもとには，"開山は北条時宗の妻覚山尼，開基は北条貞時，弘安 8 年(1285)開創。寺伝では開創時に縁切寺法の勅許を得たという"とある。この項には，さらに多くの参考文献が付されている。なお，参考文献についてはオンライン目録の件名検索も利用するとよい。

4.3.2　瓦斯灯を最初に使ったのは？

　日本で最初に瓦斯灯が使われたのはいつか。なお，それに関わった人が分かれば，それも知りたい。

解　「コトバンク」を〈ガス灯〉で検索したところ，「日本大百科全書(ニッポニカ)」，「ブリタニカ国際大百科事典　小項目事典」，「百科事典マイペディア」，『精選版　日本国語大辞典』(*204n*)などが検索された。「日本大百科全書(ニッポニカ)」では，"日本では1872年(明治5)にフランス人アンリ・プレグランの設計・監督により，横浜の馬車道本通り－大江橋間で初めて使用され，東京では74年に浜崎町にガス発生所が設けられて京橋－金杉橋間にガス街灯が点火された"とある。「ブリタニカ」では，"日本では明治4(1871)年に横浜外人居留地に初めて点灯され，1874年には銀座瓦斯街の街路灯がついて人々を驚かせた"との記述がある。「百科事典マイペディア」では，"日本では1872年に高島嘉右衛門がフランス人技師ペレゲレンの設計監督で事業化し，横浜外人居留地に点灯した"とある。また，"銀座れんが街"に関しては，その"建設に伴って85基のガス街灯がつけられた"と書かれている。

　Googleにより，〈ガス灯　歴史〉を入力したところ，ホームメイト・リサーチ「パブリネット」の「ガス灯の歴史」(https://www.homemate-research-infra.com/useful/18204_facil_085/)でも紹介されていた。それによると，"日本で初めてガス灯が点灯された場所は，1871年の大阪で，大阪造幣局に686基のガス灯が設置され"，"造幣局の寄宿舎内部に621基，付近の街路に65基という設置"であり，街頭用の明かりではなかった，との説明がある。また，"翌1872年には，実業家の高島嘉右衛門がフランス人ガス灯技師を招き，横浜で本格的なガス事業を開始し，横浜市中区花咲町にガス工場が建設されたことから，跡地である横浜市立本町小学校の場所に「日本ガス発祥の地」としての記念碑とガス灯1基が設置されている"とある。

　そのほか，東京ガスネットワークの「おどろき！なるほど！ガスワールド」では，〈ガスと暮らしの歴史〉(https://www.tokyo-gas.co.jp/network/kids/kako/k2_1.html#)の見出しのもとに，つぎの記載がある。"1872年(明

治5年），横浜で日本のガス事業が，フランス人アンリ・プレグランの指導の下，高島嘉右衛門（たかしまかえもん）によって始まり，現代の馬車道通りに，街灯としてガス灯がともりました。横浜に遅れること2年後，1874年（明治7年）には東京の銀座通りにも街灯として85基のガス灯が輝くようになり，ガス灯は次第にその数を増やしていきました。"

　冊子体の場合，『近代日本総合年表』（**422**）の索引見出し〈ガス燈〉を手がかりにして，本文から以下の項目を見つける。

　　1857（安政4).8.-　島津斉彬，鹿児島磯別邸内の石燈籠にガス燈をつける。　58

　　1872（明治5).10.31　横浜瓦斯局，神奈川県庁と本町通の間にガス燈十数基を点燈　58

とある。この出典番号〈58〉に該当する巻末の〈典拠文献〉は，『日本のコークス炉変遷史』である。

　また，『事物起源辞典』（**410n**）の〈ガス〉のもとには，"安政4年薩摩藩で試みたガス灯の点火がそのはじまりとされている"とあり，さらに，"明治4年，大阪造幣局で金銀溶解・貨幣鋳造のためガス製造の設備を設け，その余剰ガスを利用して，局内外に6百余のガス灯を点火した。翌5年，高島嘉右衛門が横浜にガス事業を起こした"とあり，［参考］として"通産省『日本のガス事業』昭33"を典拠文献として示している。

　『世界大百科事典』（**301**）も〈ガス灯〉の見出しのもとで，神奈川県の"県令井関盛良は…高島嘉右衛門ら有志に諮って…ガス製造所の設立を計画し，フランス人技師ペレゲレンの設計監督のもとに工事を起こし，翌［明治5］年9月完成して外国人居留地にガス灯を点火した。これが日本におけるガス灯の初めである"とする。ただし，「コトバンク」所収の「世界大百科事典　第2版」〈ガス灯〉には，この部分の解説が載っていない。〈ペレゲレン〉で改めて検索すると，表示された。

　さらに，〈ガス〉ということば（外来語）の面から調べるため，『角川外来語辞典』（**231**）を使ってみる。その見出し〈ガスとう〉のもとに，"わが国で最初のガス灯に点火したのは安政3年（1856）水戸藩の反射炉から出たガスに点火したものをもって初めとする"と解説している。さらに"本邦始

めて真の石炭瓦斯灯を点じたるは，明治 5 年(1872)9 月 29 日より横浜市
街に点火したるを始めとすべし”という石井研堂『増訂明治事物起原』
(1926)の記事を引用している。

4.3.3　欠伸居士と縄騒動の原因は？

　欠伸居士を著者とする作品「縄騒動」があるそうだが，これは史実に基づ
いた作品なのかどうか。もし，実際にそのような事件があったとすれば，い
つ，何が原因で，どんな経過をたどったか。合わせて，この作品以外にこの
事件関係の資料があるかどうかについても知りたい。

　解　欠伸居士といった風変わりな著者名であるから，筆名ではなかろうか。
　Google で〈欠伸居士　縄騒動〉と入力すると，個人のブログや書店の
Facebook など，わずかに検索されるが，くわしいことは書かれていない。
〈縄騒動〉で検索すると，「コトバンク」内の「世界大百科事典　第 2 版」〈淡
路国〉の項目で言及されていて，“1782 年(天明 2)役人と富商が結託した
不正，専売制の悪用が三原郡北東部を中心とした 12 ヵ村による一揆(縄騒
動)を引き起こした”とある。また，関連するサイトとして〈宮村才蔵〉
に関するサイトも検索され，「コトバンク」収録の『朝日日本歴史人物事典』
〈宮村才蔵〉の項目では，“天明 2(1782)年淡路国三原郡に起きた百姓一揆
(縄騒動)の指導者のひとり。同国三原郡広田宮村(兵庫県緑町)の農民”と
記されている。“当時淡路は徳島藩政下にあり，縄を供出していたが，洲
本の役所から新たに農民に対して過酷な供出命令が出され，縄方役所を設
けての検査が厳重をきわめた…”など，事件の原因，経過などにわたる概
要が，署名入りで参考文献とともに解説されている。ほかに「コトバンク」
内「日本大百科全書(ニッポニカ)」や「デジタル版日本人名大辞典＋
Plus」における〈宮村才蔵〉の項目も同時に表示されている。
　同じく Google で〈欠伸居士〉と入力すると，「近代文献人名辞典」(https://
lit.kosho.or.jp/)というサイトが検索され，〈欠伸居士〉の項目のもとに“けっ
しんこじ　小説家　生年 1865　没年 1897　本名　堺乙槌　別名あくび，
桃南子　明治 15 年元吉家の養子となるも，のち堺姓に復す，慶應義塾に

学ぶ。大阪で新聞記者，また浪華文學會創設に参画し，機関誌「なにはがた」編集に従事。堺利彦の兄"とあった。作品も2点掲載されていたが，縄騒動との関係には言及していない。

　冊子体の場合，文学関係に含まれるであろうと見当をつけて『日本近代文学大事典』(*358*)(増補改訂デジタル版は「ジャパンナレッジLib」にあり)を使う。その「人名索引」によって〈あくび〉のもとを探したところ，〈本吉欠伸〉への参照指示がある。そこで，本文の〈本吉欠伸〉の項目を見ると，"もとよしけっしん　慶応元・1・？〜明治30・8・10(1865〜1897)小説家。本名堺乙槌(おとづち)。桃南子。あくび等の別号があるが，欠伸居士の筆名を最も用いた…"とある。さらに"肺結核を病み，実弟堺利彦のせわをうけつつ没した"などとあるが，彼の作品とされる「縄騒動」への言及はない。

　そこで，歴史的事件かどうかを確認するために，『国史大辞典』(*403*)で〈縄騒動〉を調べることにした。しかし，〈縄騒動〉のもとには記述はなく，〈淡路国徳島藩領天明2年一揆〉への参照指示がある。その項目のもとに"天明2年(1782)5月，淡路国三原郡東北部を中心として起こった百姓一揆。縄騒動ともいう"とあり，"淡路洲本の政庁から全島の農民に対して縄の供出の苛酷な命令が出た…"など，事件の原因，経過などにわたる概要が解説されている。また，"明治26年(1893)6月発行の「大阪朝日新聞」の付録(特別号)に欠伸居士(堺利彦の兄)の筆になる「縄騒動」という小説が掲載された"とも記されている。さらに，項末に[参考文献]として，新見貫次「淡路百姓一揆〈縄騒動〉」(『歴史評論』135)，同「淡路の縄騒動史料」(同166.167)など，数点の文献があげられている。

　そのほか，参考文献については「国立国会図書館オンライン」のキーワードの項目に〈縄騒動〉を入力して検索するとよい。

4.3.4　医師数の推移と人口比は？

　地方の医者不足は深刻といわれているが，全国的にみて医者の人数は昭和初期と較べて現在はどのくらい増えているか，その増加の推移を知りたい。また，近年の人口に対する医者の比率はどうか。

解　「総務省統計局」（https://www.stat.go.jp/）から「日本統計年鑑」（*463*）の最新版のデータを利用することができる。統計表の総目次により，「第24章　保健衛生－医療施設」のもとにある「医療関係者数」（平成24年〜令和2年）のうち「医師」を参照すると，平成24年（303,268），平成26年（311,205），平成28年（319,480），平成30年（327,210），令和2年（339,623）などの数字が見られる。しかし，昭和初期の人数は分からない。

　また，「政府統計の総合窓口 e-Stat」（https://www.e-stat.go.jp）の「分野」から「社会保障・衛生」，「医師・歯科医師・薬剤師統計」をたどると，従事する医療施設別，年齢別，診療科別に医師数の年次推移を見ることができる。ただし，昭和57（1982）年以降のデータしか得られない。近年の人口に対する医者の比率については「都道府県（従業地）別にみた人口10万対医師数」によれば，令和2（2020）年12月31日現在，徳島県が338.4人ともっとも多く，次いで京都府332.6人，高知県322.0人となっており，埼玉県が177.8人ともっとも少なく，次いで茨城県193.8人，新潟県204.3人など，地域格差は大きい。

　冊子体の場合，同じ数字を得るには『日本統計年鑑』（*463*）を参照すれば同様のデータが得られる。さらに昭和初期以降の統計は，『完結昭和国勢総覧』（*469*）の「事項索引」中の〈医者数〉を手がかりにして，「医療関係の従事者数」のなかから数値を選べばよい。これによって，1926（大正15）年から1988年までの統計数値を求めることができる。たとえば，昭和2年（47,108），昭和3年（47,860），昭和4年（48,804），昭和5年（49,681），昭和6年（48,105）などの人数が分かる。

4.3.5　デラ台風の被害状況は？

　昭和20年代に発生したデラ台風は，いつ，どの地方を襲った台風だったのか。この台風は，どんな被害をもたらしたかも知りたい。

解　Googleで〈デラ台風〉を入力して検索したところ，「気象庁」（https://www.jma.go.jp/）のもとにある「災害をもたらした気象事例　デラ台風」にアクセスできる。その結果，"昭和24（1949）年6月18日－6月22日"の

日付を得る。それによれば，以下のように紹介されている。

　　デラ台風は，南西諸島に沿って北東に進み，6月20日に沖縄，奄美大島，屋久島を順に通過し，進路を北に変えて23時過ぎ鹿児島市付近を通過した。その後九州を北上し，対馬海峡に出て朝鮮半島の東で停滞し，温帯低気圧に変わった。台風接近前の18日から梅雨前線の活動が活発となり，九州，四国，近畿，東海などでは，日降水量が200mm以上の大雨となった所があった。被害は九州から東北地方までの広い範囲に及んだが，鹿児島県で特に大きな被害となった。また，愛媛県の宇和海で多数の漁船の遭難や，門司・高浜(松山市)航路の旅客船「青葉丸」の沈没により多数の死者が出た。

　被害については，『消防白書』のデータ(死者252名，行方不明者216名，負傷者367名，住家全壊1,410棟，半壊4,005棟，床上浸水4,627棟，床下浸水52,926棟など)を採用している。

　冊子体の場合，『世界大百科事典』(*301*)の索引から〈デラ台風〉を手がかりに本文の〈宮古島〉のもとを見る。そこには，"…[19]68年には第3宮古島台風(デラ台風)に見舞われた"とあるのみ。これは昭和20年代の台風ではない。日本でも台風にアメリカ式の女性名が付けられたのは米軍の占領下においてであり，ここにいうデラ台風は，その後の国際名によるDELLAである。

　そこで，『索引政治経済大年表』(*424*)下巻「索引編」を調べることにする。〈風水害−デラ台風〉の見出しのもとに，"西日本を襲う 1949.6.18，建設省，被害総額発表 1949.6.25，山口国務相，報告 1949.8.2"という三つの項目がある。そこで，同「年表編」で確認したところ，〈昭和24年〉のもとに以下の記述があった。

　　6.18　…デラ台風，西日本を襲う(西日本の被害は死者108名・行方不明504名・全半壊家屋2531戸，同台風のため今治−高浜−門司航路の川崎汽船所属青葉丸〈600総t・乗客82名・乗組員48名，計130名乗船〉が沈没)

　　6.25　建設省，デラ台風の被害総額82億円と発表

　　8. 2　国務相山口喜久一郎，閣議でデラ台風とフェイ台風による西日本

の被害総額は 332 億円，その応急復旧に 71 億円を要すると報告

　これらの典拠となったのは新聞・新聞集成などによる情報であるから確定的なデータとはいえない。

　『理科年表』(*365*)第 96 冊(令和 5 年)によれば，その「気象部」の「日本の主な気象災害」のもとに，つぎの記載がある。

　　1949(昭和 24 年).6.20 〜6.23 デラ台風　［被害地域］九州〜東北(特に愛媛)［おもな被害］死者 252，不明 216，負傷 367，住家 5,398，浸水 57,533，耕地 80,300，船舶 4,242。

　『理科年表』には Web 版の「理科年表プレミアム」(*365n*)(有料会員制)もある。

4.3.6　質問と解答例

a)　質問

Q4-1　第一次世界大戦勃発当時の日本の政治,社会情勢とアジア,ヨーロッパ,アメリカの主要な事件を一覧できるものはないか。

Q4-2　〈泣いて馬謖をきる〉という故事が生まれたといわれる街亭の戦いとは，いつの，どんな戦いであったか。交戦当事国名も知りたい。

Q4-3　〈やちやち〉という催しは，どの地方で行われたどんな行事か。また，これと同じような行事が他の地方で行われていた事例はないか。

Q4-4　昭和 60 年以降，近年まで日本で開催された主な美術展覧会を一覧できるものはないか。また，その図録を探すのに役立つものはないか。

Q4-5　明治 30 年代に横浜で左官がストライキを行なったそうだが，それはいつ，どんな原因で起こったのか。

Q4-6　昭和 2 〜 5 年当時の中学校，大学に関する実態を知りたい。それぞれの学校数，教員数，生徒・学生数などの統計データはないか。

Q4-7 明治 20 年から 40 年ごろまでの米価の推移を知りたい。毎年でなくても，5 年ごとぐらいでもよい。

Q4-8 かつて日本でもサマータイムを実施していた時期があったそうであるが，それはどの内閣の時代にはじめられ，いつまで実施されていたか。

Q4-9 〈おいみさん〉という祭りは，いつごろ，どの地方で行われたどんな行事か。それは現在も行われているか。

Q4-10 米国で最初に電話が開通したのはいつか。また，最初の 10 年間程度の毎年の電話機設置台数の推移が分かれば知りたい。

b）解答例

A4-1 Yahoo! の検索窓に〈第一次世界大戦〉を入力すると，「Wikipedia」の〈第一次世界大戦〉などにより，くわしい解説が得られる。しかし，国内外の各種の事件を一覧形式にまとめたものを見るには，年表が適している。

たとえば，「データベース 20 世紀・21 世紀年表検索ページ」（既述 4.2.1）で〈第一次世界大戦〉を入力すると，「全 233961 件中 196 件ヒット」と出て，関連事項が時系列で表示される。これを地域ごとに見るのであれば，〈第一次世界大戦〉かつ〈日本〉と入力すると，9 件ヒット。同様にして〈アジア〉に限定すると 24 件，…という具合に検索することになる。

冊子体の年表を利用する場合，第一次世界大戦が 1914 年に勃発しているから，まず『近代日本総合年表』(*422*)の〈1914 年〉の項目を探すと，〈政治〉，〈社会〉，〈国外〉などの欄があり，主要な事件が月日順に列挙されていることが分かる。ただし，〈国外〉の項目については簡略であるから，合わせて『世界史大年表』（増補版　山川出版社　2018）(*416*)により，〈1914 年〉の〈ヨーロッパ・アメリカ〉，〈アジア・アフリカ〉，〈日本〉の各欄を一覧すればよい。

A4-2 Google により〈街亭の戦い〉を検索すると，三国志関係の多数の解説が得られ，選択に迷うほどである。

　冊子体では，『アジア歴史事典』（*402*）第2巻に〈がいていのたたかい　街亭の戦〉という見出しがある。そのもとに，"中国，三国，魏・蜀間で行われた戦い（228）。街亭は甘粛省秦安県北東の地名。228年…春，諸葛亮は討魏の軍をおこして，祁山（甘粛省天水市南西）にむかい，馬謖を先鋒として魏将張と街亭に戦ったが敗退した…"と解説されている。

A4-3　インターネット上を〈やちやち　行事〉で検索するが，行事としての〈やちやち〉は探せない。

　そこで，角川の『日本年中行事辞典』（1977）を調べると，〈やちやち〉の見出しがある。そのもとに，"富山県新川地方で正月15日に行う花嫁祝"とあり，"14歳以下の少年たちが柳の2尺ほどの棒の一方を削掛にしたものを掛け，〈やちやちやち…〉とはやしつつ，新婚の家から家へ巡り歩き，花嫁の尻を祝棒で打つ形をする"と。『年中行事辞典』（選 p.91）にもこれと類似の解説があり，〈嫁祝　よめいわい〉のもとに，"北陸地方で正月15日に，新嫁のある家へ，嫁祝いましょうといって訪れる風習"とあり，〈嫁叩〉に参照指示がある。〈嫁叩　よめたたき〉の見出しのもとに，"…嫁叩という名称は長野県佐久郡などに行われるが，山梨県ではオカタブチ，北陸では嫁祝，宮崎県では孕め打，長崎県でジョウメ打，富山県でヤチヤチ，壱岐ではコッパ打という…"とある。

　なお，『日本民俗大辞典』（*330*）によれば，〈嫁叩き〉のもとに，"新婚の嫁の尻を小正月などの行事の中で近所の子供たちが叩く民俗。1960年代まで九州から東北まで全国各地で伝承されていたが，現在ではほとんど廃れてしまった"と解説されている。

A4-4　Googleで〈美術　年鑑〉を入力すると，「Art Annual Online」（https://www.art-annual.jp/）のサイトでは冊子体の『美術年鑑』を，「中央公論美術」（https://www.chukobi.co.jp/）では冊子体の『日本美術年鑑』（*453*）などを紹介していた。後者の解説には"わが国美術界の一年間の動向を，基本となる資料を収集整理してまとめたもので，昭和11（1936）年に東京文化財研究所の前身である帝国美術院附属美術研究所によって第一冊が刊行されたものであ

る。当該年度の1月から12月にいたる，わが国美術界の全般について，主要な事件，展覧会，物故者，発表された文献などを記載した，刊行以来80年続く美術年鑑”と解説されているから，質問に適合すると考えられる。

この『日本美術年鑑』(*453*)を「日本の参考図書 Web 版」で検索すると，解題に“表示年版の前年の動向を記録したもっとも信頼される美術年鑑。…〈主要美術展覧会〉は〈現代美術・西洋美術〉，〈東洋古美術〉に大別し，開催日順に排列…主要展覧会図録および新聞所載文献などを所収する”とある。

A4-5 検索エンジンで〈横浜　左官　ストライキ〉と入力するが，該当するサイトは見つからない。そこで,国立国会図書館「リサーチ・ナビ」で「主題から調べる＞労働問題について調べる＞インターネット情報源」の順にたどり，「法政大学大原社会問題研究所」(https://oisr-org.ws.hosei.ac.jp/)の情報を得る。この研究所の資料を検索できる「全書誌情報検索機能」で，キーワード〈横浜　左官　ストライキ〉を入力すると，“『社会・労働運動大年表』データベース　1906.6.4 横浜市左官職スト(〜6.13)”が検索され，「『社会・労働運動大年表』データベース」に関係記事が収録されていることが確認できる。

つぎに，このデータベースで記事を確認するため，同研究所トップページから「研究活動・刊行物＞デジタルライブラリー＞『社会・労働運動大年表』データベース」を順に選択のうえ〈横浜　左官　スト〉で検索すると，“1906.1-横浜市の左官200人，賃上げを要求，日当5銭増額で妥協”および“1906.6.4 横浜市左官職スト(〜6.13)”の2件の記事を見つける。「デジタルライブラリー」には「『社会・労働運動大年表』解説編」もあるので，再度このデータベースでも検索する。その結果，“1月に左官職人は親方たちに賃上げを要求，5銭値上げの回答を得た。しかし，工事依頼者に対して工賃値上げを転嫁できなかった親方は，賃上げを実行せず，このため左官職209人はもうしあわせて6月4日よりストに入った。その後，大工組合の取締役の仲裁により，13日にいたって職人1等1日食料付，2等95銭，等外は親方の見込みによるとの妥協が成立し，終結した”との解説が得られた。参考文献として『神奈川県労働運動史・戦前編』(1966)も掲載されていた。

冊子体の『社会・労働運動大年表』(*427*)によれば，その別巻「索引・出

典一覧」の「解説項目索引」の見出し〈横浜左官職スト〉が手がかりになる。
本文を見ると，1906年の〈労働運動〉欄に"6.4　横浜左官職スト（〜 6.13）"
とあり，そのページ下段に上記の解説，参考文献を確認した。

A4-6　「政府統計の総合窓口 e-Stat」では昭和23年開始の「学校基本調査」
の統計なら見られる。昭和初期のデータを調べるため，『完結昭和国勢総覧』
（**469**）を見る。その第3巻「教育・科学技術・文化」のもとの「旧制中学校
の学校数，教員および生徒数」の表中に，つぎのデータがある。

旧制中学校	学校数	教員数	生徒数
昭2（27）	531	12,973	331,651
昭3（28）	544	13,377	343,709
昭4（29）	555	13,744	348,584
昭5（30）	557	13,843	345,691

また，「旧制大学の学校数，教員数および学生数」の表中につぎのデータ
がある。

旧制大学	学校数	教員数	学生数
昭2（27）	37	4,643	56,524
昭3（28）	40	4,905	61,502
昭4（29）	46	5,707	67,555
昭5（30）	46	5,941	69,605

国立国会図書館「リサーチ・ナビ」より，「主題から調べる＞教育・教科書」
の順にたどっていくと，「教育に関する統計」のもとに，『2001 我が国の教
育統計：明治・大正・昭和・平成』（文部科学省　2001）を見つける。これに
は解説が添えられており，"明治6（1873）年から平成12年までの長期統計が
掲載されている。学校教育，社会教育，保険統計，教育費の4章から構成さ
れている"とある。この資料にも上記のデータが掲載されている。

A4-7　Google により，〈米価　変遷　明治〉で検索すると，「米価の変遷」
など，明治以降の一覧表が得られる。
　冊子体では，『日本史総覧』（**408**）第6巻「近代・現代」に「近代米価一覧・

関連年表」があり，以下の価格が得られる。白米1升(1.425kg)については，明治20年(7.38銭)，明治25年(10.89銭)，明治30年(15.49銭)，明治35年(16.49銭)，明治40年(21.60銭)。

　また，国立国会図書館「リサーチ・ナビ」から「主題から調べる＞経済・産業＞価格の調べ方」の順に調べると，以下の冊子体資料が掲載されていた。『物価の文化史事典：明治・大正・昭和・平成』(展望社　2008)。これによれば，つぎの価格が載っている。「米の東京市場価格変遷」(量目単位：精米1石＝142.25kg)として，明治20年(5円37銭)，明治21年(4円98銭)，明治22年(6円4厘)…，明治25年(7円81銭9厘)，…明治30年(12円80銭)，…明治35年(13円36銭)，…明治40年(17円48銭9厘)。

　「米価高低一覧」(東京市深川区・米委託販売業東京廻米問屋渋沢義一商店)(単位：玄米一石＝150kg)では，明治20年(5円)，明治21年(4円93銭)，明治22年(6円)，…明治25年(7円24銭)，…明治30年(11円98銭)，…明治35年(12円65銭)，…明治40年(16円42銭)。

A4-8　「コトバンク」で〈サマータイム〉を調べると，10点の辞典・事典が検索された。比較的くわしいのは百科事典で，「日本大百科全書(ニッポニカ)」では，〈サマータイム〉の見出しのもと，日本に関してはつぎのように記載している。"日本は1940年(昭和15)燃料節約のうえから問題にされたことがあったが立ち消えとなった。1948年政府が国会に夏時刻法を提出，採択され，4月の第1土曜日，午後12時(この年と翌々年からは5月に繰り下げ)から9月第2土曜日に次ぐ日曜日午前0時まで夏時刻法を施行した。しかし夏時刻は日本の風土には適さず，農家をはじめ一般に歓迎されず，4年後に廃止された"とある。

　また，「ブリタニカ国際大百科事典　小項目事典」では，"日本では1948年5月の第1土曜日を23時で打切って翌日日曜日の午前0時とし，9月の第2土曜日を25時までとして実施され，以来毎年行われたが，不評のため52年に廃止された"と解説している。なお，1948年4月当時の内閣は〈歴代内閣〉をキーワードにして容易に検索することができる。

　冊子体の場合，『近代日本総合年表』(*422*)の索引により〈サマータイム〉

を手がかりにする。本表の「社会」欄の 1948(昭和 23)年 4 月 28 日のもとに，
"夏時刻法公布〔法〕(5 月第 1 土曜〜9 月第 2 土曜，時刻を 1 時間進める〈サ
マー＝タイム〉)' 52.4.11 廃止" の記述がある。CD-ROM 版「岩波電子日本
総合年表」(***421n***)でも同様。なお，同年表の昭和 23 年「政治」欄の 3 月 10
日に芦田内閣成立の項があるから，芦田内閣のとき同法が公布され，また
1952 年 4 月に廃止されているから，実施されたのは 51 年の 9 月までである。

A4-9　Google で〈おいみさん〉と入れて検索すると，佐太神社のサイト
(http://sadajinjya.jp/?m=wp&WID=4196)が表示される。そこには，〈神在祭(お
忌みさん)〉という見出しのもと，"旧暦 10 月のころになると出雲地方では
八百万の神々がお集まりになる神在祭がいくつかの神社で執り行われます。
その中でも佐太神社の神在祭は文献上もっとも古くから執り行われており，
且つ祭の次第も約 500 年前の記録とほぼ同じ内容で執り行われています" と
の説明につづけて，"神在祭は「お忌さん(おいみさん)」と呼ばれ，祭の期
間中は，歌舞音曲，喧騒，造作等も慎む禁忌の祭でした。記録に残るところ
祭は陰暦 10 月 11 日から 25 日までの 15 日間行い 11 日から 17 日までが上忌
で準備期間としての散祭(あらいみ)，18 日から 25 日までが下忌で致祭(ま
いみ)とされ下忌の方が重儀で 18 日に神迎神事を行い境内に注連縄(しめな
わ)を引き渡すと 25 日の神等去出(からさで)神事が終わるまで謹慎斎戒に服
しました" との解説がある。

　冊子体の場合，『日本民俗大辞典』(***330***)によれば，〈おいみさん　お忌み
さん〉のもとに，"出雲において旧暦 10 月に行われる物忌の祭。…出雲大社
のお忌祭(神在祭ともいう)は旧暦 10 月 11 日から 25 日まで続く。…佐太神
社では太陽暦 11 月 20 日から 25 日までであるが，この社は神在社と称し，
古くは 11 日から 25 日まで 15 日間続けて祭を行なった。…" と解説されて
いる。

　また角川の『日本年中行事辞典』の〈御忌　おいみ〉の項目には，"出雲
で陰暦 10 月は日本全国の神々がこの国に参集される月であるから，特に忌
みつつしむべき時期であるという意味でいう。…村によって 10 月中の特定
の祭日をオイミサンといい，その日取りは土地土地で一定でない。出雲大社

の神在(かみあり)祭(オイミサンともいう)は 11 日から 17 日まで続くので，簸川郡ではこの期間の 7 日間をオイミサンといって，出雲大社の仮宮を設けて拝むという例や，神等去出(からさで)神事の翌日の 26 日をオイミサンという所もある"と。

　現在も行なわれているかどうかについては，「佐太神社」公式サイトの"祭事暦"によって神在祭の日程を，「出雲大社」公式サイト(https://izumooyashiro.or.jp/)の"出雲大社祭日表"によってその日程を確認することができる。

A4-10　インターネット上の検索結果では，電話の発明には諸説があり，1876 年 2 月 14 日アメリカのベルとグレイが同日に特許申請したことは分かった。さらに，初期の電話機設置台数の統計データを求めるために，Google で〈telephone statistics USA 1876〉と入力すると，"Historical Statictics of the United States"(*468n*)に掲載された"Telephones and Average Daily Conversations(Bell and Independent Companies)：1876-1970"が表示され，データ(下記データと同様)を確認することができた。

　冊子体では，『アメリカ歴史統計』(*468*)第 2 巻「コミュニケーション」の章に「電話機数と 1 日の平均通話数(ベルおよび独立会社)：1876－1970」という表があり，電話機台数のもとに，数字が示されている。

　各年のあとに台数(単位：千台)をカッコに入れて示すと，つぎのとおりである。1876(3)，1877(9)，1878(26)，1879(31)，1880(48)，1881(71)，1882(98)，1883(124)，1884(148)，1885(156)。なお，『アメリカ歴史統計』は「国立国会図書館デジタルコレクション」にも収録され，図書館・個人送信可の資料なので，ログインできれば個人でも端末で閲覧ができる。

第5章

地理・地名の探索

5.1 何を求めるか

　現代は交通・通信をはじめとする各種のコミュニケーションの手段が高度に発達した時代である。そのおかげで，世界のいたるところのニュースが地球を駆けめぐり，テレビ，ラジオあるいは新聞などの在来メディアとともに，インターネットも加わって，国際紛争や大災害から各地におけるささいな事件の情報にいたるまで，われわれはいながらにして入手することができるようになった。

　これに拍車をかけるかのように，国際化の機運が高まり，地球的規模での志向が強まっている。また，大気汚染，環境破壊などが深刻化し，環境保全が喫緊の問題となっている。まさにグローバル時代とよぶにふさわしい時代が到来している。

　こうした状況を反映して，人びとの関心は自分たちが住んでいる周辺地域にとどまらず，内外の未知の世界にまで大きく広がってきている。それは地域について調査するとか研究をするときだけではない。いろいろな未知の世界に対する人びとの好奇心がかきたてられ，日常生活においても地理的な情報への関心の高まりは顕著になってきている。

　いうまでもなく，地理的関心は現時点での世界に対してのみならず，遠い過去の世界にも及んでいる。人びとが関心を持つ地域は人類の長い歴史の舞台でもあった。こうした人類の生活と深い関わりのある土地に対して，われわれが強い関心を抱くのはごく自然であり，さまざまな歴史的事件や人間の営みなどについて，その土地・地域あるいは場所の側面からの情報探索も盛んに行われている。

　以下では，地理情報の探索のための手がかりになる土地について，それが〈どんな種類の地名か〉の問題をまず取りあげ，それを〈どう読み，どう書

くか〉，また，その地名に〈どんな由来があるか〉といった地名に関わる問題を取りあげる。そのうえで，〈その位置はどこか〉，さらにその土地は〈どんなところか〉といった地理関係の基礎的な探索問題を扱うことにする。

5.1.1　どんな種類の地名か

　地名はいうまでもなく人びとが土地に与えた呼称であり，ありとあらゆる人間活動の場所(ところ)にそうした名称がつけられているといってよい。それらの地名は，それぞれの観点に基づいて，さまざまな種類に分類することができる。

　ここでは，土地の自然のかたちや動植物の分布などに関わって命名された自然地名と，人間の諸活動に関わって命名された人文地名に大別することにする。前者は山川湖沼，島，平野，半島，海洋などの地名である。後者は行政地名(国，州，県，郡，市，区，町，村など)，集落地名(都市，山村，農村，繁華街，団地など)，交通地名(道路，航路，鉄道，橋，トンネルなど)，産業地名(工業地帯，農村地帯，油田，鉱山など)，観光地名(名勝地，国立・国定公園，行楽地など)，歴史地名(遺跡，古墳，貝塚，旧跡，古戦場など)などである。

　いずれにも，固有の名称が付与されているが，異なった土地に同じ地名がつけられたり，同じ土地に異なる地名がつけられたりしている例は少なくない。とくに山や川など，自然地名の場合，往々にして二つ以上の呼称がある。たとえば，同じ山が山麓の違いによって，あるいは同じ川が流域の違いによって，それぞれに別のよび名を持つことはよくあることである。

　したがって，地名が分かっていても，その土地が特定化できるとは限らない。このような場合には，しばしばその土地を包括する地域の地名とか近傍の地名その他を合わせて示さなければ識別できないことになる。

　また，土地に関する情報は地名を手がかりにして求められるが，地名情報が求められる場合にも，そのすべてが土地に関する情報要求であるというわけではない。地名そのものについての情報が求められるほかに，地名に関連のある事件とか文献が求められることもある。前者は，地名の読みかた，書きかた，異称，由来，所在などが求められる場合であり，後者は，特定の主

題に関する情報を求めるときなど，発展的探索の最初の手がかりとして地名
が用いられる場合である。

5.1.2　地名をどう読むか

　特定の土地について何らかの情報が求められる場合には，その地名が読め
るとか，書けるとかしなければ，それを手がかりとした探索を進めることは
できない。

　ところが，わが国には，どう読んでよいものやら常識的には見当のつかな
い地名が少なくない。たとえば，徳島県に〈十八女〉，京都府に〈一口〉と
いう地名がある。それぞれ〈さかり〉，〈いもあらい〉という，意外な読みか
たをする地名の例である。こういった特殊な地名を誤りなく読むのは容易で
はない。

　個々の文字は読めるけれども，特定の地名として表記されると，まったく
想像もつかないような特殊な読みかたをするために見当がつかない場合があ
る。この種の地名を難読地名という。たとえば，同じく〈生石〉と書いても，
土地が違うと，〈おいし（山形県）〉，〈おうしこ（兵庫県）〉，〈おんじ（岡山県）〉，
〈いくし（大分県）〉などと，地域によって読みを異にする場合もある。

　もちろん，類推によって何とか読めそうな地名も少なくないが，〈北斎院〉，
〈安心院〉，〈求院〉などが，それぞれ〈きたさや〉，〈あじむ〉，〈ぐい〉とよ
ばれることを知るならば，不確かな地名は当て推量で読もうとしないで，き
ちんと確認する習慣をつけておいた方がよい。

　読みにくい地名だけが探索をまどわせるわけではない。よく知っている地
名でも，耳で聞いただけではとっさにどんな文字を当てればよいのか戸惑う
ことがある。ましてや，なじみの薄い地名となるとお手あげである。たとえ
ば，岐阜県にある〈あずも〉，山梨県にある〈かけだ〉，新潟県にある〈のう
げ〉，千葉県にある〈ならいはら〉などは，漢字でどう書き表せばよいかと
尋ねられても，多くの人は返答に窮してしまうだろう。

　それぞれ正しくは〈東雲〉，〈西広門田〉，〈南下〉，〈北風原〉などと書く。
こうした地名を誤りなく書ける人は地元の人か，何かの機会に偶然聞き知っ
た人であろう。

　また，やや特殊ともいえようが，文献上で欧米の地名が漢字表記されているために，戸惑うことがある。たとえば，〈以色列〉，〈田納西〉，〈里約熱内戸〉と書かれる地名は，それぞれ〈イスラエル（Israel）〉，〈テネシー（Tennessee）〉，〈リオ・デ・ジャネイロ（Rio de Janeiro）〉などと読まれる。

5.1.3　地名にどんな由来があるか

　地名の呼称あるいは書きかたが分かれば，それによって地名の由来や起源を求める手がかりが得られることがある。地名の起源，由来などを跡づけることによって，さらにその土地の歴史的背景を明らかにする手がかりを求めることもできよう。

　多くの地名は時代的変遷を経て今日にいたっている。同じ土地であっても長い歴史の過程で，さまざまな理由から地名の呼称が移り変わったところも少なくない。したがって，それぞれの時代との関連において地名を確認する必要が生じることがある。とくに，町村合併などによって地名が変更された場合など，その時期との関係で地名が異なるために，しばしば混乱をもたらす原因となる。

　地名の変遷は国内の一地域にとどまらず，国レベルにおいても見られる。かつて植民地であった国が，宗主国の言語でよばれていた地名を，独立後，現地語名に改めた例は多い。たとえば，コンゴ民主共和国は 1960 年にベルギー領コンゴから独立した当初はコンゴ共和国であったが，67 年にコンゴ民主共和国と改称され，71 年に再度変更されザイール共和国になった。さらに 97 年には，その国名をコンゴ民主共和国に戻した。その首都も，かつてベルギー国王レオポルド二世の名にちなんでレオポルドビルと名づけられていたが，1966 年からはキンシャサと改称されることになった。他の多くの都市名も同様に，伝統的地名に改められた。

5.1.4　その土地はどこにあるか

　〈その場所はどこにあるか〉といった質問は土地に関わって頻出する。ある特定の土地がどこにあるのか，その位置（場所）を表わすために，さまざまな方法がとられており，その一つが経度緯度による方法である。ただし広域

においては経緯度を示すことによって位置は定まるが，必ずしも実際的な方法ではない。したがって，目標地点(ある都市，交通機関，建造物など)を定め，それからの方角，距離などを示すとか，二つ以上の土地(地名)の位置関係を示すこともある。とりわけ，こうした場所の所在探索，位置関係の確認は，地図上の位置を確かめることによって行うのが簡便であるため，該当地域を含む地図を利用する方法が広く行われている。

　また，旅行などの際に，しばしば事前に旅先の確認が必要となる。意図的に無計画旅行をする場合は別として，多くの場合，特定の期間内に，目的に応じて一定の行程をたどる予定が立てられる。そんなときに，旅程や目的地について下調べもしないで出かけたとしたら，予定どおりに旅行の目的が果たせなくなってしまう。

　いろいろな交通手段のうち，いずれを利用すればよいか。目的地に着いたらどの程度の時間を確保し，どういう順路をたどればよいか。目的地の所在，そこまでの距離，目的地の見どころなどを勘案して時間配分を行い，無駄のない旅程を組む必要がある。こうした旅程に関わる情報要求も地理関係の情報要求の一種として扱うことができる。

5.1.5　人文地理情報か自然地理情報か

　地理情報は，人文地理情報と自然地理情報とに大別することができる。前者は，特定の国あるいは一地域の政治，経済，文化，社会，人口，民族，産業などに関わる情報であり，後者は，植生，気候，地形，資源などに関わる情報である。これらからも明らかなように，一口に地理情報といってもきわめて広範多岐にわたることになる。

　しかし，実際には，特定の土地についてあらゆる地理情報が求められる場合はまれであり，即答質問では，その概要か，あるいはその一局面に絞られることが多い。たとえば，〈ニューカレドニアはどんなところか〉と問われた場合，ニューカレドニアの概要か，さもなければ，どのような地理情報が求められているのか，あらかじめ探索事項を絞ることを考えた方がよい。

　そのために，質問者とのあいだで質問内容を確認する必要があるかもしれない。そうすることによって，最初に切り出された一般的な質問は〈どんな

観光スポットがあるか〉,〈どの程度の人口規模か〉,〈そこでは, どんな言語
が使われているか〉といった人文地理的な情報要求か, あるいは〈どんな島々
から成り立っているか〉,〈どのくらいの面積があるか〉,〈年間気温の推移は
どうか〉といった自然地理的な情報要求に限定されるかもしれない。

5.2　何を使って調べるか

5.2.1　インターネットを使う

　地理・地名関係の情報も「事物・事象の探索」の「インターネットを使う」
(3.2.1)で取りあげたインターネット百科などから求められることが多いが,
ここでは, とくに地域関係の情報, 地図情報, 旅行情報に絞って取りあげる。
a)　地域情報
　全国の地方公共団体の情報については,「地方公共団体情報システム機構」
のサイトから「全国自治体マップ検索」(https://www.j-lis.go.jp/spd/map-search/
cms_1069.html)(選 p.179)を利用するとよい。ここを開くと, 日本地図が現れ,
都道府県から地名をたどって, 自治体のホームページにアクセスできるよう
になっている。
b)　地図情報
　近年インターネット上の地図検索サイトが便利に使えるようになり, 冊子
体の地図帳に対する依存度は急速に低下してきている。
　たとえば, Yahoo!「地図」カテゴリーでは, キーワードやジャンルから施
設・店舗を検索できる「キーワード」検索, 都道府県一覧から検索できる「住
所」検索や経路を検索する「ルート」検索がある。
　「Google マップ」,「Google Earth」にもさまざまな機能があり, 地図の探
索以外にも地図上の施設, 店舗の詳細な情報にアクセスできたり, ストリー
トビュー機能によって, 現場の景色を画像で見渡したりすることができる。
　地図の検索ができる Web サイトも充実しており,「国土地理院」(https://
www.gsi.go.jp/top.html)では, 一般, 学生, キッズなど, 利用者別にカテゴリー
を選択することもできる。たとえば一般であれば,「地理院地図」,「地図空
中写真閲覧サービス」, 活断層, 火山などの「主題図」, さらにカテゴリーが

表示されるので，目的に応じて選択して閲覧することができる。

　そのほか，「Mapion」(https://www.mapion.co.jp/)，ゼンリン「いつも NAVI」(https://www.its-mo.com/)，「MapFan」(https://mapfan.com/)など，検索サイトごとに特色があり，それぞれが派生的情報へのアクセスを容易にできるよう配慮している。

c)　旅行情報

　旅行目的などのため，特定の地域，土地の新しい情報を求めようとすると，冊子体のものだけでは足りない。冊子体のものと，たとえば「地球の歩き方」(https://www.arukikata.co.jp/)，「るるぶトラベル」(https://www.rurubu.travel)，「まっぷる TRAVEL GUIDE」(https://www.mapple.net/)などのような，インターネット上のホームページに最新情報を掲載しているものと併用して，新しい情報を確認するとよい。

　また，旅行関係の会社・団体など，たとえば「JTB」(https://www.jtb.co.jp/)，「日本旅行」(http://www.nta.co.jp/)，「阪急交通社」(https://www.hankyu-travel.com/)，「近畿日本ツーリスト」(https://www.knt.co.jp/)などのホームページから有用な旅行関係の地理情報を得ることもできる。

5.2.2　各国事典・各国便覧を使う

　地理情報を広くとらえるならば，辞書・事典類一般が探索ツールとなる。とりわけ「百科事典」(選 3.1)には数多くの地理関係の項目，地名項目が含まれている。分野によって異なるが，「専門事典」(選 3.2)にも地理関係の項目を含んでいるものが少なくない。これらの事典類では，本文からは地理関係項目が探せなくても，索引を手がかりにすれば，さまざまな地理，地名情報を見つけ出せるはずである。

　したがって，まず探索ツールの索引のなかに探索主題の見出しが含まれているかどうかを点検する。その際，とくに，地名索引を付しているツールを使うとよい。

　自然地理，人文地理，地誌関係の用語および事項について調べるには，「地理学事典」(選 5.1)，「各国事典・便覧」(選 5.2)を利用する。地理事典あるいは地理便覧とよばれる種類のものは対象とする特定の地域に関する情報を

求めるのに適している。ただし，人文地理情報は時間の経過とともに変化しがちであるから，新しい情報を求める際にはインターネット上の情報を活用する必要がある。

　冊子体の場合でも，レファレンスブックでは足りないときは，地理関係の書誌（文献リスト）から必要とする資料を選んで使うのがよい。たとえば，『地理学文献目録』（**724**）は，1953 年以来，5 年ごとに図書，雑誌論文などを分類収録している。なお，これに継続して 2007 − 2019 年分は人文地理学会（http://hgsj.org）「『学会展望』文献リスト」に，以後は「J-STAGE」（https://www.jstage.jst.go.jp）に文献が収録されている。また，国立国会図書館「リサーチ・ナビ」の「主題から調べる＞地理・民族・風俗＞地理学に関する文献を探すには（主題書誌）」のもとにも関係文献が掲載されている。

5.2.3　地域百科・地域年鑑を使う

　特定の国を対象領域とする事典・便覧があるほか，数か国にわたる広域を対象とする事典・便覧もある。たとえば，『世界地理大百科事典』（**505**），『最新世界各国要覧』（**504**）（ただし，2006 年刊まで），『データブック　オブ・ザ・ワールド』（二宮書店　1989- ）などである。探索対象地域に合致する事典・便覧があれば豊富な情報が求められるだろう。

　国内事項については県単位の「地域百科事典」（選 5.3）が県内の政治，経済，文化，社会など，万般にわたる比較的くわしい情報を盛り込んでいる。

　地理情報のうち，人文地理情報は時の経過とともに大きく変化する傾向があるため，冊子体のレファレンスブックの記述内容は陳腐化しがちである。したがって，この種の情報を求めて事典を利用するときには，情報の新しさが保証されているかどうかを点検したうえで使った方がよい。

　とりわけ，新しい地理情報を求めるには，事典類よりも発行日付の新しい「地域年鑑」（選 5.4）を利用する方がよい。これには各国レベルのもののほか，さらに広域を対象とするものもある。国内では，各県ごとに年鑑が刊行されてきたが，近年ではその多くが終刊となり，インターネット上の Web ページに代替されている。

5.2.4　地図帳を使う

　特定の土地の距離，方位などの位置関係，面積などについて視覚的にとらえようとするには，「地図帳」(選5.5)が最適である。地図を挿入している事典類もあるが，地図帳として編集され，その索引が充実しているならば，より効率的に解答を求めることができるだろう。

　「一般地図帳」(選5.5.1)では，『世界大地図帳』(*572*)，『タイムズ世界全地図』(*573*)などの世界を対象とするもの，『日本大地図帳』(*578*)，『日本地名地図館』(*579*)などの日本を対象とするものがある。一国の地図を中心に編集した全国地図帳では間に合わない場合は，国内の一地域を対象とする地図帳を利用する必要がある。

　もっとも，今日では，冊子体の地図帳は使いづらいだけでなく，新しい地理情報を盛り込んで内容を改訂するのに手間取るために，使いやすいインターネット上の地図検索サービスに依存する傾向が強まっている。

　しかし，探索事項によっては，歴史地図帳，産業地図帳，交通地図帳，資源地図帳などの「専門地図帳」(選5.5.2)が必要となることがある。これらには，その編集方法および表示方法に特色があり，他に代えがたい情報を提供する場合も少なくない。たとえば，『世界史アトラス』(*582*)，『朝日＝タイムズ世界歴史地図』(*583*)，『アジア歴史地図』(*584*)などがある。

5.2.5　地名索引・地名読みかた辞書を使う

　地理情報を求めるツールには，地名の読み書きができることを前提としているものが多い。とくに，冊子体の地図帳の索引によって地名を検索する場合には，地名の正しい読みが必要である。そのため，地名の読みかたを確認することができるように，難読地名一覧を付している地図帳もある。

　また地図帳とは独立に，地名初字の画数から検索できるようにした「地名索引・地名読みかた辞書」(選5.6)も刊行されている。たとえば，『現代日本地名よみかた大辞典』(*589*)，『新日本地名索引』(*590*)，『難読・異読地名辞典』(*591*)などがある。

　また，画引き索引を付した地名事典もある。難読地名の場合にも，これらの索引が役立つが，いわゆる「難読語・当て字辞書」(選2.3)も地名を数多

く収載しているので，特殊な地名とおぼしいものは，ことばの問題として扱うこともできる。なお，インターネットが利用できるならば，読みが分からない地名について，その読みが得られないのか，試しにその地名を検索窓に入力してみるのもよい。

5.2.6　地名事典を使う

　読みかたが分かっている地名に関わる情報は，百科事典その他の専門事典に含まれていることも多いが，知名度の低い地名や特殊な地名について調べる際には，地名を見出し項目とする「地名事典」（選 5.7）を利用した方がよいだろう。

　地名事典には，世界の地名を対象とするもののほか，一国の地名を対象とするもの，さらに国内の一地域を対象とするものがあるので，目的に応じて適切なものを選ぶ必要がある。

　世界の地名を対象にするものとしては，『新版世界地名辞典』（*592*），『世界地名大事典』（*593*），『コンサイス外国地名事典』（選 p.133）などがある。ある外国の地名を調べようとする際に，それがどの地名事典その他の事典類の項目として収録されているかを確かめるのに役立つのが『外国地名レファレンス事典』（選 p.133）である。

　わが国の代表的な地名事典としては『角川日本地名大辞典』（*594*）と『日本歴史地名大系』（*597*）との二つの大部なセットがある。いずれも，各県ごとにほぼ 1 巻を充てて編集されているので，地域の地理情報にもくわしい。これらは「ジャパンナレッジ Lib セレクト」にも収録されている。『日本歴史地名大系』は各項目の一部であるが，2023 年 4 月「コトバンク」にも追加された。

　それぞれの土地や地域の観光情報については，ほとんどの地方自治体のホームページから検索できるといってもよい。その多くは頻繁に更新され，名勝地，行楽地，公園施設，名所旧跡，遺跡などに合わせて，年中行事などの催事が随時紹介されている。

　冊子体では，「旅行案内書」（選 5.9）がある。これらにはレファレンスブックとして利用できるものが少なくない。いうまでもなく，旅行に携行する案

内書(ガイド)は最新の信頼できる情報を収録しているものであることが望ましい。

　しかし，最新のデータではなく，過去の特定の時点における特定の地理情報を必要とする場合がある。そんなときには，発行年を特定することのできる旧年版の旅行案内書が有力な情報を提供してくれる。そのような既刊の案内書があるかどうかを調べる際に参考になるのが『紀行・案内記全情報』(**104n**)である。この「日本編」，「海外編」によって過去にさかのぼり，第二次世界大戦(1945)以降の旅行ガイド，紀行文など，多数の関係書を探すことができる。

5.3　どのように探索するか

5.3.1　ロンドン近郊に〈ノーウィッチ〉がある？
　アメリカの地名はヨーロッパの地名にちなんでつけられる例が少なくないという。コネティカット州ニューロンドン郡のテムズ川辺りに〈ノーウィッチ〉という町があるところからみると，イギリスのロンドン近傍にも同じ地名のところがあるのではないか。

解　Google で〈イギリス　ノーウィッチ〉を入力すると，〈ノーウィッチ〉のほか，〈ノリッジ〉，〈ノリッチ〉，〈ノーリッチ〉，〈ノーリッジ〉など関連用語があり，ともに読みは違うが原綴り〈Norwich〉は一致し，それは，"ロンドンの北東に位置するノーフォーク州の州都"ということが分かる。
　「Wikipedia」によれば，"ノリッジ(Norwich)"は"慣用的にはノリッジまたはノリッチと表記され，またノーリッチ，ノーウィッチと表記されることもある。Norwich は古英語で「北の町」(north town)を意味し，英語圏の各地に同名の場所が存在する"とある。
　「コトバンク」で〈Norwich〉と検索すると，〈ノリッジ〉の見出しで"イギリス，イングランド東部，ノーフォーク県の県都"，〈ノーウィッチ〉では"アメリカ合集国,コネティカット州南東部の都市"(いずれも出典は「ブリタニカ国際大百科事典　小項目事典」)などが見られる。
　冊子体の場合，『外国地名レファレンス事典』(選 p.133)によって〈ノー

ウィッチ〉を探したところ，"Norwich 米国の都市名。コネティカット州
の工業都市。北緯41°32′西経72°05′"とあるのみで，英国の地名への手
がかりはない。

　そこで，この「原綴索引」により，Norwich を探したところ，〈ノーウィッ
チ〉と〈ノリッジ〉への参照指示がある。さらに，この〈ノリッジ〉のも
とを見ると，"Norwich イギリスの都市名。ノーフォーク州州都。北緯52°
38′東経1°18′"とある。

　同じことを地図上で確かめるため，『世界大地図帳』（**572**）を利用する。
この「和文索引」により，〈ノーウィッチ　Norwich〉の見出しを探しても，
コネティカット州のほかには，ニューヨーク州に同じ地名があるだけであ
る。そこで，この地名に付されている原綴り〈Norwich〉に着目して「欧
文索引」で探してみる。その結果，その地名はイングランドにあることが
分かる。地図上ではロンドンの北東約170km の距離に位置している。

　また，『世界地名大事典』（**593**）の第3巻「ヨーロッパ・ソ連」の「日本
語索引」にも〈ノーウィッチ〉の見出しはない。同じ綴り字でも読みが違
うこともあると分かっているならば，その第5巻「アメリカ・オセアニア」
の「日本語索引」で〈ノーウィッチ〉を探し，その原綴り〈Norwich〉を
確かめてから，検索することになる。

　そのうえで同書「ヨーロッパ・ソ連」の「外国語索引」によって〈Norwich〉
を探したところ，そこには〈ノリッジ〉という読みが与えられていること
が判明。その読みのもとに"イングランド東南部ノーフォークシャーの首
都，ロンドンの北東174km にある。人口12.1万（1971）"という解説があ
ることを知る。したがって，ロンドンの近くとはいえないが，同じ地名は
存在するといえる。ただし，日本語による読みは異なる。

5.3.2　〈振慶名〉の変遷経緯は？

　名護市の〈振慶名〉はどう読めばよいか。また，この地名のところはこれ
までどのように変わってきたのか，行政地名の変遷経緯も知りたい。

解　Google で〈振慶名　読み〉を入力すると，いくつかのサイトで〈ぶり

けな〉という読みになっていることが分かる。「名護大百科事典　試作版」
（https://sites.google.com/site/nypedia/home?authuser=0）によれば，"方言でブ
リキナあるいはブリキナーと呼ばれ，旧羽地村の中央部に位置する"とあ
る。地名の変遷に関しては，17世紀中頃の資料には"「ふれけな村」"とあり，
今帰仁間切に属し"，その後，"羽地間切へ管轄が移された"，"乾隆元年
（1736）に場所を移し現在地に村をつくった"との記述がある。「コトバンク」
では〈振慶名村　ぶりきなむら〉の見出しのもと，「日本歴史地名大系」
の項目の一部が示され，沖縄県名護市の地名であることなどが分かる。

　冊子体では，名護市が沖縄県にあることから，まず『角川日本地名大辞
典』（**594**）第47巻「沖縄県」の「難読地名索引」によって調べたところ，〈振
慶名　ぶりきな〉という読みが与えられており，さらに本文を見ると，"方
言でもブリキナという"とある。続けて，"王府時代〜明治41年の村名"，
"明治41年〜現在の字名。はじめ羽地村，昭和45年から名護市の字"な
どと，その変遷について解説されている。

　さらに，くわしい記述を求めて『沖縄大百科事典』（**562**）を利用するこ
とにしたが，その〈名護市　なごし〉のもとでは〈振慶名〉について言及
されてはいない。直接〈ぶりきな〉を探すが，これもない。ただし〈振慶
名　ぶりけな〉があった。その解説によれば，"名護市の字。旧羽地（はね
じ）村の中部に位置。1736年（尚敬24）に今帰仁間切呉我山（なきじんまぎ
りごかやま）から分村して成立"とある。読みの表記が異なるのは発音の
表わしかたに違いがあるからであろう。

5.3.3　合併当時の神米金の戸数は？

　神米金というのは合併の結果できた地名だそうだが，合併前の各地名およ
び合併当初の戸数，人口はどの程度であったか，概数を知りたい。

[解]　「コトバンク」で漢字〈神米金〉を入力すると，「日本歴史地名大系」
の項目として〈神谷新田〉，〈平塚新田〉，〈掘兼新田〉の3項目が検索され
た。いずれも現在地名は所沢市神米金（かめがね）である。〈掘兼新田〉の
項目には，"神谷新田の北にあり，同新田と境が錯雑する"とある。なお，

「コトバンク」所収の「日本歴史地名大系」では項目の一部しか掲載されないため，冊子体（*597*）の方がくわしい。

　Google で同様に検索したところ，「Wikipedia」が検索され，〈神米金〉は所沢市の北部にあり，〈かめがね〉と読む。"明治 9 年に，神谷新田の「神」，久米新田の「米」，堀兼新田（当時は「堀金」とも書いた）の「金」を合わせて「神米金」と名づけられ"たと説明されている。ただし，合併当初の戸数，人口については言及されていない。

　冊子体の場合，『角川日本地名大辞典』（*594*）の別冊所収「日本地名総覧」中の「難読地名一覧」から〈神米金　かめがね〉の読みを確かめる。つぎに，本文の「地名編」により，〈かめがね　所沢市〉の項を見つける。そのもとに以下の記述があり，神米金という地名は三つの新田が合併したことに由来するものであることが確認できる。

　［近代］神米金村　明治 7 - 22 年の村名。江戸期からの神谷新田・平塚新田・堀金新田が合併して成立。村名は合併各新田の合成地名による。［近代］神米金　明治 22 - 現在の大字名。はじめ富岡村，昭和 18 年所沢町，同 25 年からは所沢市の現行大字。

　なお，上記の「Wikipedia」は〈明治 9 年〉の合併とし，また〈平塚新田〉ではなく〈久米新田〉としている。

　その確認のために『日本歴史地名大系』（*597*）第 11 巻「埼玉県の地名」で調べたところ，〈平塚新田〉のもとに，"…村名は同村の平塚氏が開墾したことにちなむと伝え，久米新田ともよばれた"とあるから，平塚新田は久米新田と同じとみなしてよい。また，合併時については，〈神谷新田〉のもとに，"…明治 7 年（1784）8 月平塚新田・堀兼新田とともに，小村により諸経費がかさみ難渋していることを理由に村合併願（埼玉県行政文書）を熊谷県に提出。合併願提出の際の…戸数 23・人口 122。同年 11 月合併認可され，三村の一文字ずつをとって神米金村となる"と解説されている。

5.3.4　歌人が疎開した大石田という土地は？

　第二次世界大戦末期に，大石田に疎開した父（歌人）の思い出を息子ふたりが対談し，その内容を本にまとめたものを読んだことがある。大石田という

のはどんな土地柄か。また，この本の書名および父といわれる歌人の名も知りたい。

解　地名が手がかりになる。国土地理院の「地理院地図」により，〈大石田〉を入力したところ，28件が検索できた。このうち，重複，施設名，山名を除くと，以下の5件が該当する。

　　　宮城県川崎町大石田，山形県北村山郡大石田町，山形県高畠町大石田，
　　　福島県三島町大石田，群馬県渋川市大石田。

　つぎに「全国自治体マップ」で〈宮城県川崎町〉を選択すると，ゆかりのある人物として古賀政男が紹介されている。つづけて〈山形県大石田町〉を選択すると，〈大石田町について〉という見出しのもと，“水と緑の豊かな景観に恵まれ，大石田には，元禄年間に松尾芭蕉が訪れ，その足跡を追って正岡子規や齋藤茂吉などの文人が，また金山平三や小松均ら多くの画家が足を運んでいます”とある。さらに，「茂吉と大石田」と題した齋藤茂太による寄稿(平成12)が掲載されている。

　『日本歴史地名大系』(*597*)第6巻「山形県の地名」によれば，〈大石田町〉のもとに，“西廻海運の恩恵を村山地方で真っ先に享受した最上川の河岸大石田には，上方文化を迎えうる文化的土壌が育まれ，松尾芭蕉をはじめ，正岡子規，斎藤茂吉など，多くの文人墨客が訪れた文化の町である”とある。

　松尾芭蕉や正岡子規は疎開とは無関係だから除外してよい。また，金山平三や小松均は画家であるから，このうちでは，齋藤茂吉が歌人として該当する。

　確認のため人名事典で調べると，『講談社日本人名大辞典』(*608*)では，〈斎藤茂吉〉の項目のもとに“斎藤茂太，北杜夫の父”とあり，『新潮日本人名辞典』(*609*)では，昭和“21年大石田に移り”とあるから，父というのは〈斎藤茂吉〉と考えて間違いない。

　そこで「国立国会図書館オンライン」で，著者を〈斎藤茂太　北杜夫〉として検索したところ，『この父にして』(毎日新聞社　1976)と，その講談社文庫版の2種類が出版されていることが分かった。

5.3.5 領巾振山の伝説は？

　玄海国定公園の〈領巾振山〉は古来伝説の山といわれているらしい。その伝説にちなみ，どんな歌が詠まれ，また作品が残されているか。合わせて，この山名の由来についても知りたい。

解　Googleで漢字〈領巾振山〉を入力したところ，「コトバンク」内「百科事典マイペディア」の〈領巾振山〉の項目のもと，"佐賀県唐津市東端のメーサ状の丘陵"との解説があり，読みは〈ひれふりやま〉で，鏡山との別称があることも分かる。また，"松浦佐用姫が任那（みまな）に渡る大伴狭手彦を山頂から領巾を振って送ったという"伝説を紹介している。

　　冊子体の場合，玄海国定公園が福岡，佐賀，長崎の3県にわたっているから，山名の読みが分からないと，探索対象地域は絞りにくい。まず『日本歴史地名大系』（**597**）第49巻「総索引」の〈難読地名一覧〉によって読みを調べたうえで，第42巻「佐賀県の地名」を使う。〈領巾振山　ひれふりやま〉は，本文見出し〈鏡山〉のもとにあり，"松浦佐用姫の伝説により領巾振（ひれふり）山ともいう。唐津市と東松浦郡浜玉町にかかる松浦（まつら）潟に臨み，孤立した男山で，標高283.7メートル。松浦地方で古くから知られた山で，松浦山ともよばれる。また四方より望めば七つの形容を示すので，七面（しちめん）山とも称する。鏡山の呼称は神功皇后朝鮮出兵の折戦勝を祈念して，鏡をこの山頂に埋めたことより起こるという（鏡神社記）。鏡山は北に虹の松原・唐津湾を望む地にあり，現在，玄海国定公園に含まれている"といった解説がある。佐用姫伝説にくわしく，「肥前風土記」を紹介し，"「万葉集」巻五は一連の佐用姫に関する歌を載せるが，佐用姫の伝えはのち「十訓抄」，「古今著聞集」などの説話集や謡曲，浄瑠璃等で広く流布した"と解説し，「太宰管内志」の領巾振山についての記述も抜粋している。なお，「コトバンク」にも「日本歴史地名大系」が収録されているが，解説は冊子体本文のすべてではない。また〈領巾振山〉，〈ひれふりやま〉では，当該項目は検索されない。

5.3.6　質問と解答例

a)　質問

Q5-1　イギリスにノース・ミンチという海峡があるそうだが，それではサウス・ミンチ海峡もあるのか。

Q5-2　中国の桃源というところは，洞庭湖および常徳の位置から見て，どのような位置関係にあるのか，それを調べることのできる地図はないか。

Q5-3　風光明媚なところとして万葉の歌にも詠まれた〈敏馬の浦〉はどの辺りにあるか。また，そこは現在どうなっているか。

Q5-4　古代出雲に〈のろし〉とよばれる地名があったそうだが，そこはどんなところで，現在のどの辺りになるか。できれば，地図上で示してほしい。

Q5-5　十弗川は北海道池田市の南で利別川に合流しているそうだが，どこを源流とし，どの辺りを流れて利別川に注いでいるのか。

Q5-6　アラビア半島のオマーンという国の概要，とくに民族構成，言語などについて知りたい。

Q5-7　チューチュータウンとよばれる Chattanooga という地名のカナ書きと，この土地の位置を知りたい。

Q5-8　南国市の〈包末〉という地名は〈ほうまつ〉と読めばよいか。また，この周辺地域の歴史的な特徴について解説しているものはないか。

Q5-9　風土記に〈阿豆麻夜山〉と書かれている山があるそうだが，これはどの辺りにある山か。その位置関係を調べることのできる地図はないか。

Q5-10　宍道湖畔の電車に乗ったところ，美談駅を通過した。この〈美談〉

は，その辺りの地名にちなんでつけられた駅名らしいが，この地名の由来を
知りたい。

b) 解答例

A5-1 Google で〈イギリス　サウスミンチ〉と入力すると，「コトバンク」
所収「日本大百科全書(ニッポニカ)」の〈ミンチ海峡〉を見出しとするペー
ジが検索される。これによれば，"イギリス，スコットランド北西岸とアウ
ター・ヘブリディーズ諸島との間の海峡。北部をノース・ミンチ海峡といい，
…中央部のスカイ島とノース・ウーイスト島の間の幅の狭い部分をリトル・
ミンチ海峡といい，幅20〜30キロメートルである"と解説されている。
　『世界地名大事典』(593)第6巻「ヨーロッパ・ロシアⅢ」の〈ミンチ海峡
The Minch〉の見出しからは〈ノースミンチ海峡 North Minch〉への参照指示
が出ている。そこで第2巻の〈ノースミンチ海峡〉を見ると，〈ミンチ海峡
The Minch〉が別称とされ，"長さ：約100km　幅：40-50km　[58°03N　5°
58W]　イギリス，スコットランド北西部の海峡。単にミンチ海峡ともよば
れる。ルイス島(アウターヘブリディーズ諸島)とスコットランド本土を分け
ている。南西方向にはリトルミンチ(ロワーミンチ)海峡が続き，北は大西洋
に開けている"とある。〈South Minch〉についても調べるが，欧文地名索引
にはない。『世界大地図帳』(572)にも〈ノース・ミンチ〉，〈リトル・ミンチ〉
はあるが，〈サウス・ミンチ〉の項目はない。したがって，リトル・ミンチ
海峡はあるが，サウス・ミンチ海峡はないようである。

A5-2 「Google マップ」，「Google Earth」で，それぞれの地名を漢字で検
索すると，位置を確認できる。冊子体では『世界大地図帳』(572)の「地名
索引」中の「和文索引」により，これらの地名を日本語読みで検索すると，
それぞれ〈桃源　とうげん　タオユワン　中国，湖南　017C6, 019C7〉，〈洞
庭湖　どうていこ　トンティン湖　008M7, 017C6, 019D7〉，〈常徳　じょう
とく　チャントー　中国，湖南　008M7, 017C6, 019C7〉に参照指示がある。
これにより，3地点が共通に載っている地図は第17図，第19図であること
が分かり，これらの図によって位置関係を確かめることができる。

A5-3 Google で漢字〈敏馬の浦〉を入力すると，いくつもの Web サイトが検索される。「コトバンク」収録の「日本大百科全書(ニッポニカ)」には〈敏馬〉の項目のもと "神戸市東部，灘(なだ)区の西郷(さいごう)川河口付近の古地名。埋立てによる摩耶埠頭(まやふとう)一帯の地で，国道 2 号沿い(岩屋中町)に汶売(みぬめ)(敏馬)神社がある" との解説がある。また，「日本歴史地名大系」には同じく〈敏馬〉の項目のもとに "現灘区岩屋(いわや)の大阪湾に臨む海岸地域の地名" との記述がある。そのほか，こうべまちづくり会館による「万葉の敏馬の浦」(https://kobe-machi-kaikan.city.kobe.lg.jp/global-data/201510221047437.pdf)では，"敏馬(みぬめ)の浦は万葉集にもうたわれ，神戸で最初の港だったといわれています。…日本書紀や万葉集の和歌からは，千年昔の敏馬の浦は白砂青松で，鶴なども時に舞い降りてきたこと，往来の船が素通りできないほど風光明媚な良港であったことがしのべます。現在は国道に阻まれて海が遠くなってしまいました" との解説も見られる。これには地図も添えられている。

　冊子体の場合，『角川日本地名大辞典』(*594*)の別巻所収「日本地名総覧」の「難読地名一覧」を使い，〈敏馬　みぬめ〉を手がかりにし，第 28 巻「兵庫県」の本文〈みぬめじんじゃ　敏馬神社〉の項を見る。そこに，"…神社のある高台は昔海に突き出た岬の一部で敏馬の崎といい，この一帯を敏馬の浦，敏馬の泊ともいい，風光明媚な所として万葉集をはじめ多くの歌集に詠まれている…" とある。

　また，『兵庫県大百科事典』(*545*)によれば，"敏馬の崎…の西は脇(わき)の浜から，東は味泥(みどろ)一帯の海岸をさした。今日では摩耶埠頭の埋め立て工事のため，往時の海岸線を偲ぶことはできない" とある。なお，敏馬神社は神戸市灘区岩屋に現存する。

A5-4 Google でも Bing でも，他の地方や烽火の〈のろし〉は検索できるが，古代地名の〈のろし〉は得られない。ただ，『和名類聚抄』所収の古代地名を収録し，これを基礎とする奈良文化財研究所「古代地名検索システム」(https://chimei.nabunken.go.jp/?c=index&page=1&limit=50)が見つかり，〈のろし〉で検索すると，国〈出雲　いずも〉，郡〈楯縫　たてぬい〉，郷〈乃呂志

のろし〉との情報は得られた。

　冊子体の場合，『大日本地名辞書』(*595*)の第1巻中の「かな索引」の見出しに〈能呂志　のろし〉が見られる。第3巻「中国・四国」の〈鎌間　かま〉のもとに，"…風土記に「能呂志島，能呂志浜広八歩」とあるは，今の塩津にして，野石谷の北浦にあたる…"と書かれている。確認のために『古代地名大辞典』(*594n*)を参照すると，〈のろししま　能呂志島〉の見出しのもとに，"奈良期にみえる島名。出雲国楯縫（たてぬい）郡のうち「出雲国風土記」楯縫郡の条に「能呂志島」〈紫菜生ヘリ〉とある。現在の平田市美保町唯浦の海岸にある天狗島に比定される"とある。なお，平田市は2005年3月22日合併により出雲市に編入された。

　A5-5　「地理院地図」により，〈十弗川〉を入力して検索したところ，利別川との合流地点，流域，源流と思われる場所を確認できた。

　冊子体の場合，『北海道大百科事典』(*518*)の見出しに〈十弗川　とうふつがわ〉がある。その解説によれば，"十勝支庁本別町と浦幌（うらほろ）町との境界，標高200mくらいの白糠（しらぬか）丘陵東方に源を発して直線的に南流，池田町富岡，東台を経て，途中，姉別（あねべつ）付近で姉別川と毛根別（けねべつ）川を合してから南西に流れを転じ，池田市街地の南方で利別川に合流する。延長26km"とある。

　A5-6　「外務省」(https://www.mofa.go.jp/mofaj/)Webサイトの「国・地域」のもとにある五十音順国名リストから〈オマーン国〉を選択する。「オマーン国」の見出しのもとで〈一般事情〉として，面積，人口，首都，言語，宗教などの簡潔な説明があり，人口は"500万人（2023年3月現在　オマーン国立情報・統計センター）"，言語は"アラビア語（公用語），英語も広く通用する"とある。

　「コトバンク」によれば，「日本大百科全書（ニッポニカ）」の内容がくわしいが，民族構成，言語についてはあまり触れられていない。そのほか「百科事典マイペディア」，「ブリタニカ国際大百科事典　小項目事典」などにも概要がまとめられているが，「外務省」の方が新しい情報が掲載されている。

　「Wikipedia」の「オマーン」〈国民〉のもとでは，"2020 年時点の人口は約448 万人（オマーン国立情報・統計センター）"とあり，"2010 年の調査によると，全人口に占めるオマーン国籍の割合は 70.6 ％，外国人労働者は816,000 を数え，29.4 ％を占める。大半のオマーン人はアラビア半島に祖先を持つアラブ人であるが，現在のパキスタン南部を起源とするバローチ人や中央アジアやイランを起源とするアジャム人のほか，東アフリカにルーツを持つものもいる"との解説があり，外国人労働者の人種については，多い順にインド人，バングラディシュ人，パキスタン人があげられている。言語に関しては，"公用語はアラビア語。バローチ語や南アラビア諸語のシャフラ語も広く使われる。その他，スワヒリ語や外国人労働者の言語（ヒンディ語，シンド語，ウルドゥー語，タミル語，タガログ語）なども使われている，また，イギリス植民地であったことから英語は広く使われている"と述べられており，方言についても言及されている。

　『世界地理大百科事典』（*505*）「アジア・オセアニア　Ⅰ」の「オマーン」の項を見ると，位置・広さと領域，地形，紀行，動・植物，環境，人口などの小見出しのもとに解説があり，民族については"原住民族は大半がアラブ人だが，パーティナ海岸にはかなりのバローチ，イラン系，そしてアフリカ系住民がおり，マスカットのマトラフにはホジャやその他のインド人，バローチ，パキスタン人がいる。部族数は 200 以上と推定される"とある。

　さらに，言語については，"アラビア語が公用語である。とくにマスカットとマトラフではウルドゥ語，ファルシー語（ペルシャ語）のほか，いくつかインド系の言語も話される。英語が第 2 言語として教育される"とある。比較的くわしい解説であるが，新しいデータは信頼できる政府機関等のホームページを使って求めた方がよい。なお，「アジア経済研究所　図書館」（https://www.ide.go.jp/Japanese/Library.html）「調べ方案内」も参考になる。

A5-7 　「コトバンク」で〈Chattanooga〉を入力したところ，「プログレッシブ英和中辞典　第 5 版」により，"チャタヌーガ　米国 Tennessee 州の都市；南北戦争の激戦地"との解説があった。また「ブリタニカ国際大百科事典小項目事典」によれば，〈チャタヌーガ　Chattanooga〉の見出しのもと"ア

メリカ合衆国，テネシー州南東部の都市。ジョージア州境のテネシー川に面し，総合開発地域の中心地"，"その名は「一つの尖頭に向ってそそり立つ岩」の意のチェロキー族の言葉に由来"とあるが，〈チューチュータウン〉との関係については説明されていない。「コトバンク」内の他の事典も同様である。また，〈チューチュータウン〉では検索されない。

「Wikipedia」によれば，〈チャタヌーガ〉の見出しのもと"アメリカ合衆国テネシー州南東部に位置する商工業，及び観光都市"，"アトランタとナッシュビルからそれぞれ2時間程度の距離にあり，交通の便もよく"と説明されている。〈チューチュータウン〉についての言及はないが，鉄道ターミナル跡地にホテルとショッピングセンターが一体化した商業コンプレックス「チャタヌーガ・チューチュー」があり，この名は1940年代に流行した曲の名前に由来する，との解説がある。〈Chattanooga〉の地図上の位置については，「Googleマップ」や「Google Earth」で確認することができる。

冊子体の場合，『外国地名レファレンス事典』（選p.133）により，〈チューチュータウン〉を検索したところ，〈チャタヌーガ〉への参照指示がある。本文の〈チャタヌーガ〉のもとに原綴〈Chattanooga〉があり，"米国の都市名。テネシー州の工業都市。別称チューチュータウン 北緯35° 02′ 西経85° 17′"とある。この項目には7種の地名事典類への参照指示があり，そのうちの1冊，『コンサイス外国地名事典』（選p.133）によれば，"アメリカ南部，テネシー州南東部の工業都市。ジョージア州との州境，テネシー川沿岸に位置。…高速道路：U.S. ハイウェイ41でナッシュビルの南東約210km"とある。

A5-8 「コトバンク」で漢字〈包末〉を入力して検索したところ，「日本歴史地名大系」の〈包末村 かのすえむら〉の項目が検索される。現在地名は高知県南国市包末。歴史的特徴についても言及されている。ただし，「コトバンク」では，本文の一部のみが掲載され，すべての情報は冊子体か「ジャパンナレッジLibセレクト」に載っている。そのほか，「全国自治体マップ」により，南国市の公式ホームページも参照する。「観光情報＞歴史・文化」の順に調べると，南国市の名称についての解説はあるが，〈かのすえ〉についての記述はない。

　冊子体では，『日本歴史地名大系』(*597*) 第40巻「高知県の地名」の「難
読地名索引」により，〈包末〉の読みは〈かのすえ〉であることを確認。本
文で，〈包末村　かのすえむら〉のもとに，"現南国市の東端部に位置し，南
西流する物部 (ものべ) 川と国分 (こくぶ) 川の中間平地部にある。…村域内に
は条里制の遺構が残り，香長条里区の一画をなしていた"とある。また，〈南
国市〉のもとでも，古代には "…国府が国分川中流右岸にあたる比江に置か
れ，国府より南に広がる平地部には土佐最大の条里が整えられ" ていたと解
説されている。南国市についてのこの解説は「コトバンク」内の「日本歴史
地名大系」(南国市) には掲載されていない。

A5-9　Google により，漢字〈阿豆麻夜山〉を入力して検索すると，「いにし
えの島根」(https://www.pref.shimane.lg.jp/life/bunka/bunkazai/event/inishie/5kan.
data/5-08.pdf) 第5巻のなかの「『出雲国風土記』地図」にアクセスできる。地
図とともに，その山の所在が表示されている。

　冊子体では，『日本歴史地図』(*585*) の「一般索引」による。〈阿豆麻夜山
出雲〉の項目見出しを手がかりにして本文を参照すると，「出雲風土記に見
える地名と関係遺跡」の図があり，そのなかに〈阿豆麻夜山〉の地点が示さ
れている。同書は「国立国会図書館デジタルコレクション」にも収録されて
いる。そのほか，「国立国会図書館オンライン」をキーワード〈出雲風土記
地図〉で検索すると，15点ヒットし，そのうち「デジタルコレクション」
で公開されている『出雲風土記の研究』(出雲大社　1974) でも，目次の〈出
雲國地図〉を手がかりにして地図上でその位置を確認できる。

A5-10　「コトバンク」により〈美談　宍道湖〉で検索する。「日本歴史地
名大系」の〈美談郷　みだみごう〉の解説が見つかり，それには，"島根県：
出雲国＞出雲郡・出東郡・出雲郡＞美談郷"に続けて，"「和名抄」所載の郷。
「出雲国風土記」に美談郷とあるほか三太三とあることからミダミであろう"
とある。また，"地名は和加布都努志命 (所造天下大神の子) が天地が初めて
分れたあとに「天御領田 (あめのみた) の長と供へ奉り坐しき。即ち彼の神，
郷の中に坐せり，故，三太三と云ふ」とあり，神亀三年 (726) 美談に改めた

という"との記述がある。

　このほか『角川日本地名大辞典』**(594)** 第32巻「島根県」を調べることにする。この「難読地名索引」によれば，その読みは〈美談　みだみ〉である。本文〈美談〉の項のもとに，"「風土記」によると，所造天下（あめのしたつくらしし）大神の御子和加布都努志（わかふつぬし）命が天と地とがはじめて分かれた後，天つ神の御料田の長官を奉仕された。この命がこの地に鎮座されたので，御田（みた）を見る神の意で三太三（みたみ）といい，字を神亀3年に「美談」と改めたとある"との解説がある。

第 **6** 章

人物・団体の探索

・
・
・

6.1 何を求めるか

　一般の図書館で，図書，雑誌などの資料に関する質問と並んで，数多くの質問が集中するのは人物関係の情報要求ではなかろうか。それほどに，人物に対する一般の関心は強いといえよう。

　もちろん，人物に関する情報要求であるからといっても，それがすべて人物情報自体への関心であるとは限らない。歴史的事件とか社会的事象にはさまざまなかたちで人が関与しているところから，それらの事件なり事象なりを明らかにしようとする際に，しばしば人物情報を探索の手がかりにして関連情報の入手が試みられるからである。

　人物に関する質問の動機は実にさまざまである。単なる好奇心を満たそうとして軽い気持ちで尋ねられる場合もあれば，日常生活との関わりから求められたり，専門的な研究上の関心に基づいて必要とされたりする場合もあるだろう。

　また，関心の対象となる人物も，日常生活において直接関わりのありそうな人物の範囲にとどまらず，歴史上さまざまな役割を演じてきた過去の著名な人物から現在活躍中の人たちにまで広くわたっているだろう。

　さらに，今日では社会が著しく拡大し，人々が相互に複雑な関わりを持つようになってきたために，地球上の隔たりとは無関係に，広範な世界のいたるところでそれぞれの社会において指導的役割を果たしている人あるいは現在注目を浴びている人たちに対して，各方面から多様な関心が集まるようになってきている。一般的に見て，古今東西の人物に対する情報要求の高まりが今日ほど著しい時代はかつてなかったのではなかろうか。

　本章では，ある人物が〈何という名前の人か〉，その〈名前をどうよび，どう書くか〉，〈どんな経歴の人か〉などといった特定の人物に関わる質問の

解答となりうる情報を人物情報とよぶが，人物相互のあいだに〈どんな関係があるか〉を確認することのできる情報も人物情報に含めることにする。

　なお，人物が団体・機関の構成員である場合には，その所属する団体・機関の側面から人物情報を探索した方が効率的な場合がある。その団体・機関に関する情報は，その名称，創設年，沿革，事業，所在地などであるが，それらの情報探索は人物情報の探索と類似するところが多い。したがって，〈どんな団体・機関か〉といった情報探索の問題も，便宜上，本章で取りあげることにする。

6.1.1　何という名前の人か

　人名について，まず問題になるのは，そのよび名が分からない場合であろう。一般的な人名でも，漢字で書かれていると，ふたとおり以上の読みかたができるために，特定の人物の名前の読みがそのいずれなのか，迷うことがある。たとえば，〈東〉は〈アズマ〉とも〈ヒガシ〉とも読めるし，〈上村〉は〈カミムラ〉とも〈ウエムラ〉とも読めるからである。しかし，こんな場合はまだよい。少なくとも読めるのだから，仮の呼称とし，それぞれに確かめることもできよう。

　しかし，どう読んでいいのか常識では見当のつかない難読の姓・名に出くわすことがある。たとえば，〈一二三〉，〈七五三〉という姓が，〈ひふみ〉，〈しちごさん〉でないとしたら，一体何と読んだらよいだろうか。実は，それぞれ〈いじみ；うたかね；ひほみ〉，〈しめ；しめかけ；しめき〉と，いくつもの読みかたができるが，常識的には，いずれも到底予想できない読みかたではなかろうか。

　また，姓名が部分的にしか分からない場合に，それを手がかりにして人物の識別をする必要が生じることがある。たとえば，姓あるいは名のいずれかが分かっているとか，欧米人名のイニシャルが分かっているといった場合に，完全名が求められることがある。とくに，欧米人名の場合，複合姓，接頭語つきの姓などが使われていると，フルネームを確かめる際に，ことさら問題が複雑になる。

　同様に，ペンネームあるいは通称が分かっていて，本名を確認しようとす

る場合もある。ペンネームも一つだけが使われているとは限らない。福沢諭吉のごときは，音無九四郎（おとなしくしろう），板勘兵衛（いたかんべえ），五九楼仙蛮（ごくろうせんばん），妻利溺内（つまりできない），片留仁雄鶴（かたるにおつる）などといった語呂合わせのペンネームをいくつも使っていたという。

　同姓同名の人物は少なくないし，まったく別人が同じ通称を用いていることもある。したがって，単純なように思えても，人名による人物の識別には意外に面倒な問題が含まれていることがある。

6.1.2　名前をどう書くか

　人名がどうよばれているか，その呼称は分かっていても，同音あるいは同訓の漢字がいくつもあるために，どの漢字を当てればよいか決めかねることがある。日本人名に限らず，欧米人名でも同音異綴の名前にはしばしば惑わされる。とくに，仮名書き人名の原綴りの確認にはてこずることがある。

　やや特殊であるが，たとえば，シェークスピアを〈沙翁〉と書くように，欧米人名が漢名あるいは漢訳名で表記されることがある。〈愛迪生〉，〈卓別麟〉，〈凱恩斯〉は，それぞれ発明家の〈エジソン〉，映画俳優で監督の〈チャップリン〉，経済学者の〈ケインズ〉であるが，こうした漢字表記の人名を中国人名ないし日本人のペンネームではないかと勘違いすると，思いもかけない探索の迷路に入り込むことにもなりかねない。

6.1.3　どんな履歴の人か

　人について尋ねられる場合，故人と現存者とでは求められる情報に違いがあることが多い。たとえば，故人については当然のことながら，現職もなければ，現住所もない。個人個人によっても求められる情報はいろいろと違うであろうが，頻繁かつ共通に求められる情報は履歴に関わる情報であろう。

　たとえば，〈歌麿はいつ生まれ，いつ亡くなったか〉，〈立軌会を興した牛島憲之の出身校はどこか〉とか，〈上野俊之丞はどんな職業の人だったのか〉といった生没年，学歴，業績などに関わる情報である。これらの履歴事項は〈どんな人か〉という問いに端的に答える情報であるために，しばしば人物

の識別に用いられる。

　なお，ここにいう履歴事項は必ずしも実在の人物について問われるだけではない。実在の人物かどうか不確かな場合や，物語あるいは小説のなかに登場した架空の人物であることが分かっている場合にも，作品中におけるその人となり，性格などをはじめとして，履歴事項が問われることがある。

6.1.4　どんな間柄の人か

　履歴事項が分かれば，それを手がかりにして簡単な血縁関係，交友関係，師弟関係などを確かめることはできる。しかし，単に親子，兄弟などの関係にとどまらず，数世代にわたる血縁関係をたどりたいとか，また，交友関係についても，親密な間柄についてだけでなく，間接的な友人として，あるいは何らかの関係で接触した可能性があったかどうかが問われることがある。たとえば，〈わが国の統計学の草分けといわれた杉という人は勝海舟と面識があったのかどうか〉といったように。

　さらに，〈本居宣長と上田秋成とはどちらが先に生まれたか〉とか，〈南画家の田崎草雲と渡辺崋山とは同じ時代に活躍した人物といってよいのか〉など，時代的な先後関係はどうだったのか，2人以上の人物が同時代人かどうかなどについてもしばしば疑問が提示される。こうなると，単純な履歴事項から得られる情報だけでは足りないことになる。

6.1.5　どんな団体・機関か

　国際機関，政府関係諸官庁，地方公共団体，法人，政党，クラブ，サークルなどについても，個人の場合と同様に，さまざまな情報が求められる。たとえば，〈国立印刷局はどこにあるか〉，〈欧州連邦は何を目指しているか〉，〈アメリカの ISI の事業内容を知りたい〉，〈日本化学会の主な役員は誰か〉など，名称，所在地，目的，事業，関係役員などに関する情報である。これらを便宜上，団体・機関関係の情報とよぶことにしよう。

　今日では，個人の活動に比べて，法人格を持つ会社その他の団体・機関の活動範囲は著しく拡大してきているので，この種の情報が従来にも増して求められるようになってきている。もちろん，本書では概略的な情報探索の問

題にとどめるが，こうした情報を求めることができれば，それを手がかりに
して多種多様な情報が求められることになる。

6.2　何を使って調べるか

6.2.1　インターネットを使う

　人物・団体関係の情報も，それが著名ならば，「事物・事象の探索」の「イ
ンターネットを使う」(3.2.1)で取りあげたインターネット百科などから容易
に求めることができるだろうが，以下には，その他の人物・団体関係のイン
ターネット情報源について取りあげる。

　Google でも，Bing でも，検索窓に求めている人名を入力すると，その人物
情報が得られることが多い。必要とする人物情報が直接得られなくても，人
名事典その他の資料を利用するうえで有用なヒントが得られることもある。

　図書館が地元の出身者あるいは郷土にゆかりのある人物に関わる情報を
データベース化して提供している例も見られる。したがって，当該の人物の
出身地が判明しているときは，その地域の図書館のホームページを手がかり
にして探索してみるのもよい。

　なお，図書館については，『日本の図書館　統計と名簿』(*648n*)に公共図
書館，大学図書館の名簿が収載されているほか，この発行元の「日本図書館
協会」の Web サイト(https://www.jla.or.jp)に，これらの図書館にアクセスす
ることのできるリンク集(*648n*)がある。また，国立国会図書館「リサーチ・
ナビ」の「主題から調べる＞人物＞人物文献（伝記など）を探す＞地域別」の
もとに，公共図書館から提供されている郷土関係のデータベースへのリンク
集があるので，地域を手がかりとして人物情報を求めたいときに利用すると
よいだろう。

　とくに，一般人名事典，人名鑑，年鑑など，冊子体のレファレンスブック
にはまだ登載されていそうにない最新の人物情報を求めたい場合は，イン
ターネット上の情報検索から着手した方がよい。

　いずれにしても，非公開で特殊専門的な人物情報となると，個人情報保護
との関わりもあって，求めにくいことはいうまでもない。また，有料サービ

スでなければ入手できない人物情報であるために，あきらめなければならない場合もある。

　有料サービスであっても，図書館が利用提供している場合には，それを利用して検索することができる。たとえば，日外アソシエーツのオンライン情報サービス「WhoPlus」を提供している図書館では，日外アソシエーツ人物・文献情報「WHO」および『人物レファレンス事典』(*649*)を合わせた広範な人物(および関係文献)情報を横断検索することができる。ほかにも「日経テレコン」の「人事検索」(「日経 WHO'S WHO」など)や朝日新聞，読売新聞のデータベースに収録された人物データベース，団体・企業関係であれば，「日経テレコン」の「企業検索」，「TDB 企業サーチ」(帝国データバンク)などのデータベースがある。

　また，人物情報は，その関係文献を通じてアクセスできる場合がある。したがって，第7章，第8章で取りあげるデータベース検索は有用である。とくに，後出の「人物文献目録を使う」(6.2.6)で取りあげる目録類と併用するのが有効であろう。

　たとえば，国立国会図書館では，数編の『人物文献索引』(*652*)を刊行しているが，その「法律・政治編」のうち，政治関係者を抽出し，さらにそれを増補してデータベース化した「近現代日本政治関係人物文献目録」(https://rnabi.ndl.go.jp/seiji/)(*653n*)がある。これは「国立国会図書館」トップページから「リサーチ・ナビ」，「テーマ別データベース」を介して利用することができる。

　公共機関，学校，団体，会社などについての情報は，それぞれにホームページを開設しているところが多く，近年では比較的探しやすくなっている。しかし，それらに所属する人物となると，主要な役職者の氏名程度の情報にとどまることが多い。学協会の情報については，日本学術会議「学会名鑑」(https://www.scj.go.jp/ja/gakkai/index.html)によって検索することができる。

　現在活躍中の研究者の研究に関わる情報を求める場合は，科学技術振興機構によって提供されている「researchmap」の「研究者検索」(https://researchmap.jp/researchers)(*634n*)によって容易かつ迅速に検索することができる。ただし，かつて活躍していた研究者の手がかりを求めるとなると，冊子体の『研究者・

研究課題総覧』(*634*)を利用する必要が生じてくる。

6.2.2 人名読みかた辞書・人名典拠録を使う

　人物情報を求めようとする場合，まず〈誰についての情報か〉，その手が
かりとなる人名を確定しなければならない。しかし，往々にして手がかりに
すべき人名自体があいまいであったり，不完全であったりする。そのような
場合には，その人物を識別するのに役立つ情報，たとえば，出身地，生没年，
専門分野あるいは職業，経歴，業績などを探ることによって，まず人名を特
定することから着手しなければならない。

　人名が確定できたとしても，それが正しく読めなければ探索の手がかりに
はならない。人名事典のなかには難読索引(画引き索引)を付しているものも
あるが，それで足りるわけではない。

　そこで必要になるのが『人名よみかた辞典』(*657*)とその姉妹編の『西洋
人名よみかた辞典』(*657n*)，さらに『日本史人名よみかた辞典』(*657n*)，『実
用難読奇姓辞典』(*656*)などをはじめとする「姓名読みかた辞書」(選 6.6)で
ある。

　また『国立国会図書館著者名典拠録』(*658*)，『日本著者名・人名典拠録』
(*659*)，『TRC 人名典拠録　日本人・東洋人名篇／西洋人名篇』(図書館流通
センター　1991)は，人名の読みを確かめるのに利用できる。幸い，これら
に収録されている人名は「国立国会図書館典拠データ検索・提供サービス
Web NDL Authorities」(https://id.ndl.go.jp/auth/ndla)や，インターネット上の
OPAC 検索によっても比較的容易に確認できる。

　中国人名など，正しく読めない漢字の人名については，『中日欧対照世界
地名人名辞典』(*661*)でも解決できるが，インターネット上の検索では，し
ばしばキーワードとして漢字を入力してみると，意外に簡単に手がかりが得
られることがある。その便利性は冊子体資料からは得られないメリットであ
る。ただし，インターネット上で得られた人名の読みが正しいものと鵜呑み
にせず，その信頼性を確認してみる必要がある。

6.2.3　人名事典を使う

　特定の人物について，くわしい履歴は伝記から得られるものと期待される。しかし，伝記が書かれている人物はきわめて限られている。伝記の被伝者になるほどの知名度の高い人物ならば，多くの場合，「百科事典」（選3.1）あるいは「専門事典」（選3.2）の項目にも選ばれるだろう。これらの記述は簡略であっても，比較的客観的に解説されている。とりわけ文学関係や歴史関係の専門事典では，人名項目が主要な部分を占めていることが多い。

　一般的には，人物情報源としては人名事典が使われることになる。それには「一般人名事典・人名鑑」（選6.1）と「専門・架空人名事典」（選6.2）とがある。それらは，さらに国際的，全国的，国内の地域的なものなどに類別される。一般人名事典のうち，登載人名が国際的なものとしては，『世界伝記大事典』（**605**），『岩波西洋人名辞典』（**602**），『岩波＝ケンブリッジ世界人名辞典』（**601**），『岩波世界人名大辞典』（**602n**）（「ジャパンナレッジLib」にも収録）などがある。

　全国的なものとしては，『日本人名大事典』（**610**），『講談社日本人名大辞典』（**608**）（「ジャパンナレッジLib」にも収録）などのほか，『日本近現代人名辞典』（選p.144），『明治維新人名辞典』（選p.144）など，時代を限定して編集した時代別人名事典がある。これらのなかから必要とする人物情報を求めるのに適した種類の事典を選んで利用するのもよい。

　一般人名事典には登載されない人物でも，特定の専門分野において知名度が高ければ，その分野の「専門事典」（選3.2），「専門人名事典」（選6.2.1），「専門人名鑑」（選6.3.1）に収載されている。特徴的なものをあげると，『日本近代文学大事典』（**358**）の「人名」編およびそれを増補した同タイトルの机上版（**630**）（同書をさらに増補改訂したデジタル版が「ジャパンナレッジLib」に収録），『近代日本社会運動史人物大事典』（**623**）などがある。

　多数の人名事典のうち，いずれの事典を選べばよいのか，判断しかねる場合には，「人名索引」（選6.4）を調べるのがよい。ここにいう人名索引は，個々の事典類に付されている人名索引ではなく，『人物レファレンス事典』（**649**），『外国人物レファレンス事典』（**650**）のように，複数の人名事典その他の事典類に収載されている人名項目を索引対象としている。したがって，これらは，

特定の人物について調べたいとき，どの事典を使えばよいか，効率的な事典
選びに利用することができる。

　このほか，国立国会図書館「リサーチ・ナビ」の「テーマ別データベース」
からアクセスすることができる「日本人名情報索引（人文分野）データベース」
（https://rnavi.ndl.go.jp/jp/jinmei/index.html）も人名索引のひとつである。冊子
体『日本人名情報索引』改訂増補版（国立国会図書館　1990）に基づき，新し
いデータを追加したもので，国立国会図書館所蔵の和図書・和雑誌から日本
人の人名情報を収録する人名辞典やこれに類する資料を選び，キーワードや
人物名から検索できるようにしている。

6.2.4　名鑑・名簿を使う

　活躍中の人物について調べるには，かつては『人事興信録』（*611*），『日本
紳士録』（*616*）などのように，長年にわたって継続刊行されていた「一般人
名鑑」（選 6.1.2b）が使われてきたが，前書は 2009 年，後書は 2007 年に刊行
を終了している。そのため，これらは現在活躍している人物を調べるのには
有用とは言えなくなってしまったが，刊行当時に実在していた人物を調べる
ことができるという点で，依然として貴重なツールである。「専門人名鑑」（選
6.3.1）としては『職員録』（*635*），『全国大学職員録』（*637*）（2006 年終刊），『役
員四季報』（東洋経済新報社　年刊），『ダイヤモンド会社職員録』（*638*）（2011
年終刊）などがある。

　こうした継続刊行物は，最新版を利用することが多いだろうが，物故者に
ついて調べる際には，その人物の活躍時期をカバーする旧年版のものがかけ
がえのないツールとして役立つことがある。したがって，保管の役割を担っ
ている図書館では，この種の冊子体の名鑑類は古くなっても，引き続き保存
しておく必要がある。

　第二次世界大戦以降，それぞれの時期に活躍した人物について知るには，
その時期に刊行された人名鑑・名簿が役立つ。とはいえ，その数はおびただ
しいから，まず，どんな分野の，いつごろの人名鑑・名簿などを必要とする
のか，あらかじめ見当をつけたうえで，『名簿・名鑑全情報』（*104n*，選 p.145）
を使って調べるのがよい。

　明治時代以来, それぞれの時代に数多くの人名鑑の類が刊行されてきた。それらが膨大な冊子体の『日本人物情報大系』(選 p.147)として複製編集されている。なお, これによって人物を検索するための皓星社「被伝記者索引」(https://www.libro-koseisha.co.jp/top01/main01.html)(選 p.147)はインターネット上で利用できるから, この索引で見つけた人物の情報については冊子体の大系で確認することができる。今日では知名度が低下している人物の情報についても, こうした過去の人名鑑を利用することによって見つけ出すことができよう。

　人名関係以外の各種の「年鑑」(選 4.5), 「地域年鑑」(選 5.4)にも, その一部として(あるいは別冊として)名鑑(名簿)が含まれていることが多い。こうした名鑑類は, 年鑑の発行当時のカレントな人物情報, 団体情報を求める際に有用である。

　なお, 人物情報の利用に際しては, その信頼性に十分注意する必要がある。客観性を求める事典類においてさえも, 人物についての解説にはおのずから時代性が反映し, その出版時期によって人物評価が大きく異なることがある。その内容, 出典などの信憑性を検討する際には, 定評のある冊子体の人名事典をはじめとする各種の人物情報を比較検討する必要がある。

　カレントな人物情報については年鑑類のほか, 新聞や雑誌の記事から求めることも考えられる。これらについては改めて第8章「新聞・雑誌の探索」において取りあげたい。

6.2.5　団体・機関名鑑を使う

　団体・機関に関する情報も人物情報と類似のツールから求めることができる。とくに政府, 自治体をはじめ, 大学, 研究機関, 会社, 学協会, 同好会など, それぞれホームページを公開していることが多いから, それらを利用した方がよい。ただし, それでは適切な情報が得られない場合, たとえば過去のある特定の時期の活動状況, 過去の関係者などを知るには冊子体の「団体機関名鑑」(選 6.3.2)を補足的に利用する必要がある。

　団体や機関の名鑑としては, たとえば, 会社については, 主として上場会社を対象に大規模な会社を収録している『会社年鑑』(*640*), また非上場,

未公開の会社を収録している『会社総鑑』(**640n**)がある。これらはそれぞ
れ2006年版, 2005年版で終刊となったが, 継続刊行されている名鑑としては,
『東商信用録』(東京商工リサーチ　年刊), 「CD・eyes 50：TSR 企業情報ファ
イル」(DVD-ROM 版)(東京商工リサーチ　半年刊), 『帝国データバンク会
社年鑑』(帝国データバンク　年刊),『会社四季報』(東洋経済新報社　季刊),
『会社四季報　未上場会社版』(東洋経済新報社　年刊)などがある。

　かつて継続刊行されていた冊子体の団体名鑑も刊行が止まっているものが
多く,『全国団体名簿』(**645**)は平成 17 年度版(2004), 学協会については『学
会名鑑』2007-2009 年版(日本学術協力財団　2007)(6.2.1 で述べた「学会名鑑」
へと引き継がれる), 大学研究所関係では,『大学研究所要覧』(**646**)2003 年
版(2003), 試験研究機関については『全国試験研究機関名鑑』2008－2009
年版(丸善　2008)がそれぞれ最終の刊行となっている。

　継続刊行されている名鑑としては, さまざまな分野の団体を広く収録する
『全国各種団体名鑑』(**643**), 学校関係では, 大学から小・中・高校, さらに
各種学校などを対象とする『全国学校総覧』(**644**)がある。図書館関係では『日
本の図書館　統計と名簿』(**648n**)に公共図書館, 大学図書館の名簿が収載
されている。『図書館年鑑』(**648**)でも 2014 年版までは図書館名簿が掲載さ
れている。また, 専門図書館については『専門情報機関総覧』(**647**)(Web
版は冊子体購入者限定)がくわしい。その他,「一般年鑑」(選 4.5.1),「専門
年鑑」(選 4.5.2),「地域年鑑」(選 5.4)などにも, 人名簿と同じように, し
ばしば団体・機関名簿が掲載されている。

　団体・機関については, それらの最新の情報(組織, 活動, 構成員など)が
求められることが多いが, 過去の特定の時期の業績, 活動内容, 役員名など
のデータが求められることもある。そのような場合には, 過去の名鑑類を使
う必要が生じ, 該当する名鑑が出版されていたのかどうかを確かめなければ
ならなくなる。その際に役立つのが『名簿・名鑑全情報』(**104n**, 選 p.145),
『名簿情報源　日本のダイレクトリー』(選 p.153)などである。

　各種機関, 企業等に所属する人物, 特定分野の人物については「専門人名
鑑」(選 6.3.1)によって探索することができる。たとえば, 官公庁, 自治体
の役職者は『職員録』(**635**), 大学関係者は『全国大学職員録』(1954－

2006）（*637*），会社の役職者は『ダイヤモンド会社職員録』（1935－2011）（*638*），
『役員四季報』（東洋経済新報社　年刊）を利用して探せるだろう。しかし，
その刊行頻度，終刊の関係で，最新の情報は比較的求めにくい。

　したがって，インターネット上の情報検索に依存する傾向は強まる一方で
ある。その反面，過去のある時期の役職者，職員等について調べるには依然
として冊子体の名鑑は欠かせない。

6.2.6　人物文献目録を使う

　事典類では人物情報が概括的すぎたり，求める人物が登載されていなかっ
たりして，結果的に間に合わないことがある。そんな場合には，人物関係の
文献資料，すなわち伝記，人物評論，回顧録，日記などから情報を求めてみ
るのもよい。

　とはいえ，たくさんの文献のなかから，どれを選んで使えばよいか見当が
つかないことがある。そんなときには，人物関係の文献リスト，とりわけ「人
物文献索引」（選6.5）を使うとよい。たとえば，『人物文献索引』（*652*），『人
物文献目録』（*654*），『日本人物文献目録』（*655*）などがある。この種の索引
ないし目録は人名見出し（人名件名）のもとに関係文献を収録しているから，
適切な文献があるかどうかを見つけ出すのは比較的容易である。

　明治以降に出版された伝記，評伝，人物研究書をはじめとする人物関係の資
料を収録した『人物研究・伝記評伝図書目録』（選p.138）とその続編，および
第二次世界大戦後の同種の出版物を収録している『伝記・評伝全情報』（*104n*，
選p.138）も，人物文献索引として利用できる。求めたい人名を手がかりにし
て，これらを利用すれば，関係文献を比較的容易に探すことができよう。

　特定の人物の著作あるいはその関係文献を求める際には，「人物書誌」（選
7.3）を使ってみるのもよい。適切な「個人書誌」（選7.3.1）がなければ，「集
合書誌」（選7.3.2）に当該の人物が含まれていないか調べてみる。特定の人
の著作のみで足りるならば，著作年譜，業績一覧などをはじめとする著者書
誌があればよい。

　なお，どんな人物書誌があるのかを確かめるには『人物書誌索引』（選p.29）
が有用であろう。特定の主題（トピック）に関する文献を数多く収録している

「主題書誌」(選 7.4)にも人物を主題とする資料を含むものがある。探索対象
の人物を主題とする書誌があれば，それを使うこともできるだろう。

6.3　どのように探索するか

6.3.1　ペンネームから本名を確かめるには？

　明治以降に小舟と号した作家が何人かいるらしいが，どんな人たちがいる
か。そのうち，『小波先生』を編集した人の本名，出生地，生没年などを含
む経歴を知りたい。

解　Google で〈小舟　明治　作家〉と入力すると，〈木村小舟〉を見出しと
して「岐阜県図書館」，「青空文庫」，「日本大百科全書(ニッポニカ)」など，
いくつかの Web サイトが検索される。ほかに〈小永井小舟〉についてのペー
ジも検索される。「岐阜県図書館」では "岐阜県ゆかりの先駆者" のもと，
木村小舟を紹介するページがあり，〈少年小説作家　木村小舟〉としてく
わしい解説が載っている。"明治 14 年 9 月 12 日に加茂郡加治田町(現在同
郡富加町)で当地の郵便局長であった父木村理右衛門 44 歳，母きし 35 歳
の二男として生まれ"，"本名は定次郎"。17 歳のときに書いた童話が巌谷
小波に認められ『少年世界』に掲載されたこと，小波に招かれて博文館編
集局に勤務したことなどにも言及している。没年については，"脳出血で
倒れ昭和 29 年 72 歳で亡くなりました" とある。参考文献，著作リストも
あげられている。ほかに「富加町」のホームページにも「郷土の偉人『木
村小舟』」(https://www.town.tomika.gifu.jp/docs/248.html)の項目がある。
　『日本近代文学大事典』(*358*)の「人名」編に人物項目を増補した同「机
上版」(*630*)でも調べることにする。この「人名索引」によれば，小舟と
よばれた人は，木村小舟，小永井小舟，関文月，与謝野晶子の 4 人である。
このうち，小永井小舟は幕末から明治中期の儒者であるから除外してよい。
　残り 3 人のうち，木村小舟(きむらしょうしゅう)の項目のもとで，"明
治 14.9.12〜昭和 30.4.20(1881−1955)…児童文学者，編集者。本名定次郎。
…巌谷小波には終生師事し…『小波先生』…をまとめた" とあるから，こ

の人が当該の人物とみて間違いないであろう。

　確認のため,「国立国会図書館オンライン」で, タイトル〈小波先生〉を入力して検索したところ, 5 点のうち 1 点が『小波先生：還暦記念』であり, その責任表示は木村小舟編, 出版者は木村定次郎であった。ただし, 没年については, 文献により昭和 29 年とするものと昭和 30 年とするものとがある。「青空文庫」では, "1881（明治 14）年 9 月 12 日"に生まれ, "1955（昭和 30）年 4 月 20 日逝去。享年 74 才"とある。「Web NDL Authorities」でも生没年は "1881 – 1955" となっている。

6.3.2　丸屋善七の本名のかな表記は？

　明治のはじめごろ, 丸屋商社を設立し, さらに丸屋銀行などを設立した丸屋善七という人の本名はどのように書かれ, それはどう読めばよいか。なお, この人に関する伝記その他の関係資料はないか。

解　Yahoo! の検索窓に〈丸屋善七〉を入力したところ, 複数の Web サイトが検索された。岐阜県恵那市「いわむら観光協会」（https://iwamura.jp）のサイトでは,「偉人伝」のもとに〈早矢仕有的〉の項目が表示され, "丸善株式会社の創始者として知られる。明治維新を迎え, 福沢諭吉の門をたたいて慶應義塾に学ぶ。諭吉の事業を託され横浜に書店を開き, 丸屋善七を名乗った"とある。名前の読みは記されていない。そのほか,「コトバンク」でも,〈早矢仕有的〉の項目のもとで『朝日日本歴史人物事典』,「世界大百科事典　第 2 版」の解説があり, いずれも名前の読みは〈はやしゆうてき〉となっている。

　『講談社日本人名大辞典』CD-ROM 版（*608n*）で〈丸屋善七〉を検索したが,〈該当者なし〉。本文には〈早矢仕有的〉の項はあるが,〈丸屋〉,〈善七〉からの検索はできない。

　冊子体の場合,『人物レファレンス事典』（*649*）で〈丸屋善七〉を探す。この人物は出版者で, 本名を〈早矢仕有的〉と書き,〈はやしうてき〉と読むことを確認する。合わせて, この人物は『日本近代文学大事典』（*358*）,『明治維新人名辞典』（選 p.144）に登載されていることを知る。

　そこで，『明治維新人名辞典』の「別名索引」で〈丸屋善七〉を検索すると，〈早矢仕有的　はやしうてき〉に参照指示がある。この本文見出しのもとでは，丸善の設立などについてくわしい解説がある。いっぽう『日本著者名・人名典拠録』(*659*)では〈はやしゆうてき〉と読ませている。〈うてき〉か〈ゆうてき〉かを確認するために，『日本近代文学大事典』(*358*)を参照したが，〈早矢仕〉には〈はやし〉とルビがふられているが，〈有的〉にはルビはない。『丸善百年史』（丸善　1980)にも〈はやしゆうてき〉とルビがふられているので，〈ゆうてき〉と読むのが正しいのではないか。

　つぎに，関係文献を求めるために，『日本人物文献目録』(*655*)によって〈早矢仕有的〉のもとを見ると，"〈早矢仕有的　丸善の創立者たる〉善六学鑑 13 の 7　明 42" および "〈早矢仕有的伝〉蛯原八郎　季刊明治文化研究　5 昭 10" の 2 点があげられている。

　さらに，国立国会図書館「リサーチ・ナビ」から「テーマ別データベース」を選択し，キーワードに〈早矢仕有的〉を入力して横断検索したところ，「近現代日本政治関係人物文献目録」から 13 点，「日本人名情報索引（人文分野）データベース」から 13 点，「目次データベース」から 12 点の資料への参照指示があった。これらのうち重複する書誌データを除くと，関係文献は『横浜を創った人々』（講談社エディトリアル　2016)など 34 点見つかった。

　「国立国会図書館オンライン」で「件名検索」をするため，まず「Web NDL Authorities」で〈丸屋善七〉を検索するが，ヒットせず，〈早矢仕有的〉を検索すると，該当するデータがあり，個人件名〈早矢仕，有的，1837 − 1901〉のもと，カナ読み〈ハヤシ，ユウテキ，1837 − 1901〉，経歴は〈実業家，医師〉と出ている。同じページからリンクを用いて「件名検索」を行うと，1 点『有的外傳：丸善創業者早矢仕有的の知の環』（原田幸四郎著　我孫子　喜迫書房　2020)が見つかった。書誌データの注記によると文献と年表が収載されている。さらに「キーワード」に〈早矢仕有的〉を入力すると，61 点検索された。これには雑誌記事も含まれている。

6.3.3　日柳燕石の没年月日とその墓所は？

　明治維新のころ活躍した日柳燕石という人物の生没地とその年月日，略歴を知りたい。また，この人の墓所はどこにあるか。

解　Google で〈日柳燕石〉を入力すると，「Wikipedia」，「コトバンク」のほか，多数の Web サイトが検索される。そのなかの「ソフィアセンター柏崎市立図書館」（https://www.city.kashiwazaki.lg.jp/toshokan/hon_siryouwosagasu/kyodo_shiryo/5704.html）のサイトにアクセスすると，「郷土のことを調べる＞調べたいときに（項目別関連資料一覧）」のもとに〈日柳燕石（くさなぎえんせき）〉の見出しがある。その項目を見ると，『大人名辞典』（平凡社）出典として，"讃岐仲多度郡榎井村字旗岡の出。…仁和宮に従って柏崎に来たが，早々病死。墓は柏崎招魂場" とある。これには墓所の所在のみならず，墓標の写真のほか，同館所蔵の文献リストも掲載されている。

　冊子体の場合，まず〈日柳〉の読みが分からなければ，それから確かめる必要がある。そのためには，難読人名索引（漢字画引き）のある人名事典を使った方がよい。たとえば，『新潮日本人名辞典』（**609**）によれば，〈日柳〉の読みは〈くさなぎ〉である。

　『人物レファレンス事典』（**649**）「古代・中世・近世編」によれば，"日柳燕石　くさなぎえんせき　文化 14（1817）年～明治 1（1868）年 8 月 25 日　江戸時代末期の勤王博徒" とあり，人名事典類 12 点への参照指示がある。これらのうち，生年の表示は文化 14（1817）年 3 月 14 日で共通するが，没年は明治 1 年 8 月 25 日，慶應 4 年 8 月 25 日，1868 年 10 月 10 日の 3 通りに分かれている。この場合，9 月 8 日に明治と改元されたことを考慮するならば，和暦では慶應 4 年になるが，機械的に明治元年としたのであろう。また，8 月 25 日を 10 月 10 日にしたのは，和暦表示を西暦表示に改めた結果である。

　履歴の解説が比較的くわしい『明治維新人名辞典』（選 p.144）によれば，出生地は "讃岐国那珂郡榎井村字旗岡"。生没年月日は "文化 14 年（1817）3 月 14 日～明治元年（1868）8 月 25 日" であり，"越後に進軍中，柏崎で病没した" とある。また，『国史大辞典』（**403**，選 p.144）（「ジャパンナレッ

ジ Lib セレクト」にも収録）では，"讃岐国那珂郡榎井村（香川県仲多度郡
琴平町榎井）に生まる…　北越柏崎に進撃して同［明治元］年 8 月 25 日陣
没"とあるが，いずれも墓所については言及していない。したがって，墓
所については，上掲のホームページによるべきであろう。

6.3.4　江戸時代に活躍した 2 人の若冲の作品は？

　江戸のほぼ同時代に，若冲という名の国学者と画家がいたそうだが，それ
ぞれの姓は何か。また，彼らの代表作と，それらがどこに所蔵されているか
についても知りたい。

[解]　Google でも，Bing でも，〈若冲〉で検索すると，画家の〈伊藤若冲〉
　　は容易に検索できるが，国学者の方は特定できない。そこで，〈国学者
　　若冲〉で検索すると，「コトバンク」，「Wikipedia」，「Weblio 国語辞典」，
　　国立国会図書館「Web NDL Authorities」などが表示され，いずれも〈海北
　　若冲〉について解説している。氏名の読みかたは，"かいほうじゃくちゅう"
　　とするものと，"かいほくじゃくちゅう"とするものがある。
　　「コトバンク」所収の『朝日日本歴史人物事典』によれば，氏名の読み
　　は"かいほうじゃくちゅう"で，著作として，『万葉集師説』，『万葉集類林』
　　をあげている。同じく「コトバンク」所収の「デジタル版日本人名大辞典
　　+ Plus」では，著作は同様だが，氏名の読みは"かいほくじゃくちゅう"，
　　また「世界大百科事典　第 2 版」では，〈辞書〉の項目のもと，海北若冲
　　への言及があり，"かいほくじゃくちゅう"との読みを付している。
　　　冊子体の場合，姓から人名を記載する人名見出しの事典では，名前から
　　の検索はむずかしい。そんな場合，『名前から引く人名辞典』（選 p.159）に
　　より，〈若冲　じゃくちゅう〉のもとを見るのもよい。そこには伊藤（いと
　　う）若冲，海北（かいほう）若冲の 2 人が記されている。
　　　『講談社日本人名大辞典』のように CD-ROM 版（*608n*）があれば，それ
　　を使って，姓名欄に〈若冲〉を入力し，2 人を検索することもできる。こ
　　れによれば，そのひとり海北若冲（かいほく－じゃくちゅう）は江戸中期の
　　国学者であり，"契沖にまなび，…師の説を整理・編集し，『万葉集師説』，

『万葉集師説類林』を刊行。…本姓は野田"とある。もうひとりの伊藤若
冲（いとう‐じゃくちゅう）は，江戸中期‐後期の画家であり，"宋，元，明
の中国画や尾形光琳の画風を研究し，写実性を基調に装飾性をくわえた独
自の境地をひらく。作品に「動植綵絵（さいえ）」，「群鶏図」など"とある。

　著作の所蔵を調べるため，『国書総目録』（*740*）の「著者別索引」を利用
し，〈海北（かいほく）若冲〉の項を見る。そこに，『海北若冲歌集』，『紫文
要語』，『万葉集師説』などが列挙され，それぞれに所蔵館が付記されてい
る。なお，追録版ともいうべき『古典籍総合目録』（*740n*）にも記載項目
がある。これは「国文学研究資料館」（https://www.nijl.ac.jp）の「国書デー
タベース」（https://kokusho.nijl.ac.jp/）によっても検索することができる。
（2023年3月1日から稼働。「日本古典籍総合目録データベース」（館蔵和
古書データベースを含む）と「新日本古典籍総合データベース」が統合さ
れた。）

　〈伊藤若冲〉に関するWebサイトのうち「Wikipedia」では，くわしい履
歴事項の記載があり，〈作品〉の見出しのもとに，多数の作品名（所蔵館名）
が列挙されているほか，過去の展覧会や関連文献のリストも掲載されてい
る。「動植綵絵」については，"若冲によって相国寺に寄進されたものであっ
たが，明治22（1889）年，皇室に献上され，現在は宮内庁三の丸尚蔵館が
保管"と解説されている。さまざまな機関が保有するコンテンツを横断的
に検索することができる「JAPAN SEARCH」（https://jpsearch.go.jp/）で〈動
植綵絵〉を検索すると，文化庁「文化遺産オンライン」（https://bunka.nii.
ac.jp/）へのリンクがあり，三十幅のうちのインターネットで公開されてい
る3点を見ることができる。

6.3.5　日本ウニマの目的とその出版物は？

　日本ウニマはどんな団体か。この〈ウニマ〉とは何か，その目的，事業に
ついて知りたい。また，この団体の刊行物『日本の人形劇』は，どんな内容
のもので，いつから刊行されているか。

　解　「日本ウニマ」（https://unima-japan.wixsite.com/）によれば"ウニマの正式

名称は，国際人形劇連盟(UNIMA=Union Internationale de la Marionnette)。人形劇芸術の発展に貢献する世界中の人々を結びつける非正規組織(NGO)であり，UNESCO の正式パートナー"であると紹介している。さらに，日本ウニマ(国際人形劇連盟日本センター)は UNIMA における日本センターとして 1967 年に設立され，その事業活動については"人形劇の普及や人形劇を通しての国際交流を行っている"ほか，1974 年から人形劇年鑑として『日本の人形劇』の編集，発行を続けているなど，くわしい内容解説とともに記されている。同刊行物は電子版も発行され，最新版がホームページ上で公開されている。2022 年版によれば，会報『人形劇のひろば』も年 3 回発行しているとのことである。

　冊子体の場合，『全国各種団体名鑑』(*643*)の 2023 年版中巻によれば，〈日本ウニマ(国際人形劇連盟日本センター)〉のもとに，"［設立］昭 42.5，［目的］人形劇芸術ならびに伝統人形劇の保存育成をはかり，人形劇運動の国際的，国内的発展に資する。［事業］年 1 回の定期総会，研究集会，新年会の開催，年鑑，機関紙の発刊。［刊行物］「日本の人形劇」(A5・170 頁・年刊)，「人形劇のひろば」(A4・12 頁・年 3 回)"が記載されている。

　つぎに，『日本の人形劇』の内容と創刊年を調べるため，『雑誌新聞総かたろぐ』(*801*)2019 年版を使うと，この書名のもとに"プロ，アマの人形劇団の写真，活動，人形劇に関する読物を掲載"という内容の解説があり，創刊は"1974 年 6 月 20 日"とされている。

6.3.6　質問と解答例

a)　質問

Q6-1　南瓜與惣兵衛と並び称されていた狂言作者で，権八という人がいたそうだが，この人は何という姓であったか。合わせて略伝も知りたい。

Q6-2　〈栗花落〉および〈粟冠〉はいずれも人の姓であるが，それぞれどのように読むことができるか。

Q6-3　伊勢の人で通称忘却先生として知られていた儒学者がいたそうだ

が，この人の本名を知りたい。

Q6-4　Trenyov という劇作家(露，1945 年没)の生年はいつか。また，この姓をカナ表記するには，どう書けばよいか。

Q6-5　〈林肯〉，〈肯尼迪〉は，いずれも米国人名を漢字表記したもので，それぞれの生没年は 1809－65，1917－63 年である。両者の原綴名および専門分野を知りたい。

Q6-6　江戸時代，凹凸堂と号する人がいたそうであるが，この人の本名は何か。合わせてこの人の略歴も知りたい。

Q6-7　詩人千家元麿の家系をさかのぼると，古く南北朝のころに，北島家と分かれたといわれているが，それは何代目の何という人のときであったか。

Q6-8　ある小説で，貧しい農家に生まれた中村某という娘が，叔父に身売りをさせられ，さまざまな辛酸をなめ，遂に教会に火を放ったというあらすじは覚えているが，これは誰の何という作品だったのか。また，この女性の名前も確かめたい。

Q6-9　「法王インノセント十世」という作品を残したベーコンと「新オルガノン」を残した人は同姓同名であるが，同一人物なのか。

Q6-10　日本点字図書館および日本ライトハウス盲人情報文化センターの現在のアドレスと，1994 年当時の館長名を知りたい。

b)　解答例

A6-1　「コトバンク」で〈南瓜與惣兵衛〉を検索すると，「デジタル版日本人名大辞典＋Plus」(講談社)のページが表示される。これによれば，読みは〈なんか　よそべえ〉であり，解説に"玉井権八とならび称された"とある。

なお，〈玉井権八〉のもとにも略伝がある。この冊子体である『講談社日本人名大辞典』(*608*)を利用する場合は，付属の CD-ROM 版(*608n*)の姓名欄に〈南瓜〉を入力すると，〈なんか　よそべえ〉の表記があり，その項目のもと，本文に解説を見つけることができる。

　ほかに，『人物レファレンス事典』(*649*)「古代・中世・近世編」に，〈なんかよそべえ〉として登載されている。これを手がかりに『日本人名大事典』(*610*)を調べたところ，〈ナンカヨソベー　南瓜與惣兵衛　なんくゎよそべえ〉の項目に，"延寶期の江戸の歌舞伎狂言作者。俗に「南瓜」を「うんなん」とも呼ばれた…玉井権八と並び称せられたが，その経歴は明かでない"とあるから，質問の人物は〈玉井権八〉と推定できる。

　そこで，〈タマイゴンパチ　玉井権八　たまゐごんぱち〉のもとを見ると，"江戸歌舞伎に於ける先駆をなす名作者の一人として南瓜…と対に謳われ…貞享頃までの中村座の大半の狂言は彼の著作であると伝えられる"などとある。

A6-2　Yohoo! でも，Bing でも，検索窓に漢字を入力することによって，栗花落(つゆり，ついり)，粟冠(さっか)の読みが検索できる。

　冊子体の場合，『人名よみかた辞典』(*657*)の「姓の部」の「音訓よみ姓のガイド」により，それぞれ〈栗　くり〉，〈粟　あわ〉を手がかりにして，〈栗花落〉の読みが〈つゆり〉，〈粟冠〉の読みが〈さっか〉であることを確認する。

　さらに『日本姓氏大辞典』(*660*)「表記編」では，前者に〈ウユリ〉，〈クリハナオチ〉，〈ツイリ〉，〈ツユ〉，〈ツユオチ〉，〈ツユリ〉を，後者に〈アワイハラ〉，〈サッカ〉の読みを与えている。

A6-3　Google でも，Bing でも，〈伊勢　忘却先生〉と入れてみると，「コトバンク」に収録された「デジタル版日本人名大辞典＋Plus」が表示される。〈小川天保　おがわてんぽう〉を見出しとする解説のなかに，"江戸時代後期の儒者。伊勢津藩士…よく物忘れしたので忘却先生とよばれ，したしまれた"とある。

　冊子体の人名事典を選ぶために，『日本の参考図書』(*101*)を参照する。これにより，"『大人名事典』にものせていないような人物も検索できると"解説されている『日本人名辞典』(芳賀矢一編　京都　思文閣　1969)を選ぶ。「国立国会図書館オンライン」で同書を検索すると，「国立国会図書館デジタルコレクション」に収録されていることが分かったので，インターネットを介してこの資料を調べると，〈忘却先生(バウキャクセンセイ)〉の項目があり，〈テンパウ(小川天保)〉への参照指示がある。そこで，〈テンパウ〉の項目を確かめると，"天保(小川)　儒者。伊勢安濃津の人。名は経固，字は子明，性善く忘る。忘却先生と称せられる。施恵を楽み，貧困に安ず"とある。

A6-4　Google で〈Trenyov〉と入力すると，件数は少ないが，いくつかのページが検索される。そのひとつ「Wikipedia」(英語版)では，生年月日は 1876 年 6 月 2 日とされている。また，「Oxford Reference」(https://www.oxfordreference.com)では，月日までの記載はないが，1876 年生まれとしている。「コトバンク」収録の「ブリタニカ国際大百科事典　小項目事典」と「日本大百科全書(ニッポニカ)」では，いずれも生年を 1878 年，氏名のカナ表記を"トレニョフ"としている。

　冊子体の場合，『外国人物レファレンス事典』(*650*)で，〈Trenyov, Konstantin Andreevich〉のもとを見ると，"ロシア，ソ連の劇作家，小説家"とある。参照指示されている人名辞典類，百科事典が 12 点列挙されている。そのうち，〈トレニョフ〉とするものは『日本大百科全書』(*302*)など 7 点，〈トレニョーフ〉とするものは『集英社世界文学大事典』(*355*)など 3 点，〈トレニヨフ〉とするものは『新版世界人名辞典　西洋編』(*603*)など 2 点である。

　生年については，〈1878 年〉とするものは『世界大百科事典』(*301*)など 6 点，〈1876 年〉とするものは『岩波西洋人名辞典』(*602*)など 4 点，このほかに，〈1877 年〉，〈1884 年〉とするものが各 1 点ずつである。以上のように，生年には異説があるほか，事典類に誤記も見られる。

A6-5　Google により，〈林肯〉および〈肯尼迪〉をそれぞれ入力して検索すると，いずれも「維基百科」(「Wikipedia」の中国語版)に項目があり，前

者は〈Lincoln〉，後者は〈Kennedy〉であることは簡単に分かる。

　冊子体の場合，『中日欧対照世界地名人名辞典』(**661**)の「人名之部」の「親字総画索引」によって手がかりを求める。それぞれ〈林肯　Lincoln　リンカーン〉，〈肯尼迪　Kennedy　ケネディ〉であり，生没年から判断して，前者は Abraham Lincoln アメリカ合衆国第16代大統領，後者は John Fitzgerald Kennedy 第35代大統領と分かる。

A6-6　Google で〈凹凸堂〉と入力すると，「コトバンク」，「Wikipedia」，「Weblio 国語辞典」などのページが検索される。「コトバンク」では『朝日日本歴史人物事典』と「デジタル版日本人名大辞典＋Plus」のいずれも〈中伊三郎〉を見出しとする項目が表示され，略歴により，江戸後期の銅版画家であることなどが分かる。生年は不詳で京都出身，名は亥，字は端。凹凸堂，芝蘭堂などを号とした。前者によれば，屋号が中屋であるため，中屋伊三郎ともいう。ほかに，国立国会図書館「リサーチ・ナビ」内の「テーマ別データベース」に収録された「日本人名情報索引データベース（人文分野）」を介して，91件の文献が検索され，たとえば『浮世絵人名辞典』（美術倶楽部鑑定部　1978）には“人物名　伊三郎, 別名　中尾(氏), 端, 凹凸堂, 芝蘭亭…”，『日本洋学人名事典』（柏書房　1994）には“人物名　中 伊三郎, 別名　端, 凹凸亭, 芝蘭亭”として登載されているという情報を得る。なお，『浮世絵人名辞典』は「国立国会図書館デジタルコレクション」にも収録されている。

　冊子体の場合，『大人名事典』(**610n**)の索引「漢字の部」により，凹凸堂(中屋伊三郎)の手がかりを求める。本文の解説によれば“江戸末期の銅版画家…号を芝蘭亭また凹凸堂といった。生国は京都で，はじめ商賈となり，諸所を歴遊してのち大阪に入り，従兄環中の家に寓居し，ここに於いて銅版画に精進するに至った”とある。当然，『日本人名大事典』(**610**)も同じ解説である。

A6-7　「コトバンク」により，〈千家元麿〉を入力して検索する。「日本大百科全書(ニッポニカ)」，「ブリタニカ国際大百科事典　小項目事典」，「デジタル版日本人名大辞典＋Plus」などによって，千家元麿(せんげ　もとまろ)

は出雲大社の大宮司であった千家尊福（せんげ　たかとみ）の子であることが分かる。そこで改めて〈千家　北島〉で検索したところ，「日本大百科全書（ニッポニカ）」の〈千家氏（せんげうじ）〉の項目があり，そこには，"古代の出雲国造（いずものくにのみやつこ）家を代々継承してきた氏族。…出雲大社の祭祀をつかさどり，1343 年（興国 4・康永 2）には，出雲国造 55 代とする孝宗（たかむね）が国造となったが，弟の貞孝（さだたか）は別家し，本家は千家を称し，分家は北島を用いることとなった。こうして出雲国造は 2 流に分かれ，大社の年中祭祀を明治時代までの間，四十八度は千家国造家が，十九度は北島国造家が執行した…1872 年（明治 5）1 月，従来の両国造家による分掌制は廃止され，国造千家尊福（たかとみ）が出雲大社大宮司となり，…"とある。そのほか，〈千家氏略系図〉がある。

　冊子体の場合，『姓氏家系大辞典』（*662*）によれば，〈千家　センゲ〉のもとに，"出雲国造は，孝時の嫡子清孝に至り，子なかりしかば，清孝の弟孝宗に家を譲る。之を千家氏の祖とす。然るに，孝宗の弟貞孝も，また別に奏聞を経て国造となる。これを北島家にして，これより国造家二流に分れ，幕末に至る"とある。さらに，〈出雲　イヅモ〉のもとの〈出雲臣〉に"五十五代清孝…に子なく，其弟孝宗，貞孝に至り，二家に別る…（以上によれば，孝時は五十四代にして，清孝は五十五代となる訳なれど，懐橘談に…孝時を 48 代とする。この方古き数え方なるべし）"とある。

A6-8　国立国会図書館「リサーチ・ナビ」内を「主題から調べる＞言語・文学＞キーワードから日本文学 / 外国文学を探す」という順序で調べると，「Webcat Plus」の連想検索や「物語要素事典」（https://www.lib.agu.ac.jp/yousojiten/）が紹介されているので，これらを利用して，あらすじ，キーワードなどで検索するが，手がかりは得られない。

　冊子体の場合，『日本文学作品人名辞典』（*633*）の人名五十音順の索引によって中村姓のもとの作品名を調べる。該当する名前として〈中村すみ子〉が考えられる。作家は藤森成吉，作品名は『何が彼女をそうさせたか』である。その解説文はつぎのとおりである。"埼玉の貧農の娘。美貌のため叔父の手で子供歌舞伎に売られ，以後種々生活を転々とする間に社会の裏面を見，大

人の世界の嘘偽と俗悪さに反撥し，教会に放火する。”「国立国会図書館オンライン」によれば，同作品は改造社から昭和 2 年に出版されているほか，全集や岩波文庫にも収録，刊行されている。なお，『日本文学作品人名辞典』は「国立国会図書館デジタルコレクション」に収録されている。図書館・個人送信が可能とされる文献なので，人名索引で〈中村すみ子〉を確認できたら，全文検索機能を利用して本文の項目を探すことができる。

A6-9　「コトバンク」で〈ベーコン〉と入力するが，さまざまな〈ベーコン〉が検索されるので，〈ベーコン　人名〉と入力すると，〈ケビン・ベーコン〉と〈フランシス・ベーコン〉が検索される。前者は，「現代外国人名録2016」によれば，Kevim Bacon, 米国の俳優，生年月日 1958.7.8。後者は，「20世紀西洋人名事典」によると，“Fransis Bacon, 1909.10.28-1992.4.28，英国の画家。アイルランド出身”とあり，略歴が掲載されている。主な作品として，「ベラスケスによる習作，教皇インノケンティウス 10 世」との説明がある。

　ベーコンと新オルガノンの関係について〈ベーコン　新オルガノン〉と入力して調べると，「コトバンク」所収の「旺文社世界史事典　3 訂版」を出典とする『新オルガヌム』（1620 年刊）についての解説が得られ，同書がイギリスの哲学者フランシス＝ベーコンの主著であることが分かった。アリストテレス『オルガノン』に対し，“新しい科学方法論を提示する意図から，この題名がつけられた”という。また，「ブリタニカ国際大百科事典　小項目事典」には〈ベーコン　Bacon, Fransis〉の項目のもと，“生 1561.1.22. ロンドン，没 1626.4.9. ハイゲート，イギリスの哲学者”との解説がある。したがって，質問にあった〈ベーコン〉とは画家の〈フランシス・ベーコン〉と哲学者の〈フランシス・ベーコン〉であると考えられる。

　冊子体では，『岩波世界人名大辞典』（*602n*）の索引に，〈Bacon, F.（画家）〉と〈Bacon, F.（哲学者）〉の項目があるので，それぞれ本文を見ると，前者は〈ベーコン　Bacon, Francis ①〉の見出しのもと，“1561.1.22～1626.4.9”，“イギリスの哲学者，政治家…”とあり，“思想史上の意義は主として学の方法および分類を構想し，古典学問の革新を企てた点にあり，それは〈学の大革新：Instauratio magna, 未完〉（第 1 部：ノヴム・オルガヌム：Novum organum, 1620）

にまとめられた"との記述がある。後者は〈ベーコン　Bacon, Francis ②〉の
見出しのもと，"1909.10.28～92.4.28"，"イギリスの画家"とあり，主作品の一
つに"ベラスケス〈インノケンティウス 10 世像〉による習作，1953（デモイン・
アート・センター）"があげられている。

　以上，生没年から判断し，活躍した時代がまったく違っており，両者は無
関係である。

A6-10　『図書館年鑑』（*648*）の各年版の「図書館名簿」に「点字図書館」
の部があり，地域順に関係図書館が収載されている。そのなかに"日本点字
図書館　〒 169-8586　新宿区高田馬場 1 丁目 23-4"および"日本ライトハ
ウス盲人情報文化センター　〒 550-0002　大阪市西区江戸堀 1 丁目 13-2"
がある。

　1994 年当時の館長名を確かめるため，1995 年版（1993 年 12 月 1 日現在）
を利用する。これによると，館長欄に日本点字図書館は〈田中徹次〉，日本
ライトハウス盲人情報文化センターは〈川越利信〉の名があげられている。
1996 年版（1995 年 12 月 1 日現在）でもこの記載は同様であった。

　ただし，『図書館年鑑』における「図書館名簿」の掲載は 2014 年版まで
であり，以降は『日本の図書館　統計と名簿』（*648n*），日本図書館協会の「図
書館リンク集」ほかを利用することになる。

第 7 章
図書・叢書の探索

・
・
・

7.1　何を求めるか

　ここにいう図書は，ふつう本とよばれ，書物，書籍などともよばれている。図書とは，一般に固有の書名(タイトル)を持ち，文字その他によって表現された思想，知識，感情などを紙葉に筆写あるいは印刷し，繙読しやすいように綴じ合わせた冊子体のものをいう。ここでは新聞，雑誌などのように継続的に発行される刊行物すなわち逐次刊行物と区別する意味で図書という呼称を用いることにしたい。

　なお，上述の定義は現代の図書を念頭においたものである。過去にさかのぼれば，紙以外にさまざまな記録材料が用いられていた時代があり，その形態も冊子体であるとは限らない。また，複製法も書写のほか，時代時代によってさまざまな印刷方法がとられてきた。それらの方法は今日ではほとんど廃れてしまっている。

　図書には単独に刊行された単行本のほか，叢書，全集，論文集などとよばれるものもある。ここにいう叢書はシリーズを意味し，同一の出版者から同一の体裁で出版された一連の独立した著作物からなる。叢書には，たとえば，「○○叢書」，「○○講座」，「○○文庫」などのように，総合的な書名(タイトル)すなわち叢書(シリーズ)名があり，そのもとに個別の書名(タイトル)を持つ複数の著作が含まれている。

7.1.1　どんな図書か

　しばしば〈どんな本(図書)か〉という問いが発せられる。こうした質問はそれ自体あいまいではあるが，多くの場合，この種の質問に端的に答えてくれるのが書誌データである。図書の場合，その書誌データは著者名，書名，出版地，出版者名，出版年，ページ(冊)数などからなり，これらのデータに

よって，どんな図書なのかを識別することができる。すなわち，〈どんな図書か〉といった図書一般についての質問，あるいは〈著者は誰か〉，〈どこの出版者から，いつ出版されたか〉など，図書についての質問は，いくつかの書誌データの提供というかたちで回答することができる。

　書誌データのうち，書名とか著者名とか，一つの事項でも分かれば，それが手がかりになるので，他のデータは比較的確かめやすい。たとえば，〈アラングレン〉という著者名が分かっている場合に，〈その人がコミュニケーションについて書いた本の書名は何か〉を確かめたり，逆に，『アメリカ教育通信』という書名が分かっている場合に，〈その著者は誰か〉を確かめたりするのは容易である。

　もっとも，往々にして同一の著者が類似の書名の図書を書いていたり，複数の著者が同姓同名であったり，書名を同じくする図書が2種類以上あったりすることもある。したがって，一方が分かっていても，他方が単純に確定できるとは限らない。著者名，書名だけでなく，それがいつ，どこで出版されたかという点までを確認しなければ，どんな図書なのか最終的な識別はできない。

　なお，書誌データではないが，しばしばそれに伴って求められるのが図書の価格である。とくに新刊書を購入しようとする場合は，価格は重要な情報となる。発行されてから年数が経ち，版元の在庫がなくなり，古書値段がつけられるようになると，定価はほとんど無意味なようにも思えるが，調査の参考にするために価格が尋ねられることもある。たとえば，〈福沢諭吉の『学問ノススメ』初版は，いくらで発売されたか〉といった例のように，発売当時の物価と比較する目的で価格が求められるような場合がある。

7.1.2　どんな内容の図書か

　書店の書棚の前に立つと，本好きならずとも，おもしろそうな，あるいは豪華な装丁の図書に思わず目を奪われることがある。しかも，たくさんの図書のなかに広告で見かけたものとか，好みの著者の新著を見つけると，つい衝動買いをしがちである。

　しかし，図書というものは読んでからでないと，おもしろいとか，役に立

つとかはいえないものである。書名から判断して参考になりそうだと思い，図書を手に取って少し読んではみたものの，自分の興味とは合致せず，期待はずれであったという思いをした人はきっと少なくないだろう。

　ましてや，その広告や書名のリストだけで，その内容を判断するのはむずかしい。したがって，〈どんな内容の図書なのか〉，〈平易か難解か〉など，あらかじめある程度の内容を知ることができたならば好都合である。こうした理由から，手もとにない図書について，その内容についても合わせて知りたくなることがある。

　それは特定の図書の内容について知りたいときばかりではない。たとえば，〈『言葉の海へ』を読んで興味を覚えたが，同じテーマを扱った本には，ほかにどんなタイトルのものがあるか〉とか，〈人型ロボットについて知りたいが，平易に解説している 2，3 冊の関係書とそれらの内容を知りたい〉といった一連の図書について内容が求められることもある。1 冊 1 冊についてはさほどくわしい内容ではなくても，それが分かれば特定の図書を選んだり，系統的に読書をしたりする際には参考になる。

　図書の内容について，という場合，その全体ではなく，その特定の一部分に関心が向けられることもある。たとえば，〈『土とふるさとの文学全集』に収載されている寺門仁という人の作品にはどんなものがあるか〉とか，〈『万葉の風土・文学』という論文集に載った「原万葉の復元」は誰の執筆か〉といったように，文学選集とか，あるテーマのもとに多くの論文を集めて編集された論文集などに収載されている 1 論文に関心の焦点があるといった場合もある。全集とか叢書などに関する質問の場合には，それ全体に関する質問よりはむしろそれらのなかに収められている個別の作品の方に関心が向けられることが多い。

7.1.3　翻訳書があるか

　翻訳というと，まず文学作品が連想されるほど，文学関係では多くの翻訳書が出版されている。しかし，その他の分野でも翻訳書はたくさん出版されている。わが国に限らず，各国ともに翻訳書の出版は年々増加しているが，とりわけわが国では翻訳出版が盛んである。このような傾向を反映して，図

書に関する質問のうち，翻訳書に関する情報要求はかなり多く含まれており，しばしば〈訳本探し〉ということばを耳にする。

　だが，実際に，探求する訳本がうまく探せているかどうか，それは疑問である。翻訳書が出版されていることを確認もしないで書店巡りをしていたのでは，徒労に終わるおそれがある。

　そうした無駄骨を折らないためには，まず翻訳書が既刊であるか否かを確認する必要がある。たとえば，〈バイエルヘンの Scientists under Hitler の訳書がどこかにないか〉，〈バリントンの Environmental Biology の訳書は購入できるか〉といった質問の場合は，原書の出版年が分かると探索範囲を絞るのに好都合である。その年以後に翻訳出版が行われたか否かを確かめ，既刊であるならば，出版年はいつかを確認した方がよい。そのうえで，原書名，訳書名，原著者名，訳者名など，必要とする書誌データを手がかりにして，その所在の有無なり，購入の可否なりを調べる方が効率的である。

7.1.4　官公庁刊行物があるか

　国の諸機関ではさまざまな刊行物を発行している。これらを官庁刊行物とか政府刊行物とよんでいる。また地方公共団体にもさまざまな出版物がある。これらを合わせて官公庁刊行物と総称する。

　官公庁刊行物には国の機関が執筆ないし発行したものだけでなく，国の出資によって発行されたものも含まれる。議会資料，国の政策や行政について国民に周知を図る目的で発行される官報，白書，さらに審議会・調査会資料，法令資料，統計資料，国の試験研究機関等の報告書など，多種多様であり，形態的にも図書に限らず，逐次刊行物その他多様な資料形態のものがある。地方公共団体も，これらに準ずる多種多様な印刷物を発行している。

　官公庁刊行物は，出版点数から見れば，一国の出版物のうちではかなり大きな比率を占めている。公表・公示資料として市販されている官公庁刊行物もあり，それらのうちには，世間の話題を賑わしたために注目されるようになったものもあるが，大多数は目立たない非市販資料である。しかし，これらのなかには貴重な情報を含んだものが数多くあることはいうまでもない。

　伝統的に，これらの広報は必ずしも十分ではなく，一般公衆の目には触れ

にくい。利用者の側でも，刊行物が存在することは分かっていても，入手しがたいものと思い込み，最初から利用をあきらめてしまいがちであった。そのせいか，官公庁資料を特定して図書館に向けられる質問件数は一般には多くはないといわれている。

　情報公開が叫ばれている一方で，こうした公開されている豊富な情報資料があるにもかかわらず，その存在に気づかなかったり，必要なときにそれを見つけ出す方法を知らなかったりで，利用されないまま埋もれてしまう資料は少なくない。

　しかし，幸い探そうと思えば，新しい官公庁刊行物の情報はインターネットによって比較的容易にアクセスできるようになってきている。こうした検索手段を活用し，特定の問題に関する官公庁情報があるのか，どんなものが利用できるのか，どのような利用方法があるのかを知っていることは，情報収集の視野を広げるうえではきわめて大切なことである。たとえば，〈高齢者問題に関する国の施策について，近年どのような報告書が出されているか〉とか，〈「新しい図書館像」という文科省からの報告書は，いつ出されたのか〉といった種類の質問は，いずれも官公庁出版物関係の情報要求として扱うことができる。

7.1.5　その図書はどこにあるか

　インターネット上の検索ならば，書誌データが判明すれば，その所在情報あるいは入手情報にまでリンクが張られていることが多い。しかし，冊子体のツールを使う場合，いくつかのツールを併用する必要がある。

　〈どんな本か〉という疑問が解決できたとしても，多くの場合，それで終わるわけではない。引き続いて，それならば〈どこにあるのか〉，所在を確かめたい，さらにそれを入手したいといった新たな問題に移行することになるだろう。

　それを入手あるいは利用することが究極の目的であり，その手がかりとして著者名，書名などの書誌データが求められる。つまり，多くの場合，書誌データの探索は手段であって，所在確認，さらには入手，利用が主な目的である。

ところで，求める図書が最寄りの図書館に収蔵されているかどうかを確かめるには図書館の蔵書目録（OPAC）を検索すればよいことは分かっている。しかし，問題は，その図書館に所蔵されていないときにどうすればよいかである。

新刊書など，市販されているものならば，〈購入できるか〉という問題に切り替えることもできようが，在庫がなかったり，絶版であったりすると，〈どこの図書館にあるのか〉，その所在・所蔵を調べる必要が生じる。たとえば，〈わが国最初の化学書といわれている『舎密開宗』は，どこの図書館にあるか〉，〈あるシリーズの1冊である『ケニアの子どもたち』を所蔵している図書館がどこかにないか〉といった所在確認の問題となる。

7.2 何を使って調べるか

7.2.1 インターネットを使う

a) 新刊図書の情報

インターネット上で書誌データベースが利用できるようになった今日では，多くの図書検索上の障害は解消されてきたといってよい。とくに，後述するように大規模な図書館蔵書のOPAC検索や，多数の図書館蔵書の横断検索が可能となり，全国的な総合目録が居ながらにして利用できるようになったことにより，書誌データの確認はきわめて容易になった。

とくに，「国立国会図書館オンライン」（https://ndlonline.ndl.go.jp/），「国立国会図書館サーチ」（https://iss.ndl.go.jp/）（選 p.167）などにより，国内出版物の書誌データが容易に入手できるようになったことの意義は大きい。

また，多くの出版者によって出版情報がインターネット上に提供され，全国的な販売書誌がデータベース化され，図書の販売流通業者が出版情報をインターネット上に提供するようになったことにより，新刊の販売図書情報は迅速に入手できるようになった。

たとえば，国内で出版販売された入手可能な図書を年次更新して収録していた日本書籍出版協会の『日本書籍総目録』（*703n*）はデータベース化され，各出版者から提供されるデータに基づいた図書検索サイト「データベース日

本書籍総目録（Books）」となり，さらに新たなデータベース「出版書誌データベース（Books）」（https://www.books.or.jp）（***703n***）へと継承された（2019 年 1 月 31 日）。図書のほか電子書籍，定期刊行物も含め，書誌情報は 369 万 1690 点（https://jpro2.jpo.or.jp　2023 年 5 月 5 日参照）。データは日次更新されている。なお，この検索結果画面からオンライン書店へのリンクも張られている。

　オンライン書店としては，「Amazon」（https://www.amazon.co.jp/），「楽天ブックス」（https://books.rakuten.co.jp/）をはじめ，トーハン運営の「e-hon 全国書店ネットワーク」（https://www.e-hon.ne.jp/bec/EB/Top），「セブンネットショッピング」（https://7net.omni7.jp/top），「ジュンク堂書店」（https://www.junkudo.co.jp/），「紀伊國屋書店 KINOKUNIYA WEB STORE」（https://www.kinokuniya.co.jp/），日販の運営による「Honya Club.com」（https://www.honyaclub.com/），「honto」（https://honto.jp/）などがある。

　オンライン書店は，ここに取りあげたサイト以外にもたくさんあり，それぞれに特徴があるから，それを確かめたうえで選ぼうとするならば，「本のみちしるべ」（https://www.hon-michi.net/）を参考にするものよい。

　なお，古書を専門的に探索しようとする場合には，「日本の古本屋」（https://www.kosho.or.jp/），「スーパー源氏」（https://www./supergenji.jp/），あるいは「Book Town じんぼう」（https://jimbou.info/）のもとの「古書を検索」（神田神保町約 50 店舗の古書が一括検索できる）などによる検索も考えられる。

b)　官公庁情報の検索

　官公庁の刊行物はしばしば一般書誌の収録対象からは除外されている。とくに，販売書誌に収録されているのは市販されたものに限られる。したがって，この種の刊行物を探索するには，「官公庁刊行物の書誌」（選 7.6）類を使った方がよい。ただし，冊子体の書誌には充実したものがないから，インターネット上のデータベースの検索に頼らざるを得ない。

　インターネットによれば，内閣府大臣官房政府広報室が運営する「政府広報オンライン」（https://www.gov-online.go.jp）に「政府刊行物月報」が掲載されており，各府省が発行する刊行物が紹介されている。「世論調査」，「e-Gov ポータル」，「内閣府」，「官公庁サイト一覧」へのリンクもあり，所管の法令・

告示・通達・審議会，白書・統計・出版物等のほか，行政機関の各種情報への手がかりが得られる。また，「全国官報販売協同組合ホームページ」（https://www.gov-book.or.jp）によれば，官報のほか白書や法令解説書などの政府刊行物に関する情報の検索や入手が可能である。

　デジタル庁が運営する「e-Gov ポータル」（https://www.e-gov.go.jp/）では総合的な行政情報の閲覧のほか電子申請，意見の提出もできるようになっている。これによれば，行政サービス・施策に関する情報を「災害・非常事態」，「環境」などジャンルごとに閲覧できる。このうち，「政府について」というジャンルによれば，「予算・決算」，「白書等」，「統計」などの情報へアクセスできる。そのほか，〈行政機関横断検索〉によって各府省が提供する行政情報を横断的に検索することができる。さらに〈法令検索〉を利用すると，憲法，法律，政令，勅令，府省令，規則の選択，法令番号や公布日の指定，「水産業」，「観光」など分類の絞り込みによって検索を行うことができる。

　なお，「首相官邸」（https://www.kantei.go.jp）のトップページ上のサイトマップから「e-Gov ポータル」や「インターネット版　官報」にリンクが張られている。また「各府省の新着」では各府省ホームページから配信されている新着情報を閲覧することができる。

　国立国会図書館によって提供されているデータベースとして「日本法令索引」（https://hourei.ndl.go.jp/#/）や「国会会議録検索システム」（https://kokkai.ndl.go.jp/）がある。「日本法令索引」は 2004 年 6 月から提供されており，1949 年以来 2003 年まで冊子体で刊行されていた『日本法令索引［現行法令編］』および 1983 年から 1985 年に刊行された『日本法令索引［旧法令編］』の Web 版データベースである。2007 年 1 月からは慶応 3(1867)年 10 月の大政奉還から明治 19(1886)年 2 月の公文式施行までに制定された法令の索引情報を収録した「日本法令索引［明治前期編］」（https://dajokan.ndl.go.jp/#/）も提供されている。「国会会議録検索システム」（https://kokkai.ndl.go.jp/#/）では，発言者，日付，会議名等による詳細検索が可能であり，第 1 回国会からの本会議・委員会の会議録を閲覧できる。

　また，「国立国会図書館」トップページのもとの「国会関連情報」の項目には「国会会議録」，「日本法令索引」へのリンクや「立法情報リンク集」（https://

www.ndl.go.jp/jp/diet/link.html）があるほか，「立法情報検索」が設けられ，「衆・
参両議院のホームページ」，「調査及び立法考査局の刊行物」など国会関連の
9 件のデータベースを統合的に検索できる。

　このほかにも，国立国会図書館「リサーチ・ナビ＞資料の種類から調べる」
のもとの「議会・法令・判例・官庁資料」（https://rnavi.ndl.go.jp/politics/）では，
国立国会図書館の主として議会官庁資料室が所蔵する議会資料，法令・判例
資料，官庁資料，国際機関資料を紹介している。このうち「日本の官庁資料
＞日本－白書・年報」（https://rnavi.ndl.go.jp/jp/politics/JGOV-hakusyo.html）を
選択すると，各省庁から出されている白書・年報が紹介されており，オンラ
イン版へのリンクもある。

　また「リサーチ・ナビ＞テーマ別データベース＞目次データベース」（https://
rnavi.ndl.go.jp/jp/mokuji/index.html）では国立国会図書館所蔵の図書・雑誌類
から選別された目次を検索できるようになっており，その中から白書・議会
関係資料などの分類を選択のうえ目次を閲覧することができる。

　国立印刷局からは「インターネット版　官報」（https://kanpou.npb.go.jp/）の
もとに「過去の官報」と「官報情報検索サービス」が提供されている。前者
によれば，平成 15 年 7 月 15 日以降の法律，政令等の官報情報と，平成 28
年 4 月 1 日以降の政府調達の官報情報，直近 90 日分の官報全文を無料で閲
覧することができる。後者は会員制有料サービスであり，昭和 22 年 5 月 3
日から直近までの官報の検索・閲覧ができる。「国立国会図書館デジタルコ
レクション＞官報」によれば，1883（明治 16）年 7 月 2 日から 1952（昭和 27）
年 4 月 30 日までの官報 2 万 980 点を収録しており，無料で閲覧，検索する
ことができる。

　さらに，地方公共団体情報システム機構が開設している「全国自治体マッ
プ検索」（https://www.j-lis.go.jp/spd/map-search/cms_1069.html）では，日本地図
から地方公共団体名をクリックすることで公式サイトを検索することがで
き，都道府県，市区町村などの情報へのアクセスを容易にしている。そのほ
か，「国立国会図書館インターネット資料収集保存事業（WARP）」（https://
warp.da.ndl.go.jp）では国の機関，都道府県，市町村，独立行政法人などの公
的機関の Web サイトを収録しており，収集された当時の Web サイトを閲覧

することができる。許諾を得たものを 2002 年から，2010 年からは国立国会図書館法の規定に基づき収集している。

c) 蔵書目録・総合目録の検索

　蔵書目録や総合目録も，冊子体よりもインターネット上のデータベースを利用した方がはるかに便利である。たとえば，国立国会図書館の蔵書目録は「国立国会図書館オンライン」を利用することにより，同館所蔵の和洋書，和洋の新聞・雑誌，デジタルコレクションその他の多様な資料を検索することができる。

　また，2011 年 1 月から提供されている「国立国会図書館サーチ」によれば，「国立国会図書館オンライン」を含む数多くのデータベースを検索対象としているので，全国の公共・大学・専門図書館等にまで範囲を広げて資料を検索することができる。かつては個別のデータベースであった「児童書総合目録」や「総合目録ネットワーク」（通称「ゆにかねっと」）も現在「国立国会図書館サーチ」の検索対象となっている。前者は国際子ども図書館をはじめ，児童書を所蔵する主要な国内の 7 機関の書誌データ約 71 万件を収録する（2023 年 3 月に終了，以後個別連携へと移行）。後者は国立国会図書館のほか，都道府県立図書館や政令指定都市立図書館 69 館が所蔵する和書約 4700 万件の書誌データが検索できるという。

　さらに，今日では全国のほぼすべての公共図書館の OPAC が利用できるようになっているが，とくに規模の大きな図書館の OPAC は有用である。たとえば，「東京都立図書館」の「蔵書検索」（https://catalog.library.metro.tokyo.jp/）によれば，中央図書館と多摩の図書館が所蔵する和洋書，新聞，雑誌等を検索することができる。また，「都内図書館統合検索」（https://www-std-pub02.unify.jp/metro/index）によって都内の公共図書館の図書・雑誌・論文・視聴覚資料のほか，国立国会図書館や国立情報学研究所その他のデータベースを含め一斉に検索することができる。

　このほか，「図書館と図書館にかかわる人たちのサイト Jcross」（https://www.jctoss.com/）内の「横断検索ナビ」は全国の横断検索サイトを地域別，資料別等によって紹介する。また，「カーリル」（https://calil.jp/）は全国の公共図書館，大学図書館，専門図書館約 7,400 館の所蔵情報と「Amazon」等

の書誌データベースを同時に検索することができる。

　全国の大学図書館，その他の図書館等で所蔵する図書・雑誌は，国立情報学研究所が運用するデータベース「CiNii Books」（https://ci.nii.ac.jp/books/）（***807n***）によって検索できる。このデータベースは「目録所在情報サービス NACSIS-CAT」を通じて約 1,300 の参加館によって共同作成されたデータが元になっている。トーハン，日本出版販売，日外アソシエーツ，紀伊國屋書店 4 社で共同構築する「BOOK データベース」や Nielsen Book Service 社「Nielsen Book Data」を出典とする目次や内容情報などを確認することもできる。ただし，これによって参加図書館のすべての蔵書が網羅されているわけではなく，利用できない資料も含まれているから，正確な所蔵情報については各大学図書館の OPAC によって確認した方がよい。なお，「Webcat Plus」（http://webcatplus.nii.ac.jp/）も国立情報学研究所が提供するサービスであり，「NACSIS-CAT」や国立国会図書館「JAPAN/MARC」等のデータを検索対象とする。一致検索のほか，連想検索により文章を入力して検索することもできる点が特徴的である。「CiNii Books」同様，「BOOK データベース」，「Nielsen Book Data」による書誌，目次情報も収録する。

d）　国立国会図書館デジタルコレクション

　国立国会図書館では，「国立国会図書館デジタルコレクション」（https://dl.ndl.go.jp/）によって，保存しているデジタル資料を公開している。閲覧は国立国会図書館内で可能であるが，資料の条件により，1）ログインなしで閲覧可，2）送信サービスで閲覧可，3）国立国会図書館館内限定の 3 種類の閲覧方法がある。2）が対象とする資料は，1）以外で，絶版などの理由で入手困難となっている資料で，著作権保護期間が満了していない資料または満了の確認が完了していない資料とされている。送信サービスは「図書館向けデジタル化資料送信サービス（図書館送信）」と「個人向けデジタル化資料送信サービス（個人送信）」とがある。図書館送信は，承認を受けた図書館（国内 1,408 館，海外 8 館，2023 年 5 月 1 日現在）において，その図書館の登録利用者が利用できる。個人送信は 2022 年 5 月 19 日に開始され，国立国会図書館の登録利用者（本登録）であるなど一定の条件を充たせば，インターネットを通じて利用者個人の端末等で資料の閲覧ができる。2023 年 1 月 18 日から印刷も

可能となった。なお，このデータベースは「国立国会図書館オンライン」,「国立国会図書館サーチ」のほか，デジタルアーカイブの分野横断プラットフォームとして 2020 年 8 月に公開となった「JAPAN SEARCH」(https://jpsearch. go.jp)や第 8 章で取りあげる「CiNii Research」,「Magazine Plus」,「ざっさくプラス」などとも連携している。

7.2.2 一般書誌（文献目録）を使う

図書関係の質問には書誌データの確認を前提とするものが多い。書誌データの確認を目的とする場合には収録点数の多い「一般書誌」（選 7.1）を使った方がよい。そのうち，全国書誌はその国の出版物を包括的に収録している。たとえば『日本全国書誌』(*702*)は，CD-ROM 版，DVD-ROM 版あるいはインターネットによっても利用できるので有用である。

冊子体の書誌を使う場合には，既知のデータを手がかりにして，本文の排列からだけでなく，その索引を介して，必要とするその他のデータを求めるようにするとよい。出版年が不明であったり，タイトルがあいまいであったりすると，探索に手間取ることになるが，分類から，あるいは排列順から見当をつけたりする。一覧性があるだけに，予想外の代替図書を見つけることができる利点がある。

書誌データとともに価格を確かめたいこともある。全国書誌によって図書の価格を確かめることができる場合もあるが，全国的な販売書誌であれば，価格はかならず表示されているとみなすことができる。

冊子体の書誌によって書誌データを求める場合には，最近のデータか，過去のデータかによって，カレントな書誌と遡及的な書誌との使い分けをする必要がある。現在では，カレントなものの多くはインターネット上のデータベースに代替されているが，1 年単位で累積される『出版年鑑』(2018 年版まで)(*703*)，『Year's Books 年版新刊案内』(図書館流通センター ［19--］－2004)，内容解説もしている『Book page』(*704*)などは遡及探索用として独自の利用価値を保持している。

もっとも，過去に出版され，絶版になった図書の書誌データその他の関連情報を探索しようとすると，冊子体の販売書誌を遡及探索するだけでは足り

ない。古書目録などを使って探索するのは容易ではないから，上述の古書情報関係の Web サイトも合わせて利用する必要がある。

7.2.3　選択書誌・主題書誌を使う

　一般書誌は網羅性があり，分野を問わず，多数の書誌データのなかから特定の図書のデータを求めるには有用であるが，それから図書の内容解説を求めようとしても無理である。

　図書の内容は，現物を手に取れば調べることもできようが，つねに現物が入手できるとは限らない。現物が入手できないからこそ，内容について尋ねられることもあろう。

　現物がじかに利用できない場合には，「選択書誌」（選 7.2）を使って調べるのがよい。選択書誌の多くは，収録資料の内容解説をしている解題書誌でもあるからである。たとえば，『選定図書総目録』（2007 年版 − 2016 年版は CD-ROM 版）（*706*），『学校図書館基本図書目録』（2014 年刊まで）（*707*），古典的な著作を収録対象とする『世界名著大事典』（*708*），『国書解題』（*709*），『漢籍解題』（*710*）などがある。

　また「主題書誌」（選 7.4）のなかには，収録資料に解題を付しているものが少なくない。この種の書誌は数多く編集されているので，それらの主題書誌を個別に取りあげるのは無理である。主要な主題書誌を探索するには『日本の参考図書　第 4 版』（*101*），同書を収録した「日本の参考図書 Web 版」を参考にするとよい。

　上述のオンライン総合目録「Webcat Plus」は，1986 年以降の新刊書の書誌情報「BOOK データベース」（*704n*）が統合されたことによって目次などの情報も検索することができるようになった。近年は OPAC から提供される書誌データにも目次情報や内容紹介を含むものが多くなったので，内容を知る手がかりとして有用である。

　図書の内容を知るうえでは，書評も参考になる。書評を専門に探すには「書評索引」（選 8.6.3）とか書評を収載対象に含む「新聞記事索引」（選 8.4），「雑誌記事索引」（選 8.6）を利用するとよい。これらについては第 8 章で後述する。ただし，出版販売に利用する意図の強い場合もあるから，期待にそうような

書評を探すのはむずかしい。

7.2.4　翻訳書誌を使う

　日本語に翻訳された図書は，図書であることに変わりはないから，当然，一般書誌や蔵書目録にも収録される。したがって，翻訳書の探索においても，これらが主な検索ツールである。しかし，冊子体の一般書誌を使う場合，翻訳書以外の図書が多数収録されているために，書誌データが特定されていないと，探しにくい。

　当然ながら個別の蔵書目録は当該館で所蔵されている翻訳書を収録しているだけであるが，「国立国会図書館オンライン」のように，和書についての全国書誌に相当する包括的な所蔵目録のデータベースを利用するならば，和書としての翻訳書は当然収録しているから，その検索には便利である。

　冊子体のツールによって探索しようとする場合，翻訳書だけを収録対象とした「翻訳書誌」（選7.5）が使えるならば，一般書誌よりは効率的な探索ができるはずである。たとえば，『翻訳図書目録』（*726*）を利用することによって第二次世界大戦以降の国内刊行の翻訳書を探すことができる。

　なお，それ以前にさかのぼって，主として文学関係の翻訳書を探すには，『明治大正昭和翻訳文学目録』（*727*），『東京都立中央図書館蔵合集収載翻訳文学索引』（選p.177）および『世界文学綜覧シリーズ』（*736*）の各セットが役立つだろう。

　人文社会系の雑誌年報類に翻訳掲載された論文や記事は『人文・社会　翻訳記事論文索引』（選p.177）から探せるが，こうした図書以外の翻訳記事の探索には，後述する「雑誌記事索引」（選8.6）を利用した方がよい。

7.2.5　蔵書目録・総合目録を使う

　これまでに取りあげた各種の書誌類を使っても，それらから求められるのは書誌データであって，図書自体の所蔵・所在が明らかになるわけではない。図書の所蔵・所在を確かめるためには「所蔵目録」（選7.8）を使う必要がある。

　これには『国立国会図書館蔵書目録』（*737*），『国立国会図書館蔵書目録明治期』（*738*），同「大正期」（*738n*）などをはじめとする各図書館の冊子体

目録がある。これらの蔵書目録は OPAC として,さらに既述のようなインターネット上のデータベースとして Web 版が利用できるので,あえて冊子体のものを利用する必要性は乏しくなっている。

　また複数の図書館の所在を調べるには「総合目録」(選 7.9)があると便利である。『国書総目録』(**740**)およびその追補版ともいうべき『古典籍総合目録』(**740n**)はその代表例といえよう。なお,「国文学研究資料館」(https://www.nijl.ac.jp/)では,2023 年 3 月 1 日,新たな日本古典籍ポータルサイト「国書データベース」(https://kokusho.nijl.ac.jp/)の運用を開始した。これは Web 版「日本古典籍総合目録データベース」(「館蔵和古書目録データベース」を含む)と「新日本古典籍総合データベース」(『国書総目録』に基づいた書誌データ,大学や研究機関等が所蔵する古典籍の画像データを一度に検索可能)をひとつに統合したもので,「ジャパンナレッジ Lib」とも連携している。

7.2.6　叢書・合集の書誌・細目索引を使う

　各種の叢書(シリーズ)や全集,選集などの合集自体の探索は一般図書の探索と異なるところはない。叢書や合集だけを収録したリストがあれば,なおよい。しかし,それらに収載されている個々の作品の所在を知ろうとする場合,『全集・叢書総目録』(**730**),『全集・叢書細目総覧』(**731**),『論文集内容細目総覧』(**733**)など,「叢書・合集の書誌・細目索引」(選 7.7)が使えるかどうかは探索の効率を決定的に左右する。

　とくに,文学全集の内容細目を調べるには,『現代日本文学綜覧シリーズ』(**735**),『世界文学綜覧シリーズ』(**736**)が便利であり,その CD-ROM 版,さらに Web 版によれば,いっそう迅速な検索が可能である。

7.3　どのように探索するか

7.3.1　『紅毛談』は,いつ誰が書いた?

　『紅毛談』はいつごろ,誰が書いた,どんな内容の著作か。その書誌データと内容解説が欲しい。なお,この活字本はないか。

解　「国立国会図書館オンライン」の「詳細検索」のタイトルに漢字〈紅毛談〉
を入力すると,『江戸科学古典叢書17』(恒和出版　1979.3)ほか3点の和書,
オンライン資料, マイクロ資料などが検索できる。

　これらの〈内容細目〉によって, いずれにも「紅毛談」が収載されてい
ることが分かる。ただし「紅毛談」の内容解説およびくわしい書誌データ
は得られない。「CiNii Books」でも4点ヒットするが, やはり内容解説は
ない。「国書データベース」の「書誌検索」を選択し, タイトル〈紅毛談〉
で検索すると, 6点ヒットし, つぎの書誌データを確認することができた。

　　〈紅毛談　おらんだばなし〉　二巻二冊
　　(別書名)[1] 阿蘭陀はなし(おらんだばなし)
　　　　　　[2] 新毛噺唐操毛(おらんだばなしからくり)
　　　(分類)外事
　　　(著者)後藤光生
　　　(成立年)明和二序(1765)
　　　(写)[補遺] 日比谷近藤(文化六写)
　　　(版)<明和2版>国会・京大・慶大富士川…
　　　　著作ソース『国書総目録』所収, 1

　ただし, 内容解説は得られない。

　冊子体の場合, まず『国書解題』(*709*)を使ってみる。「字画索引」9画
に〈紅毛雑話　おらんだざつわ〉はあるが, 当該のものはない。しかし,
これによって〈紅毛〉は〈おらんだ〉とも読めることが分かった。

　『日本史文献解題辞典』(*719*)の〈オランダばなし　紅毛談〉では, "オ
ランダそして西洋の諸事情を談話筆録ふうにまとめた書。著者の後藤梨春
は江戸の本草家。上下2巻2冊。序によれば延享3年(1746)成立とみえる
が, 刊行は明和2年(1765)初版。…著者と桂川甫周の序を欠き, 小唐先生
なる者が梨春に聞いて著わしたとする「紅毛噺唐繰毛」と改題した後刷(丙
寅初春序)がある" と比較的くわしい解説があり, "『文明源流叢書1』,『江
戸科学古典叢書17』に収められている" とする。

　また,『史籍解題辞典』下巻「近世編」(東京堂出版　1986)にも, "〈紅
毛談　おらんだばなし〉　(著)後藤梨春(光生)　(成)明和2年(序)。(内)2

巻 2 冊。江戸参府のオランダ人から聞いた，オランダおよびヨーロッパの暦数・地理・人物・風俗・器物・珍説などを紹介したもの。(刊)『文明源流叢書』『江戸科学古典叢書』(異)紅毛噺繰毛"とある。

『国書総目録』(*740*)では，上述の「国書データベース」で確認したものと同じ書誌データが掲載されている。なお，〈こうもうだん〉から〈紅毛談　おらんだばなし〉への参照指示もある。

7.3.2　『西比利亜日記』の内容は？

『西比利亜日記』は榎本武揚の日記であるといわれているが，いつごろ書かれた，どんな内容のものか。もし出版されているならば，都内の公立図書館では，どこの図書館に所蔵されているか，その所在も知りたい。

解　「国立国会図書館オンライン」の「詳細検索」でタイトルに漢字〈西比利亜日記〉を入力すると，『西比利亜日記』(榎本武揚著　広瀬彦太編　東兆書院　昭和 18)が検索できる。したがって，少なくとも国立国会図書館には所蔵されていることは分かる。しかし，その内容までは分からない。

これを東京都立図書館の「都内図書館統合検索」により，検索先を東京都立図書館，区立図書館，市町村立図書館に指定のうえ所蔵状況を調べたところ，都立中央図書館に 1 冊が所蔵されていることが分かった。なお，同書は「国立国会図書館デジタルコレクション」に収録されており，図書館・個人への送信可能な資料である。

冊子体による場合，書名が宛字らしいので，まず『宛字外来語辞典』(*210*)で読みを確かめる。同書「Ⅱ　地名」編の「A　一般外国地名」のもとに〈西比利亜　シベリア　シベリー　シベリー　シペリー　サイベリア〉がある。

旧幕臣で，駐露公使になった榎本武揚の日記であるとすれば，日本歴史関係の解題書誌が参考になると推定し，『日本の参考図書　解説総覧』(*101n*)の「事項索引」によって，〈日本-歴史〉のもとの書誌類を探索する。その結果，"近代史関係の充実した"『国史文献解説』(遠藤元男，下村富士男　朝倉書店　1957-65)があるという手がかりを得た。

同書続編の「主要書目索引」を手がかりに本文項目を見ると，〈しべり

やにっき　西比利亜日記　刊本1冊〉の見出しのもとに，以下の解説がある。すなわち，"原本は海軍中将榎本武揚(1836 – 1908)が特命全権公使としてロシアのペテルブルグの日本公使館に駐在5年の後，明治11年(1878)の帰国に際して，7月26日にペテルブルグ出発からシベリヤを横断して9月29日にウラジオストックに到着するまでの自筆の日記。大小2冊のノートに毛筆で書かれている。久しく知られずにいたが，昭和10年(1935)に榎本家の執事によって発見され，昭和18年に広瀬彦太編「西比利亜日記」として紹介され活字化された"とある。

　なお，『国史文献解説』およびその続編は「国立国会図書館デジタルコレクション」にも収録され，図書館・個人送信可資料となっている。

7.3.3　地球温暖化に関する本は？

　一般人向きに書かれた地球温暖化関係の本で，2022年以降に出版されたものを2, 3点選びたい。どんな本があるのか確かめるとともに，それらが愛知県内の公共図書館で所蔵されているかどうかを調べるには何を使えばよいか。

[解]　「国立国会図書館オンライン」で「件名検索」をするために，まず「Web NDL Authorities」で〈地球温暖化〉が件名であることを確認する。同ページからリンク検索をすると，836点がヒットする。このうち2022年以降の出版物41点に絞る。ただし，これらのなかから一般人向きのものを選ぶのはやや困難である。

　冊子体の場合，すでに終刊となってしまったが，『選定図書総目録』(**706**)で巻末の「件名索引」により〈地球温暖化〉を手がかりにすると，本文で書誌事項を確認することができる。これらには解題，利用対象(一般向き，青年向，大学生など)が付されている。日本図書館協会の図書選定委員会によって選ばれたものであるから，選択のための一つの判断基準として参考になったと考えられる。

　また，愛知県内図書館での所蔵の有無を調べるには，「愛知県図書館」(https://www.aichi-pref-library.jp/)からリンクが張られている「愛知県内図

書館横断検索」を使えばよい。

7.3.4　審議会報告書の内容は？

かつて産業構造審議会関係の分科会において，数年後を展望して，2000年の情報産業のビジョンをまとめた報告書が作成されたとのことだが，それはどんな内容の報告書で，いくらで頒布されたか。

解　「国立国会図書館オンライン」の「詳細検索」により，タイトルに〈2000年　情報産業〉を入力・検索したところ，タイトル〈2000年の情報産業ビジョン〉，責任表示〈通商産業省〉，出版者〈通商産業調査会〉，出版年〈1987年 9 月〉，頁数〈163p〉，価格〈1300 円〉が得られた。しかし，内容は分からない。

そこで，この内容を調べるのに適したツールを選ぶために，『日本の参考図書』(*101*)を参照して，『官庁資料要覧』（政府資料等普及調査会）を選んで利用することにした。

その結果，『官庁資料要覧』により，その 1987 年版の〈通商産業省〉のもとを探したところ，以下の記述があった。

　　2000 年の情報産業ビジョン（産業構造審議会情報産業部会基本政策小委員会長期展望分科会報告書）　通商産業省機械情報産業局
　　1987.6　A4　47p

この内容は，"情報産業が将来わが国経済社会のなかでどのような発展方向をたどり，また，どのような役割を果たしていくかについて，産業構造的，マクロ的な観点をふまえつつ分析し，そのビジョンをとりまとめたもの"と解説されており，各章の見出しも添えられている。"発行：通商産業調査会　¥1300"とあるから，同調査会によって市販されていたことが分かる。ただし，既述の資料より前に発行されており，ページ数も少ない。

なお，『官庁資料要覧』1987 年版は，「国立国会図書館デジタルコレクション」にも収録され，図書館・個人送信可資料となっている。

7.3.5　『解体新書』の所蔵館は？

　杉田玄白らによって訳された『解体新書』の原著者は，どこの国の何という人か。また，『解体新書』のなかの解剖図は誰が描いたものか。なお，これはその後完訳され，『重訂解体新書』として公刊されたといわれるが，こちらは現在どこに所蔵されているか。

[解]　「コトバンク」を〈解体新書〉で検索すると，「日本大百科全書(ニッポニカ)」，「ブリタニカ国際大百科事典　小項目事典」，「世界大百科事典　第2版」など複数の事典の項目が表示される。「日本大百科全書(ニッポニカ)」によると，"『ターヘル・アナトミア』とよばれている原書は，正しくは，ドイツのクルムス Johann Adam Kulmus が 1722 年に著した『解剖図譜』Anatomische Tabellen を，ライデンのディクテン Gerardus Dicten がオランダ語訳した『Ontleedkundige Tafelen』(1741)で，杉田玄白らが依拠したのはその第 2 版であった"と説明される。図譜は"小田野直武が描き，原書は銅版であるが，本書は木版である"。「ブリタニカ」では，"原書はクルムスの著した "Anatomische Tabellen" 第 3 版の蘭訳本"とある。

　『重訂解体新書』の所在については，「国立国会図書館オンライン」，「CiNii Books」，「国書データベース」で調べられる。

　冊子体の場合，『世界名著大事典』(**708**)によると，その〈解体新書〉の見出し語のもとに，つぎの説明がある。"ドイツの医学者クルムス Johann Adam Kulmus(1687〜1745)が著した《解剖図譜》Anatomische Tabellen をそのオランダ語訳本から重訳したもの。…付図の解剖図は秋田藩の絵師小田野直武がクルムスの解剖書の解剖図のほか 5 種の西洋解剖書の付図を模写し，木版に起こしたもの"とある。

　また『世界大百科事典』(**301**)の〈解体新書〉のもとでは，"当時「ターヘル・アナトミア」と俗称されたドイツ人クルムス J. Kulmus の解剖書の蘭訳本(1734 刊)を日本訳したもの…なお，本書の付図は平賀源内に洋風画の手ほどきを受けた秋田藩士小田野直武が洋書の銅版画を面相筆で丹念に写したものを木版画にしている"と解説されている。

　『重訂解体新書』の所在確認のため，『国書総目録』(**740**)から同書名を

探したところ，その記入のもとに所在指示がなされており，文政 9 年の版本が内閣文庫その他に所蔵されていることが分かる。

7.3.6　質問と解答例

a)　質問

[Q7-1]　1980 年代に出版されたという『や』という書名の本の著者は誰か。また，これはどの分野の本で，いつ，どこの出版者から発行されたか。

[Q7-2]　1986〜88 年に頃に出版された『ネコとイヌがやってきた』というハヤカワ文庫に入っている翻訳書があるらしい。この原著者名，原書名および内容が分かれば知りたい。

[Q7-3]　*Dealing with Emergencies* という救急ケアに関する図書の和訳書があるか。訳書があれば，その著者名，訳者名は誰か。また愛知，岐阜，三重 3 県の大学図書館のうち，その所蔵館があれば知りたい。

[Q7-4]　『金郷春の夕栄』の著者名およびこの作品を所蔵しているところはどこか知りたい。

[Q7-5]　日本物理学会編の『原子力発電の諸問題』は，チェルノブイリ原子炉の事故についても取りあげているか。

[Q7-6]　『敵討義女英』という作品を読みたいが，単行本では見あたらなかった。これは全集か何かに収められてはいないだろうか。

[Q7-7]　『赤毛連盟』はコナン・ドイルの作品らしいが，ほかに，これと類似の題名で訳出されている同作品がなかっただろうか。合わせて，その原題名も知りたい。

[Q7-8]　1976 年に東京都の渉外観光部で翻訳した『米国の都市財政問題』

の原著者名および原書名を知りたい。

Q7-9　　法学の立場から脳死と臓器移植の研究をまとめた本が 1988 年ないしは 89 年に出版されていたはずだが，何という書名で，著者は誰であったか。

Q7-10　　二葉亭四迷の『浮雲』（金港堂出版）は総ルビで，変体仮名を混ぜた活字で印刷されているそうだが，その本文を見るにはどうすればよいか。

b)　解答例

A7-1　　「国立国会図書館オンライン」の「詳細検索」により，〈資料種別〉を〈図書〉，タイトルに〈／や／〉を入力して検索する（〈や〉1 字では検索できない。／は全角）。その結果，3 点が得られた。そのうち，1980 年代に出版されたのは『や：句集』（戸松九里著　東京四季出版　1989）のみである。

　冊子体の場合，『日本全国書誌』（*702*）「索引 1990（14－25 号）」を手がかりにして，以下の記述を求める。この副書名によって〈句集〉であることが分かる。

　　　や　句集　戸松九里著　東京　東京四季出版　1989.7　119p　20cm（新
　　　進作家シリーズ）

A7-2　　「国立国会図書館オンライン」の「詳細検索」により，タイトル〈ネコ　イヌ〉，出版者〈早川〉を入力して検索できるが，タイトルは『イヌとネコがやってきた』である。また，内容の解説はない。そこで，「Webcat Plus」の「一致検索」で同様に入力し，さらに〈概要〉にチェックを入れると，著者名原綴，原書名とともに，簡単だが内容の紹介がある。

　冊子体の場合，『ブックページ：本の年鑑』（現在は『Book page』）（*704*）1988 年版の〈動物・ペット〉のもとに "『イヌとネコがやってきた』ペイリング，ジョン著，増井久代訳　早川書房（ハヤカワ文庫 NF）" の記入があり，その要旨が 11 行分記載されている。したがって，質問の『ネコとイヌが…』は誤りである。ただし，著者の原綴り名，原書名は記載されていないので，『翻訳図書目録　'84/88』（*726*）「Ⅱ　科学・技術・産業」によって，以下の記述

を得た。

　Paling, John　ペイリング，ジョン

　SNOWY & CO（イヌとネコがやってきた）

　ジョン・ペイリング著　増井久代訳　早川書店　'87.7　296p　15cm（ハヤ
　　カワ文庫 NF）　460円

A7-3　「CiNii Books」あるいは「CiNii Research」の「大学図書館の本をさが
す」のタイトルに〈Dealing with emergencies〉を入力して検索したところ，こ
の原書の書誌データと並んで，訳書『救急ケアの実際』（Jean Robinson, Barbara
McVan 編；真栄城優夫［ほか］訳　メヂカルフレンド社　1983）が得られた。
この所蔵館のうち，上記3県の所蔵館は愛知医大，岐阜大学，三重大学の図
書館である。

　この場合，インターネットでは簡単な検索も，冊子体ではかなり手間取っ
てしまう。まず『翻訳図書目録』（*726*）1977 – 84 の「II　科学・技術・産業」
の「原書名索引」によって，同書名の見出しを手がかりにし，著者の
McVan, Barbara および Robinson, Jean を確かめる。そのうえで，McVan,
Barbara のもとを見たところ，著者名，訳書名，監訳者名などが判明した。
これらの所在を確かめるのに使えそうな冊子体の総合目録はない。

A7-4　「国立国会図書館オンライン」の「詳細検索」で，タイトルに〈金郷
春の夕栄〉を入力して検索したところ，1点あった。それには"タイトル〈金
郷春の夕栄：一名・金毘羅奇談〉，タイトル読み〈コガネ　ノ　サト　ハル
ノ　ユウバエ：イチメイ　コンピラ　キダン〉，責任表示〈猿赤居士編〉，出
版地〈琴平町（香川県）〉，出版者〈琴平活版所〉，出版年〈明 26.5〉"とある。
「国立国会図書館デジタルコレクション」にも収録され，インターネットで
公開されている。また，「国立国会図書館オンライン」によれば，『洒落本大
成　第 29 巻』にも収載されていることが分かる。著者名の読みかたについ
ては，「国立国会図書館典拠データ検索・提供サービス」（Web NDL
Authorities）ではカナ読みとして"エンシャク コジ"と掲載されている。

　また，「CiNii Books」のタイトルに〈金郷春の夕栄〉を入力すると，1点

あり，“タイトル〈金郷春夕栄：金比羅奇談一名〉，著者〈日柳，燕石（クサナギ，エンセキ）［猿赤居士戯編]〉，出版者〈燕石會〉，出版年〈1921.5〉”とあった。所蔵は関西大学である。

　同じく「国文学研究資料館」の「国書データベース」でも検索できる。これによれば，猿赤居士（えんせきこじ）は日柳燕石（くさなぎえんせき）の別称と分かる。また，この作品は活字版が『日柳燕石全集』，『日本名著全集洒落本集』に収載されていることが分かる。

　冊子体の場合，『日本古典文学大辞典』（*357*）の「難音訓一覧」によって，作品の読みが〈こがねのさとはるのゆうばえ〉であることを知る。また，『国書総目録』（*740*）によって書誌データ，所在，活字版などについて調べることができる。

[A7-5]　「Webcat Plus」の「一致検索」により，タイトル〈原子力発電の諸問題〉で検索したところ，“日本物理学会編　東海大学出版会　1988”の同タイトルが検索できた。〈目次〉欄に「BOOK データベース」よりとして，7章の目次が列挙され，補章が“チェルノブイリ原子炉の事故”である。「カーリル」では目次情報はないが，「openBD」出典として，あらすじが掲載されている。ただし，チェルノブイリ原子炉の事故についての記載はない。

　冊子体の場合，『ブックページ：本の年鑑』（*704*）1989 年版の「書名索引」により，同書の記述を見つける。その要旨によれば，全7章の目次があげられており，補章が“チェルノブイリ原子炉の事故”である。

[A7-6]　「国立国会図書館オンライン」の「詳細検索」のタイトルに〈敵討義女英〉を入力して検索したところ，“江戸の戯作絵本　第4巻／小池正胤　社会思想社　1983.3 −　（現代教養文庫，1040）”が得られた。この内容細目によって『敵討義女英』が含まれていることが判明。寛政 7（1795）年刊の和古書が「国立国会図書館デジタルコレクション」からインターネットで公開されていることも分かった。

　冊子体の場合，『全集・叢書細目総覧』（*731*）の索引により，〈かたきうちぎじょのはなぶさ〉を手がかりにして，「古典編」のなかの『日本古典文学

大系』に収蔵されていることを知る。また『日本古典文学大辞典』(*357*)によれば，翻刻として，このほかに“現代教養文庫『江戸の戯作絵本(四)』”をあげている。

A7-7 「Webcat Plus」の「一致検索 / 本を検索」により，タイトル〈赤毛〉，著者〈ドイル〉で検索したところ，36 点が表示される。その多くは「赤毛連盟」というタイトルである。ほかに「赤毛連盟のなぞ」，「なぞの赤毛連盟」，「赤毛クラブ」，「赤毛クラブの秘密」，「赤毛組合」，「赤毛軍団のひみつ」，「赤毛同盟」をタイトルとするものがある。“名探偵ホームズ赤毛組合 / 日暮雅通訳;青山浩行絵，講談社，2010.11”の書誌データには書名別名として“The red-headed league”と記載されている。同じく「Webcat Plus」の「一致検索 / 作品を検索」でキーワード〈赤毛〉，著作者名〈ドイル〉で検索すると，図書に短編として収載された 23 点が表示される。

　冊子体の場合，『明治大正昭和翻訳文学目録』(*727*)によると，〈ドイル Doyle, Arthur Conan(1859 - 1930)　イギリス〉のもとに，「赤髪組合」，「赤髪社」，「紅髪社事件」，「赤髪者聯盟」，「赤髪聯盟」，「赤毛組合」，「赤毛連盟」などがある。なお，原題名〈The adventure of the red-headed league〉とあるが，〈The adventure of〉は訳者によって付与されたもの。

A7-8 「国立国会図書館オンライン」の「詳細検索」により，タイトルを入力すると，『米国の都市財政問題』を検索することができるとともに，原著者名，原書名も確認できる。同書は「国立国会図書館デジタルコレクション」にも収録され，図書館・個人送信可資料となっている。

　冊子体の場合，『全日本出版物総目録』(*701*)を使い，その昭和 51 年版によれば，「東京都」のもとに「総務局」の小見出しがあり，そのもとに以下の記述がある。

　　米国の都市財政問題　Robert B. Pettengill, Jogindar S. Uppal 著　渉外観光部訳　渉外観光部外事課　175p　25cm　『Can cities survive? The fiscal plight of American cities』を訳出したもの。

A7-9 　「Webcat Plus」の「連想検索」により，タイトル〈脳死　臓器移植〉を入力したが，26,314 点あり，出版年で絞ろうとしても〈1970 年以降〉という選択肢しかない。そこで，「一致検索」のタイトルに〈脳死　臓器移植〉，出版年に〈1987-1990〉を入力して検索したところ，22 点ヒットした。さらにフリーワードに〈法〉を入力して絞り込むと 7 点が残った。そのうち，『臓器移植と脳死の法的研究』（唄孝一　岩波書店　1988）には「BOOK データベース」からの目次情報として，巻末に"臓器移植と脳死に関する年表"とある。ほかには，『脳死と臓器移植』（慶應義塾大学法学部法律学科加藤久雄研究会編　加藤久雄研究会　1990），『脳死・臓器移植と法』（中山研一　成文堂 1989），『脳死と臓器移植』（国立国会図書館調査及び立法考査局編　国立国会図書館　1989），『刑法における生命の保護』（斎藤誠二　多賀　1987）が検索された。また，「国立国会図書館オンライン」の「詳細検索」で件名に〈脳死　移植(医学)〉，キーワードに〈法〉，出版年に〈1987-1990〉を入力すると，2 点，前掲の『脳死・臓器移植と法』と新たに『脳死を学ぶ』（唄孝一　日本評論社　1989）が検索された。

　冊子体では，『日本件名図書目録』(**706**)を使う。その 1988 年版により，〈移植(医学)〉という件名のもとに，以下の記述を見つけた。

　　臓器移植と脳死の法的研究－イギリスの 25 年　唄 孝一著
　　　　東京　岩波書店　1988.4　433, 22p　22cm(巻末：臓器移植と脳死に関する年表)

A7-10 　「国立国会図書館オンライン」の「詳細検索」により，タイトル〈浮雲〉，出版者〈金港堂〉で検索すると，1 点がヒットし，明治 20 － 24 年に出版された二葉亭四迷著『新編浮雲』であることを確認する。第 1 編から第 3 編までの 3 冊で構成されており，マイクロフィッシュ化されている。さらに各編別にデジタル化されインターネット公開もされていることが確認できたので，これによって本文の画像を見ると，確かに，同書は，総ルビで，変体仮名混じりの印刷である。

　冊子体の場合，『国立国会図書館蔵書目録　明治期』(**738**)の「著者名索引」から〈二葉亭四迷(新編浮雲)〉で検索することになる。なお，この場合

J-BISC(CD-ROM 版あるいは DVD-ROM 版)があれば，容易に検索できることはいうまでもない。

　その結果，本文の“新編浮雲　二葉亭四迷著　東京　金港堂　明 20 - 24 3 冊”への手がかりが得られるが，印刷について調べるだけならば，復刻版でもよい。

　そこで，『国立国会図書館蔵書目録』(*737*)の「書名索引」から『浮雲』の復刻版を探すことにしたところ,同目録の「昭和 23 - 43 年」のセットにより，以下の復刻版があることが分かった。

　　近代文学館　名著複刻全集［7］　東京　日本近代文学館　図書月報(発売)2 冊　19cm

　　金港堂　明治 20 - 21 年刊［7］　浮雲　二葉亭四迷著

　したがって，活字の点検だけならば，原本に代わりにこれを利用することもできる。

第 8 章
新聞・雑誌の探索

8.1　何を求めるか

　同一紙(誌)名のもとに，ある間隔をおいて分冊のかたちで継続的に発行される印刷物がある。これらは逐次刊行物と総称され，図書と区別される。逐次刊行物には，新聞，雑誌，年鑑などのように，一定の間隔で定期的に発行されるものと，会議録，研究報告などのように，必ずしも一定しない間隔をおいて発行されるものとがある。前者は定期刊行物であり，後者は不定期刊行物である。

　本章では，代表的な定期刊行物として新聞・雑誌を取りあげ，それらに関する探索の問題を扱うことにする。不定期刊行物も類似の探索方法が適用できることが多い。なお，年鑑の探索については第Ⅱ部第4章で取りあげている。

8.1.1　新聞・雑誌にどんな種類があるか

　新聞はニュース，論説，解説，娯楽，さらに広告などを記事として掲載し，日刊，半週刊，週刊などの頻度で発行される一種の定期刊行物である。政治，文化，社会などの諸問題，事件などにわたって広く報道する一般紙のほか，業界紙，機関紙，娯楽紙，宣伝紙など，それぞれの編集方針と購読対象を設定した新聞がある。いずれも最新の関心事を記事として編集掲載しているところに特色がある。

　雑誌にも，一般誌あるいは総合誌といわれるもののほかに，専門分野を決めたいわゆる専門誌が数多く存在する。専門誌は，たとえば，経済関係の洋雑誌というように，主題分野および使用言語によって類別される。また，その発行者によって，業界誌，学協会誌，官公庁刊行誌，同人誌，社内報などの種類があげられる。さらに週刊誌，月刊誌，季刊誌など発行頻度によって，

あるいは専門家向け，学生向け，児童向け，幼児向けなど利用対象によって類別されることもある。

　新聞・雑誌の種類に関する質問例には，〈英語学習者向けの新聞にはどんなものがあるか〉，〈パソコン関連誌としては，どんな雑誌があるか〉，〈俳句の同人誌には，どんなものがあるか〉などがある。いずれも一連の紙誌名をあげて回答される。

8.1.2　どんな新聞・雑誌か

　〈どんな新聞か〉，〈どんな雑誌か〉など，個別の紙誌の性格が問われる場合には，編集方針を調べるとか，その紙誌についての解説を求めることによって回答すればよい。逐次刊行物は，大抵それぞれの編集方針に基づいて専門分野，記事収載の条件，発行頻度などが決められているからである。ただし，その編集方針が実際の紙誌面にどのように反映しているのかは，現物を検討するほかはない。

　しかし，現物が手もとになかったり，紙誌数が多くなったりすると，編集方針を調べること自体，大変手間のかかる作業となる。したがって，実際に個々の逐次刊行物の性格をくわしく調べることはまれであり，多くの場合，書誌データによって，その性格が推定されることになる。

　逐次刊行物の書誌データは紙(誌)名(タイトル)，編集・発行者名，創刊日付，発行頻度などである。新聞・雑誌は継続発行中に改題されたり，編集者，発行者が交代したり，発行頻度が変更されたりすることがあるので，その書誌データは図書の場合ほど単純ではない。たとえば，〈『京都法学会雑誌』はいつから『法学論叢』になったか〉といった誌名変更に基づいて書誌的来歴を調べることを必要とする質問は少なくない。

　また〈『法学論叢』というタイトルの雑誌は何種類かあるようだが，それぞれの発行者名，創刊年を知りたい〉など，しばしば同一誌名で複数の雑誌が発行されているために，特定化する必要上，書誌データの確認が求められることがある。

　永い伝統のある新聞や雑誌の場合でさえ，途中しばしば休刊，中断など，紆余曲折があり，簡単に確かめられそうな書誌データが意外に複雑であった

と思い知らされることがある。ましてや創刊されて間もなく消えていったような短命で発行部数の少ない新聞や雑誌について，どんなものであったかを確かめようとする場合，その存在自体が不確かであり，単に書誌データの確認をするだけでも手間取ることがある。とくに，新聞・雑誌の終刊年月の確認にはしばしば難渋する。

8.1.3　論文・記事はどこに載っているか

　新しい新聞や雑誌の利用に際しては，全体にわたってざっと目をとおし，関心のありそうな記事の拾い読みをするのが普通である。しかし，後日，これらを利用しようとする場合には，一紙（誌）全体に目を通すのではなく，むしろ，そのなかの特定の記事に関心が向けられる。たとえば，〈安楽死について書かれた雑誌論文があるか〉とか，〈犬について書かれた安岡章太郎の随筆が何かの雑誌に載っていたと思うが…〉といった，特定のテーマに関する論文とか，特定の著者による記事とかが求められる。

　こうした論文・記事を探そうとする場合，収載誌名が特定できないと，意外に手こずることがある。それは，主として論文・記事の多さによる。たとえば，1冊の雑誌をとっても，その1号には数編の記事があり，それが数号集まって1巻になり，さらに継続発行され，数巻，数十巻になることによって，記事数はどんどん増えてゆく。

　したがって，たとえば，〈吉野作造が『中央公論』に「憲政の本義を説いて其の有終の美を済すの途を論ず」を寄稿したのはいつか〉というような，探している論文とか記事が特定されており，しかも収載されている雑誌名がはっきりしている場合でも，創刊年の古い雑誌であれば，その目次から手がかりを求めようとしても，いつごろ発表されたものか分かっていないと，所収箇所を確かめるのに手間取ることがある。

　しかし，特定の記事名が分かっていて，それが何という雑誌の何巻何号（あるいは何年何月号）に載っているかを調べようとする場合，インターネット上のデータベースを利用することができれば，簡単に確かめられるかもしれない。それで見つからないとなると，時間をかけても徒労に終わるおそれが多分にある。記事名から推定してどんな関係の雑誌記事であるかを判断でき

たとしても，発表の時期が推定できないと探索の範囲を絞ることは容易ではない。

　雑誌の種類は問わないが，ある特定の人が寄稿した論文はないかとか，とくに，ある特定のことがらについて書かれた記事をできるだけたくさん集めるにはどうすればよいかといった質問の場合は，あらかじめ探索の範囲を決めておかないと無駄な探索に時間を費やしてしまいがちである。したがって，こうした場合は，あらかじめ主題分野，探索期間，収載雑誌の種類など，範囲を絞ってから探索に着手する必要がある。

8.1.4　どんな内容の論文・記事か

　あらためて述べるまでもなく，新聞・雑誌の発行点数はおびただしい数にのぼっている。それにともなって，論文記事数もいちじるしく増加している。したがって，かなりテーマを絞ったうえで関係のありそうな論文・記事を探したとしても，関係論文や記事があまりにも多すぎて，当惑することにもなりかねない。

　こうした場合，たくさんの論文や記事のなかから読むべきものを選ぶ際に参考になるものがあればよい。図書については，解題書誌や書評を使うことによってその内容を知る手がかりが得られるが，雑誌論文についても内容を知る手がかりを与えてくれるツールがあるだろうか。ないとはいえないが，比較的限られている。しかし，幸い論文・記事の場合には，そのタイトルや収載誌名によって，かなりの程度内容の推定が可能である。

8.1.5　新聞・雑誌の所在はどこか

　〈『万朝報』という新聞はどこにあるか〉，〈『反省会雑誌』はどこの図書館に所蔵されているか〉といった新聞・雑誌の所在(所蔵館)を確かめようとする質問も少なくない。また，たとえば，〈巌谷小波の「旅に生き旅に死ぬ」という記事は何という雑誌にいつ載ったか〉という質問は記事の書誌データを求めるものであるが，記事を収載している雑誌の誌名，巻号が確認できたとしても，それで探索が完結しないことがある。この種の質問の究極の目的は現物を入手することであり，書誌データはその手がかりを得るために求め

られたにすぎないかもしれない。また雑誌記事としてではなくても，それが図書などに編集され，その一部として転載されているものであってもよい場合がある。

　新聞・雑誌を探したことのある人ならば，書誌データを手がかりにして，その特定の号を利用しようとすると，雑誌そのものが図書館に所蔵されていなかったり，所蔵されているはずの雑誌でも，たまたま読みたい部分が欠けていたりして，失望させられた経験があるのではなかろうか。

　このように，新聞・雑誌の場合，簡単に探せそうに思っていても，期待どおりに目指す特定の巻号が入手できず，探索に手こずることがある。

8.2　何を使って調べるか

8.2.1　インターネットを使う

a)　新聞・雑誌の検索

　新聞・雑誌の検索については，図書の検索ツールと共通するところがある。たとえば，国立情報学研究所（NII）の「CiNii Books」（https://ci.nii.ac.jp/books/）や「Webcat Plus」（http://webcatplus.nii.ac.jp/）で雑誌の検索ができる。また，「国立国会図書館オンライン」で新聞・雑誌の検索ができるし，その他の図書館の OPAC によっても所蔵紙誌の検索はできる。とくに，総合目録は複数の所蔵箇所を対象に横断検索をすることができる点で便利である。

　かつては国立国会図書館の「全国新聞総合目録データベース」（選 p.194）があり，全国の約 1,200 機関における新聞（原紙，復刻版，縮刷版，マイクロ資料など）の所蔵状況を調べることができた。しかし，現在は廃止となり，2021 年 3 月 31 日時点でのデータが国立国会図書館「リサーチ・ナビ」のもと「新聞の所蔵機関を調べるには」（https://rnavi.ndl.go.jp/jp/newspapers/theme_honbun_700037.html#3）からリンクが張られた先で参照できる。同ページには特定地域の新聞所蔵について調べられるリンク集もある。

b)　新聞記事の検索

　新聞関係の情報要求は，それらのタイトル（紙名）に対してよりは，それに収載されている記事の方に集中する。最近の記事ならば，収録期間は短いが，

各新聞社のホームページにアクセスすればよい。たとえば，朝日新聞社の「asahi.com」（https://www.asahi.com/），日本経済新聞社の「日本経済新聞」（https://www.nikkei.com/），読売新聞社の「読売新聞オンライン」（https://www.yomiuri.co.jp/），毎日新聞社の「毎日新聞」（https://www.mainichi.jp），産経新聞社の「産経ニュース」（https://www.sankei.com/）などがある。

　もっとも，過去にさかのぼって記事を検索しようとするならば，有料とか，その他の条件があるために，利用環境が整っていないと，最新記事のように気軽に利用できないこともある。

　インターネット上では，複数紙の記事の横断検索ができたり，過去にさかのぼって記事にアクセスできたりする場合もある。たとえば，「日経テレコン」（会員制有料）は，日経紙のほか，一般全国紙，地方紙，多数の専門紙の記事を検索対象にしている。

　個別の新聞，たとえば，朝日新聞の場合，1985 年以降（縮刷版を含めると創刊の 1879（明治 12）年以降）の記事データベース「朝日新聞クロスサーチ・フォーライブラリー」（「聞蔵 II ビジュアル」から 2022 年 3 月に名称変更）によって最新の記事まで探すことができる。

c)　雑誌記事の検索

　後述の国立国会図書館から冊子のかたちで刊行されていた『雑誌記事索引』（*824*）は，CD-ROM 版として継続され，現在では「国立国会図書館オンライン」に収録され，論題名，著者名，収載雑誌名などを手がかりにして検索できるようになった。2019 年 11 月からはオンライン資料の雑誌記事索引データも提供されている。2021 年度末現在，累計で 1417 万 6908 件（うちオンライン資料は 2 万 4153 件）の記事データが収録されているという。採録中の誌数は 2023 年 2 月 28 日現在で 1 万 963 誌。「国立国会図書館サーチ」，つぎにあげる「CiNii Research」（https://cir.nii.ac.jp/）などの検索対象にもなっている。

　そのほかの無料で利用できるデータベースとして，国立情報学研究所の「CiNii Research」，科学技術振興機構（JST）の「J-STAGE」がある。「CiNii Research」は複数のデータベースから構成され，既述の「雑誌記事索引」，学術論文情報を対象とする「CiNii Articles」,「学術機関リポジトリデータベース」,「医中誌 Web」,「日本農学文献索引」などのほか，「CiNii Books」,「国

立国会図書館デジタルコレクション」も含まれる。書誌データだけではなく，リンクがあれば本文を読むことができる。

　「J-STAGE」では日本から発表される自然科学，人文科学，社会科学，学際領域のジャーナル，会議論文・要旨集，研究報告・技術報告を検索することができ，9割以上の記事を無料で閲覧できる。

　会員制の有料データベースにもさまざまな分野のものがあり，たとえば，第一法規「法情報総合データベース　D1-Law.com」，G-Search「J-Dream Ⅲ」，農山漁村文化協会「ルーラル電子図書館」，日外アソシエーツ「Magazine Plus」，皓星社「雑誌記事索引データベース　ざっさくプラス」などがある。

　「法情報総合データベース　D1-Law.com」(https://www.daiichihoki.co.jp/d1-law/)は現行法規，判例，法律・判例文献情報，「J-Dream Ⅲ」(https://jdream3.com/)は科学技術や医学・薬学関係の国内外の文献を提供する科学技術データベースであり，約9500万件の文献(2022年7月現在)を収録する。「ルーラル電子図書館」(https://lib.ruralnet.or.jp/)では農業情報を提供する。「皓星社」(https://www.libro-koseisha.co.jp/)の「ざっさくプラス」では，明治初期から現在まで，約150年間の雑誌記事・論文を検索対象としている。データ件数は2019年5月現在で約2600万件。国会図書館「雑誌記事索引」ほか複数のデータベースとの連携により，最大で約3700万件が検索可能とされる。

　また，日外アソシエーツの「Magazine Plus」(https://www.nichigai.co.jp/database/mag-plus.html)を利用できる環境を整えた図書館ならば，国立国会図書館の「雑誌記事索引」の索引対象誌の記事に加えて，一般誌，業界誌，大学紀要や研究報告，学術論文，地方史誌等，論文・記事のデータを検索することができる。2016年からは戦前期の雑誌も索引対象となる。2022年7月現在，約2142万件の論文・記事を収録する。

　そのほか，上述の「日経テレコン」では，新聞のほか，ビジネス誌，一般誌，各種専門誌を検索対象としており，記事はテキストのほか，PDF形式の紙面・誌面イメージでも提供されている。

d)　書評の検索

　書評は，多くの場合，新聞や雑誌の記事として掲載される。したがって，雑誌記事としての書評は『雑誌記事索引』(*824*)およびそれを継続するCD-

ROM 版あるいは「国立国会図書館オンライン」から検索できるものもある。

その他の記事索引，たとえば『大宅壮一文庫雑誌記事索引総目録』(*827*) およびその CD-ROM 版，Web 版 (*827n*)，さらに日外アソシエーツの「Magazine Plus」も書評を索引対象としている。

書評は対象とする図書が出版されてから数週間以内に新聞・雑誌の書評欄，とくに書評・出版関係の紙誌に掲載されることが多く，その書評への関心は新しいものに集中しがちである。

そのため，書評を対象に継続発行されていた『書評年報』(*835*)のような「書評索引」(選 8.6.3)を使う機会は少なくなり，新しい書評はインターネット上で検索しようと試みるのが一般的になった。たとえば，「朝日新聞デジタル 好書好日＞書評」(https://book.asahi.com/reviews/)，「毎日新聞＞カルチャー＞本・書評」(https://mainichi.jp/book/)，「産経新聞＞ライフ＞本」(https://www.sankei.com/life/books/)，「読売新聞＞本よみうり堂＞書評」(https://www.yomiuri.co.jp/culture/book/review/)の新聞書評などがある。

さらに，「ALL REVIEWS」(https://allreviews.jp/)，「Book Bang ブックバン」(https://www.bookbang.jp/)などによって新聞・雑誌の書評を探すこともできる。

8.2.2　新聞・雑誌目録を使う

新聞・雑誌の書誌データ(紙誌名，編集・発行者名，創刊日付，発行頻度など)や価格を確かめるためには，それらを収録した「逐次刊行物リスト」(選 8.1)，たとえば『雑誌新聞総かたろぐ』(*801*)，同 CD-ROM を使えばよい。ただし，2019 年版を最後に刊行されていない。

新聞・雑誌の書誌データについては，大規模図書館の「逐次刊行物目録」(選 8.2)，たとえば『国立国会図書館所蔵国内逐次刊行物目録』(*805*)，あるいは全国的な「逐次刊行物総合目録」(選 8.3)，たとえば『学術雑誌総合目録』(*807*)が使われてきた。これには CD-ROM もつくられたが，既述のように，現在ではデータベースが利用されている。すなわち，前者は「国立国会図書館オンライン」で，後者は「CiNii Books」で検索することができる。

また規模は小さくても特色のある個別の逐次刊行物コレクションがある。

これらの目録には，国立国会図書館が所蔵していないような新聞・雑誌を収録していることがある。たとえば『明治新聞雑誌文庫所蔵雑誌目録』(**806**)および同『新聞目録』(**806n**)は，明治期の新聞・雑誌の書誌データを求める際には有用である。これも現在では「明探(明治新聞雑誌文庫所蔵検索システム)」(http://www.meitan.j.u-tokyo.ac.jp/)として，明治期から昭和戦前期(1868 - 1945)の新聞等の所蔵情報がデータベース化されている。雑誌・図書については同システムからもアクセスできる「東京大学 OPAC(東大 OPAC)」を利用する。

8.2.3　新聞縮刷版・記事総覧・ニュースダイジェストを使う

　過去の新聞記事をさかのぼって探索するツールとして CD-ROM 版の「朝日新聞戦前紙面データベース」の「昭和元年 - 9 年編」，「昭和 10 年 - 20 年編」がある。これによって第二次世界大戦終了時までの記事等を検索することができる。戦後については縮刷版の索引見出しを収録した CD-ROM 版「朝日新聞戦後見出しデータベース 1945 - 1999」があるから，これによって見たい記事の所在箇所を確認してから冊子体の縮刷版を利用するのがよい。

　『朝日新聞』には，「朝日新聞クロスサーチ」(https://xsearch.asahi.com/)(有料)(選 p.195)として以下のオンラインデータベースもある。

1)「朝日新聞縮刷版　明治・大正紙面データベース(1879 - 1926)」
2)「朝日新聞縮刷版　昭和戦前紙面データベース(1926 - 1945)」
3)「朝日新聞縮刷版　昭和戦後紙面データベース(1945 - 1989)」，「平成(〜 11 年)紙面データベース(1989 - 1999)」
4)「朝日新聞 1985〜　全文記事データベース」
5)「人物データベース」ほか

　1)〜3)は PDF ファイルで紙面イメージのかたちで閲覧できる。3),4)は「朝日新聞クロスサーチ」の基本コンテンツ，1)と 2)はオプションとして提供され，いずれも号外や広告の検索もできる。

　また読売新聞は，明治 7 年の創刊以来の記事を「明治の読売新聞」，「大正の読売新聞」，「昭和の読売新聞」などに分けた CD-ROM 版にまとめているほか，「ヨミダス歴史館」(https://database.yomiuri.co.jp/)(有料)(選 p.196)と

して，以下のオンラインデータベースを利用できるようにしている。

1)「明治・大正・昭和」（1874 – 1989 年の紙面）

2)「昭和の地域版」（1933 – 2001　電子画像）

3)「平成・令和」（1986 – 最新号の記事テキストと 2008 年以降切り抜き紙面，全文検索，キーワード検索などが可能）

4)「The Japan News」（1989 – 最新号の英字紙）

5)「現代人名録」

　毎日新聞は，「毎索（マイサク）」（https://mainichi.jp/contents/edu/maisaku/）（有料）（選 p.196）により，1872（明治 5）年の創刊号から現在までの，毎日新聞に掲載された記事を日付やキーワードで検索できるようにしている。こういったオンラインの新聞データベースを利用提供している図書館は少なくない。また，学校図書館向けの新聞データベース「朝日けんさくくん」，「ヨミダスfor スクール」，「毎索ジュニア」もある。

　記事全文データベースが利用できないような場合の選択として，冊子体の資料が利用できるとよい。たとえば，毎月の新聞原紙を 1 冊に縮刷製本した新聞縮刷版があれば，掲載紙と日付が分かっている場合は，求める記事は比較的探しやすい。縮刷版の目次は，多くの場合，分類方式で編成されており，記事索引に代わるほどの詳細さはないが，あらましの見当をつけ，本文の紙面と対照しながら利用するならば，結構役立つはずである。

　とくに，『朝日新聞縮刷版』は，1919 年 7 月から刊行されているが，毎号の目次集成としての『朝日新聞記事総覧』（選 p.197）が利用できるので，縮刷版の記事を検索するのに便利である。なお，多くの事件報道は同じ日付の他社の新聞でも記事にしていることが多いから，日付さえ判明すれば，それを手がかりにして，他社の新聞縮刷版を利用することも考えられる。

　掲載日付が不確かならば，あらかじめニュースダイジェストの類，たとえば『新聞集成』（*809*），『明治ニュース事典』（*810*），『大正ニュース事典』（*810n*），『昭和ニュース事典』（*810n*）などか，あるいは当該年間をカバーしている年表あるいは年鑑などを使って，当該の記事を掲載していると推定される日付を確かめるのがよい。日付を確かめたうえでならば，数多い縮刷版のなかからでも使うべき年月号を選ぶのは比較的容易である。

8.2.4 雑誌記事索引・総目次総索引を使う

　雑誌記事を探索する場合は「雑誌記事索引」（選 8.6）を使えばよい。とくに国立国会図書館の『雑誌記事索引』（*824*）は第二次世界大戦後の雑誌の包括的な記事索引であり，冊子体の刊行を中止してからは CD-ROM 版や，上述のように，「国立国会図書館オンライン」（*824n*）によって継続され，索引対象とされた雑誌の記事検索はきわめて容易にできるようになった。

　この索引対象から除外されている大衆誌，週刊誌などの記事を探すには『大宅壮一文庫雑誌記事索引総目録』（*827*），同 CD-ROM 版（*827n*）が有用である。この Web 版「Web OYA-bunko」（https://www.oya-bunko.com/）（有料）（*827n*）によれば，1988 年以降の雑誌記事を検索することができる（2023 年 7 月 18 日にリニューアルされ，検索対象は 1888 年以降の約 732 万件となった（2023 年 7 月現在））。

　第二次世界大戦前の雑誌記事は探しにくいが，大部な索引のセットがあることを紹介しておこう。それは『明治・大正・昭和前期雑誌記事索引集成』（選 p.204）である。このセット自体を所蔵している図書館は限られているから，一般の図書館で現物を目にする機会は少ないであろう。しかし版元である皓星社の「雑誌記事索引集成データベース　ざっさくプラス（明治大正昭和前期雑誌記事索引データベース）」（有料）（選 p.204）を利用すれば，第二次世界大戦前の記事へのよい手がかりを与えてくれるだろう。

　なお，学術雑誌収載の論文に限るならば，『明治前期学術雑誌論文記事総覧』（*832*）が当時の雑誌の記事索引として利用できる。その後，社会科学分野では，『社会科学論文総覧』（*833*）を戦前の雑誌記事索引として利用することができる。

　また，『大東亜戦争書誌』（*831*）は，第二次世界大戦期の多数の雑誌の記事を分類収録し，そのもとで五十音順に排列しているので，雑誌記事索引として利用することもできる。なお，この姉妹編『戦時下の言論』（*831n*）は，執筆者を明示した記事を検索するのに役立つ。

　さらに，『文芸年鑑』（*459*）は前年中に雑誌や新聞に収載された小説，詩などの文芸関係の作品を中心に「雑誌新聞掲載作品目録」として誌名ごとにリストしているので，関係作品を通覧するのに便利である（2005 年版から雑誌

掲載分のみ）。

　雑誌のタイトルが判明している場合には，「総目次・総索引」（選 8.5）を利用することも考えられる。とりわけ，『雑誌記事索引』が利用できない場合，たとえば第二次世界大戦以前に発行された雑誌の記事を調べる際には，しばしばその総目次はかけがえのない検索ツールとなる。

　総目次には単一誌の記事を対象にするものだけでなく，複数誌のそれを対象にするものがある。後者に属する「複数誌の総目次・総索引」（選 8.5.2）であって，しかも索引を付しているものであれば，とくに有用である。

　たとえば，『現代日本文芸総覧』（*823*）は大正期から昭和 20 年までの文芸，思想関係の約 150 誌の総目次であり，『明治文学研究文献総覧』（選 p.202）は明治期の文学関係雑誌の目次集である。

　ところで，どの雑誌に総目次あるいは総索引が付されているのか，いちいち記憶できるわけではない。したがって，必要に応じて，これらを探すためには，『日本雑誌総目次要覧』（*811*）とか，『国立国会図書館所蔵国内逐次刊行物目録』（*805*）の「雑誌総目次・総索引一覧」といった三次資料を使ってみる必要がある。

8.3　どのように探索するか

8.3.1　雑誌『初冠』と『赤壁』の関係は？

　竹馬吟社の『初冠』はどんな種類の雑誌で，いつごろ発行されていたか。これと『赤壁』という雑誌とは関係があるそうだが，どんな関係か。

解　「国立国会図書館オンライン」の「詳細検索」で〈雑誌〉を選択のうえ，タイトル〈初冠〉を入力・検索する。その読みは〈ウイコウブリ〉で，月刊誌，東京の竹馬吟社から出版されていることが分かる。出版年は不明。同館での所蔵は 80 号（大正 5 年 2 月）から 204 号（大正 5 年 8 月）。ただし多数欠号。「国立国会図書館デジタルコレクション」で公開されており，目次から内容は俳句関係と推察できる。また〈赤壁〉は〈アカカベ〉と〈セキヘキ〉の 2 種類があり，いずれもマイクロフィッシュで出版年は不明。

前者の出版事項には，［松阪］：三重県立松阪工業学校校友会文芸部と記されている。後者のタイトルは〈赤壁．俳句と俳画〉で月刊誌。函館の赤壁社から出版されている。同館での所蔵は復刊 1 巻 1 号（1946 年 3 月）－復刊 2 巻 7 号（1947 年 10 月）。欠号あり。しかし，〈初冠〉との関係は不明。

　「CiNii Books」の「詳細検索」で〈図書・雑誌〉を指定してタイトル〈初冠〉と入力・検索すると，副書名に〈月刊俳誌〉，出版は東京，竹馬吟社。〈赤壁〉はやはり〈アカカベ〉と〈セキヘキ〉があり，前者は出版地が東京，赤壁吟社，後者は函館，赤壁社から出版されている。前者は 2 館で所蔵されており，所蔵資料はそれぞれ 1928－1938 年および 1922－1939 年のもの。後者を所蔵する 2 館は 1946－1947 を所蔵している。〈初冠〉との関係は不明。

　「東京大学 OPAC」でも〈初冠〉を検索すると，〈うひ冠〉（ウイコウブリ）も表示され，これによれば，出版者が竹馬會本部，大日本竹馬會，竹馬會へと変更されたことが分かるが，〈赤壁〉との関係は不明。

　冊子体では『明治新聞雑誌文庫所蔵雑誌目録』（*806*）の「難読誌名一覧」7 画にある〈初冠　ういこうむり〉を手がかりにして本文を見ると，“初冠　東京　竹馬吟社　月刊　…昭 11.4「赤壁」と合併”とある。

　文学関係らしいので，『日本近代文学大事典』（*358*）第 5 巻「新聞・雑誌」を使って探すと，〈初冠　ういこうぶり〉の見出しのもとに，

　　俳句雑誌。明治 35.1 ～昭和 11.3　はじめ不定期刊行。明治 41.12 から月刊。森鴎州,板倉春波らを幹部とする竹馬会の句会を母胎として創刊。誌名は尾崎紅葉の命名。…昭和 11 年 4 月「赤壁」と合併した。

とある。しかし，『赤壁』については言及されていない。

　そこで，『日本の参考図書』（*101*）を使って安住敦等編『現代俳句大辞典』（明治書院　1980）を選び，その〈初冠 ういこうぶり〉の項目を見ると，“…昭和 11 年 3 月山田秋雨の「赤壁」に合併し，319 号で終刊となる”とあり，また，〈赤壁　せきへき〉のもとでは，“大正 5 年 12 月創刊。大正 7 年山田秋雨，昭和 14 年神保朋世継承。…昭和 48 年 3 月朋世スケッチ号以後休刊”とある。

8.3.2　『二六新報』発行の変遷は？

　『二六新報』は紙名変更を重ねながら，明治 20 年代から大正末期まで発行
されていたそうだが，どのような経過をたどったのか。また，その間，発行
元は変わらなかったのか。

[解]　「国立国会図書館オンライン」の「詳細検索」で〈新聞〉を選択のうえ，
〈二六新報〉を検索すると，9 点ヒットする。うち 4 点はマイクロフィルム，
2 点は復刻版である。出版年を見ていくと，明治 26 年 10 月 26 日から明
治 37 年 4 月 14 日にかけて発行されているものがもっとも古く，日刊，発
行は〈二六新報社〉。ただし，明治 28 年から明治 33 年にかけて欠号がある。
継続後誌にリンクが張られているので，リンクを利用してその書誌データ
を確認すると，タイトルは〈東京二六新聞〉，発行は〈二六社〉。同様に継
続後誌のリンクをたどっていくと，改題を重ね，発行者名を変更しながら
昭和 15 年 9 月 11 日まで発行され，以後廃刊とされていることが分かる。
　「明探(明治新聞雑誌文庫所蔵検索システム)」をタイトル〈二六新報〉
で検索すると，以下の書誌データが確認できる。

　二六新報　東京　二六社　日刊　明 26.10.26〜明 28.6
　　　　　　　　　　　　　休刊：明 28.7〜明 33.1
　二六新報　東京　二六新報社　日刊　明 33.2〜明 37.4.14　以後「東京
　　二六新聞」と改題
　東京二六新聞　東京　二六社　日刊　「二六新報」を改題　明 37.4.15〜
　　明 42.11.30　以後「二六新報」と改題　(明 38.9.12〜10.11 まで発禁)
　二六新報　東京　二六社　日刊「東京二六新聞」を改題・追号　明
　　42.12.1〜大 3.7.25
　二六新聞　東京　二六新聞社　日刊　「二六新報」を改題　大 3.7.26〜
　　大 3.11.19　以後「世界新聞」と改題
　世界新聞　東京　世界新聞社　日刊　「二六新聞」を改題　大 3.11.20〜
　　大 7.2.11 以後「二六新報」と改題
　二六新報　東京　二六新報社　日刊　「世界新聞」を改題・追号　大
　　7.2.12〜昭 15.9.11 以後廃刊

冊子体の『明治新聞雑誌文庫所蔵新聞目録』(*806n*)の「日本語新聞」の
もとにも，関係する記述が五十音順に排列されている。

　また，『日本近代文学大事典』(*358*)第 5 巻「新聞・雑誌」に〈二六新報〉
の見出しがあり，"二六社より明治 26.10.26 創刊。…28 年 7，8 月ごろ(月
日未詳)，経営不振で休刊。33 年 2 月 1 日(推定)再刊。社名を二六新報社
とする。…やがて政府批判の記事での発禁によって，明治 37 年 4 月 15 日
「東京二六新聞」と改題。社名は二六社となった。…42 年 12 月紙名を「二六
新報」に復した。…大正 3 年シーメンス事件にたいする山本権兵衛内閣批
判を執拗に続けて発禁。同年 7 月 26 日「二六新聞」と改題，許可されず，
同年 11 月 20 日「世界新聞」とふたたび改題…昭和 15 年 9 月 11 日付けを
もって，新聞統制に順応して廃刊"とある。

8.3.3　「毒ガスの恐怖」の掲載誌は？

　寮佐吉の「日本の科学…(以下，不明)」という記事が『科学主義工業』に
載っていたそうだが，それはいつの号か。また，それと前後して書かれた「毒
ガスの恐怖」は，何という雑誌の何月号に掲載されたか。

解　「国立国会図書館オンライン」の「詳細検索」で〈雑誌〉を指定してタ
　イトル〈科学主義工業〉を入力したところ，この雑誌が所蔵されているこ
　とは分かったが，これは 1937 - 45 年に発行された雑誌であり，『雑誌記事
　索引』の採録対象誌ではない。

　　そこで，皓星社の「雑誌記事索引集成データベース　ざっさくプラス」(有
　料)で論題名〈日本の科学〉，著者名〈寮佐吉〉で検索したところ，2 点ヒッ
　トした。雑誌記事は〈世界に於ける日本の科学の地位〉であることが分か
　り，掲載誌は〈科学主義工業　2-2　1938(昭和 13)年 7 月〉，出典はそれぞ
　れ〈「科学主義工業」総目次〉，〈「東京堂月報」「読書人」3〉となっている。
　同じく〈毒ガスの恐怖〉で検索すると，1 点ヒットし，論題名は〈毒瓦斯
　の恐怖〉，掲載誌は〈週刊朝日　昭和 12 年 11 月号〉，出典は〈「東京堂月報」
　「読書人」2〉となっていた。「CiNii Books」によると，雑誌『科学主義工業』
　は昭和 12 年 5 月から 20 年 4 月にかけて発行されていた雑誌であることが

分かる。冊子体の『学術雑誌総合目録』(*807*)でもこれを確認することができる。

　掲載された時期が第二次世界大戦およびそれ以前(1937－44)であることが分かれば，『戦時下の言論』(*831n*)が使えそうである。その見出し〈寮佐吉〉のもとを見ると，記事のタイトルは“世界に於ける日本の科学の地位”であり，“『科学主義工業』昭和 13 年 7 月”所収と分かる。また，「毒ガスの恐怖」の正式タイトルは「毒瓦斯の恐怖」であり，“『週刊朝日』昭和 12 年 11 月”所収の記事であることが分かる。

8.3.4　華厳の滝投身自殺に寄せた文章の内容は？

　『天人論』の著者が藤村操の自殺について『万朝報』に寄稿した〈少年哲学者を弔す〉と題する文章はどんな内容だったのか。

[解]　「国立国会図書館オンライン」の「詳細検索」により，タイトル〈天人論〉を入力して検索したところ，その著者は〈黒岩，涙香，1862－1920〉と判明する。また，タイトル〈万朝報〉で検索すると，明治 25 年 11 月 1 日の 1 号から 16850 号(昭和 15 年 10 月 1 日)まで萬朝報社から発行されていた新聞〈萬朝報　ヨロズ　チョウホウ〉と分かる。「国立国会図書館オンライン」の「詳細検索」でタイトル〈少年哲学者を弔す〉を検索してみると，1 点ヒットし，『日本現代文学全集　第 13』(明治思想家集)(講談社 1968)に〈黒岩涙香〉の文章として収載されていることが判明した。この図書は「国立国会図書館デジタルコレクション」に収録され，図書館・個人送信可としてインターネットで公開されているので，これを見ると，明治 36 年 5 月 23 日付けの〈黒岩涙香〉の同タイトルの文章が載っていた。ただし，〈万朝報〉に寄稿されたものかどうか明らかではない。

　「雑誌記事索引集成データベース　ざっさくプラス」(有料)により，タイトル〈少年哲学者を…〉から検索すると，「萬朝報」の明治 36 年 5 月 27 日号に掲載されていることが確認できたので，恐らく上記 5 月 23 日付けの追悼文は質問に該当するものと考えられる。

　冊子体でも，『国立国会図書館蔵書目録　明治期』(*738*)の「書名索引」

により，『天人論』の著者は黒岩涙香であり，それは明治36年，朝報社発行であることが分かる。

　また，『万朝報』に載った記事であるから，時代的にみて，一種の新聞記事集成である『明治ニュース事典』(810)あたりを使うのが適当と考えられる。そこで，同書の索引により，〈藤村操〉を探したところ，該当の記事が第7巻「明治36年-40年」に収載されていることが分かった。以下に，その一部を抜粋する。

　　　那珂博士の甥藤村操，年18にして，宇宙の疑問解けざることを恨み，日光山奥の華厳の滝に投じて死す事は，昨日の朝報に在り。死に臨み，巌頭に立ちて，樹を白げ書して曰く。

　　　悠々たるかな天壌，遼々たるかな古今。五尺の小躯を以ってこの大をはからんとす。ホレーショの哲学，ついになんらのオーソリテーを値するものぞ。万有の真相はただ一言にして悉す。曰く，「不可解」。我この恨みを懐きて煩悶，ついに死を決す。既に巌頭に立つに及んで，胸中なんらの不安あるなし。始めて知る，大なる悲観は大なる楽観と一致するを。

　　　わが国に哲学者なし，この少年に於て初めて哲学者を見る。否，哲学者なきにあらず，哲学のために抵死する者なきなり。

　　　…［以下，省略］

8.3.5　特集「障害児教育の実際」の収載誌の所在は？

　1980年代に「障害児教育の実際」という特集を掲載したのは何という雑誌の何巻何号で，その特集号にはどんな記事が収載されているか。また，その雑誌を創刊号以来所蔵している大学図書館が九州地方にあるか。合わせてその雑誌の内容も知りたい。

解　「国立国会図書館オンライン」の「詳細検索」で〈雑誌記事〉を指定して，タイトル〈障害児教育の実際〉を入力・検索したところ，16件がヒット。うち1件は特集名で，その他はすべて同特集の収載記事である。掲載誌は『教育と医学』28巻5号，1980年5月の発行であった。また，この掲載誌

の所蔵館を調べるため，「CiNii Books」で「雑誌」を選択のうえ，タイトルに〈教育と医学〉を入力・検索したところ，九州大学医学部図書館が2006 年までのバックナンバーを所蔵，九州大学中央図書館が 2 巻からのバックナンバーをほぼ完全に揃え，現在も継続して所蔵していることが判明。なお，「CiNii Books」によれば，1 巻 1 号（1953.7）から 48 巻 12 号（2000.12）まで「国立国会図書館デジタルコレクション」に収録されている。ただし，遠隔複写か国立国会図書館での利用に限定されている。

　冊子体の場合，『雑誌記事索引　人文・社会編　累積索引版』(*829*)の「1980 －1984 教育・スポーツ」を調べたところ，『教育と医学』という雑誌の 28巻 5 号が当該の特集号であることが判明した。その特集には「障害児教育と母親の役割（巻頭言）」から「障害児教育と福祉」まで，全 15 編の記事を収載している。

　また，『教育と医学』を所蔵している大学図書館を調べるために，『学術雑誌総合目録』(*807*)を利用したところ，九州地区で創刊号から所蔵している大学図書館は九州大学であると分かる。

　また，この雑誌の内容については，『雑誌新聞総かたろぐ』(*801*)「2019年版」によれば，"幼・小・中・高の教職員，医療・福祉の担当者を対象に，子どものさまざまな問題を教育・医学の両面から探る研究解説誌。特に特別支援教育，発達障害に定評がある" と解説されている。

8.3.6　質問と解答例

a)　質問

Q8-1　2019 年中に短歌の雑誌にはどんな特集が組まれていたのか，またどんな連載が掲載されたのか知りたい。何を調べればよいか。

Q8-2　『交通文献情報』という雑誌は，どこから発行されている，どんな雑誌か。その創刊年および簡単な内容を知りたい。

Q8-3　田中館愛橘の「小鏡を製する方」という論文は何という雑誌に，いつ掲載されたか。また，その雑誌はいつからいつまで発行されていたか。

Q8-4　1986年ごろ，「学校という強制収容所」と題する体罰をテーマにした記事を載せた雑誌があったそうだが，それは何という雑誌で，その記事の執筆者は誰か。当時，体罰について書かれた雑誌記事には，他にどんなものがあったか，いくつか選んで欲しい。

Q8-5　『名誉之鑑』，『小洒落異誌』，『手當芳題　護寶奴記』は，いずれも和雑誌のタイトルであるが，どのように読んだらよいか。また，これらの発行所と創刊年が分かれば知りたい。

Q8-6　ある雑誌に，藤村の「耳を洗う」と題する文章が発刊の辞として掲載されたそうだが，その雑誌はいつ創刊され，その創刊号には，どんな人たちが寄稿していたか。

Q8-7　雑誌『展望』昭和21年1月号に永井荷風の「踊子」が発表されたが，このほかに，同誌の同じ号に，どんな記事が何点ぐらい載っているか。

Q8-8　〈セクシャル・ハラスメント問題を考える〉という特集を組んだ雑誌名とその発行日付を知りたい。この特集にはどんな記事が入っているか，記事名を知りたい。

Q8-9　昭和35，36年ごろ，ぶどう酒による殺人事件が話題をさらったらしい。当時，この事件を報じた新聞あるいは雑誌にはどんな記事が載っていたか。

Q8-10　かつて読売新聞に〈ちょっと気になる本〉というコラムがあり，『美人進化論』という本を取りあげて紹介していたように思う。その記事は，いつ，誰が寄稿したものだったのか。

b)　解答例

A8-1　インターネット上から，この種の一覧リストを求めることはむずか

しいだろう。『文芸年鑑』(*459*)には，毎年，前年の 1 月から 12 月までを対象とする「雑誌掲載作品目録」を収載しているから，これを使えばよい。

　したがって，2019 年中に短歌の関係の雑誌に載った特集や連載を調べるには，「2020 年版」所収の「雑誌掲載作品目録」のもとの「詩歌・俳句」を利用すればよい。『短歌』，『短歌往来』，『短歌研究』，『歌壇』，『現代短歌』といった雑誌の特集や連載などを一覧することができる。

A8-2 　「国立国会図書館オンライン」の「詳細検索」で〈雑誌〉を選択のうえ，タイトル〈交通文献情報〉を入力する。これは運輸調査局情報センターから 1968 年 11 月に月刊で発行され，74 号(1975 年 4 月)には「外国交通関係定期刊行物重要文献目録」を合併し，その後 505 号(平成 23 年 3 月号)(2011 年)を最後に廃刊となったことが分かる。その他の内容解説を求めて「Webcat Plus」で検索したが，解説は得られない。

　冊子体では，『雑誌新聞総かたろぐ』(*801*)旧版によれば，運輸調査局情報センター発行で，創刊は 1968 年 11 月。内容は"新聞，雑誌，書籍などに掲載された，交通関係の記事や論文を分類，抄録した，記事索引的な文献情報マガジン"とある。

A8-3 　田中館愛橘(1856 - 1952)については，「コトバンク」，「Wikipedia」その他に履歴事項は掲載されているが，この論文への言及はない。「CiNii Research」でもこの著者のほかの文献は検索されるが，この文献は見つからない。

　明治期に活躍した学者であるから，「雑誌記事索引集成データベース　ざっさくプラス」(有料)で著者名を入力して検索すると，64 件ヒットしたが，当該論文は検索されなかった。そこで，『明治前期学術雑誌論文記事総覧』(*832*)の著者名索引を手がかりにする。これにより，「理学」〈光学〉のもとに"「小鏡ヲ製スル方」田中館愛橘：学芸志林　16　92　1885.3"を見つける。すなわち『学芸志林』第 16 巻 92 冊(1885 年 3 月)に掲載されている。

　『国立国会図書館所蔵国内逐次刊行物目録』(*805*)，「国立国会図書館オンライン」，「CiNii Books」などによって，『学芸志林』は明治 10 年 8 月から

18 年 11 月まで発行されていた雑誌であることが分かる。

A8-4　「CiNii Research」の〈論文・データを探す〉あるいは「国立国会図書館オンライン」の「詳細検索」で〈雑誌記事〉を指定し，タイトル〈学校強制収容所〉，出版年〈1985 − 1995〉を入力・検索して，掲載誌名，著者名を確認する。

　冊子体の場合，『大宅壮一文庫雑誌記事索引総目録』（*827*）「1985 − 1987」によれば，「件名編」の〈体罰〉の見出しのもとに，"学校という名の強制収容所（畑山博）　潮　1986.3"がある。これには CD-ROM のほか，有料の Web 版（*827n*）もあるから検索は容易である。なお，『雑誌記事索引　人文・社会編』（*829*）第 39 巻 1 号にも同様の記載があり，件名〈体罰〉のもとに，その他多数の記事を見つけることができる。また，「国立国会図書館オンライン」の「詳細検索」で〈雑誌記事〉を指定したうえ，件名に〈体罰〉と入力して雑誌記事を検索すると，152 件ヒットした。ただし，雑誌の発行年は1996 年以降である。

A8-5　「CiNii Books」で〈図書・雑誌検索〉を選択し，〈すべての資料〉を対象に各タイトル名を入力して検索したところ，二点目以外はタイトルの読みと発行所，創刊年が分かった。〈名譽之鑑　ホマレノ　カガミ〉（太盛堂1879 −），〈手當芳題護寶奴記　テアタリ　ホウダイ　ゴボウヌキ〉（鶴聲社1882 −）である。また，「国立国会図書館オンライン」の「詳細検索」で同様にタイトルを入力して検索したところ，前二者はヒットなし。三点目のみ，タイトルの読みと発行所，創刊年を確認することができた。同雑誌は「国立国会図書館デジタルコレクション」に収録されており，インターネットで公開されていることが分かった。

　二点目について再度「国立国会図書館オンライン」のキーワード欄に〈小洒落異誌〉を入力し，資料種別を指定せずに検索すると，〈小洒落意誌　サザレイシ〉をタイトルとする文献（漫遊會　1888 −）1 点がヒットする。資料種別は〈図書〉，第 1 輯から第 10 輯を 1 冊に合本したもので，注記によれば，第 7 輯までのタイトルが〈小洒落異誌〉と記録されている。これも「国立国

会図書館デジタルコレクション」に収録されている。同資料を再度「CiNii Books」で〈雑誌〉を指定のうえ，タイトル読み〈サザレイシ〉で検索すると，月2回刊の定期刊行物，タイトルは〈洒〉ではなく〈酒〉で記録されていた。

　冊子体の場合，『明治新聞雑誌文庫所蔵雑誌目録』(**806**)の「難読誌名一覧」により，各誌名の頭字の画数によって探すことができる。

A8-6　Google で〈耳を洗う　藤村〉と入力すると，「Webcat Plus」に収録された以下の書誌データが検索された。『島崎藤村全集　第29(東方の門「桃の雫」以後，雑記帳)』(筑摩書房　1957)。「国立国会図書館デジタルコレクション」を出典とする目次データがあり，〈耳を洗う〉は246ページから掲載されていることが確認できる。しかし，これはすでに発表されたものを再録したものと考えられる。

　「雑誌記事索引集成データベース　ざっさくプラス」(有料)で論題名〈耳を洗う〉，著者名〈島崎藤村〉で検索するが，ヒットしない。論題名を〈耳〉に変えると，該当すると思われるつぎの文献が検索された。

　　「耳を洗ふ－序にかへてある人に与ふる手紙－(小説)」　八雲(小山版)第一輯小説・戯曲篇　小山書店　昭和17年8月25日　掲載頁1-6　出典「八雲」総目次

　同じく，「ざっさくプラス」で雑誌名〈八雲〉，刊行年〈昭和17(1942)〉と入力すると，同雑誌創刊号に掲載されたほかの作品の書誌データを確認することができた。

　そこで「国立国会図書館オンライン」でも掲載誌〈八雲　小説　戯曲篇〉を検索すると，川端康成［ほか］編(小山書店　1942年8月)，資料種別〈図書〉が見つかり，「国立国会図書館デジタルコレクション」で図書館・個人送信可資料として公開されていた。これを閲覧すると，第1輯には，ほかに，里見弴，宇野浩二，武者小路実篤，網野菊，横光利一，室生犀星，眞船豊，川端康成らの小説，戯曲が掲載されている。

　「CiNii Research」では「大学図書館の本をさがす」を選択のうえ「すべての資料」を対象にタイトル〈耳を洗ふ〉で検索すると，該当する文献が見つかり，第1輯の収録内容も列挙されていた。

　『現代日本文芸総覧』（*823*）補巻の人名索引を使って〈島崎藤村〉の見出し
を探し，それを手がかりに調べると，本文の『八雲』のもとの〈第1輯　小
説・戯曲篇（昭和17年8月25日発行）〉に当該文献が掲載されていることが
分かる。また，同文献に掲載されているそのほかの著者，作品についても確
認できる。

[A8-7]　「国立国会図書館オンライン」によれば，雑誌『展望』は第1号か
ら所蔵されており，雑誌記事索引の採録対象誌であるが，この記事は昭和
21年に収載されたもので，採録されていない。しかし，『展望』昭和21年1
月号は「国立国会図書館デジタルコレクション」に収録されており，インター
ネットにより目次を閲覧することができるので，これによれば「踊子」以外
の記事も確認することができる。
　「CiNii Research」でも『展望』に掲載された「踊子」は検索されない。「ざっ
さくプラス」（有料）の「詳細検索」で論題名〈踊子〉，著者〈永井荷風〉，雑
誌名〈展望〉で探すと，書誌データが検索でき，昭和21年1月の『展望』
創刊号に掲載されていることが確認できる。つぎに，同じく「詳細検索」で
雑誌名〈展望〉，刊行年〈昭和21(1946)〉，巻号〈創刊号〉と入力すると，
同じ号に掲載された記事が検索され，書誌事項を確認することができる。
　そのほか，『戦後雑誌目次総覧』（*818*）を利用すると，その〈1946年(昭和
21年)〉のもとに，『展望』の目次がある。この目次によれば，同年1月『展
望』の創刊号が発行され，「踊子」のほか，「日本今後の哲学」（務台理作）な
ど，9編を収載している。

[A8-8]　「CiNii Research」の〈論文・データを探す〉あるいは「国立国会図
書館オンライン」で〈雑誌記事〉を指定し，タイトルに〈セクシャル　ハラ
スメント　問題　考える　特集〉と入力するが，求める文献は検索できない。
〈セクシャル〉を除き，〈ハラスメント　問題　考える　特集〉を入力すると，
〈セクシュアル・ハラスメント問題を考える(特集)〉が検索でき，収載誌名，
発行日付とともに，当該の資料も確認する。
　冊子体の場合，『雑誌記事索引』（*824*）「人文・社会編」第42巻4号(1989.10

－12)の〈E　社会・労働〉の見出し〈労働〉のもとに，以下の記述がある。

　セクシュアル・ハラスメント問題を考える〈特集〉

　労働法律旬報　1228［'89.11.25］p4－40

があり，4 点の記事を収載している。

A8-9　『大宅壮一文庫雑誌記事索引総目録』Web 版(有料)(**827n**)ならば，迅速に検索できるが，冊子体(**827**)では，「件名編」により，〈ブドウ酒殺人事件〉のもとを探索する。その結果，"ブドウ酒で 5 人死ぬ　生活改善クラブ，全部女，10 人重体　朝日新聞　1961.3.29"，"山村を吹きあらした突風　名張のブドウ酒殺人事件　週刊朝日　1961.4.14"など，新聞・雑誌の記事が全部で 22 点収載されていることが分かる。

A8-10　新聞に掲載される図書に関するこの種のコラムは，取りあげられる図書が出版された時点と比較的近い時期に掲載される。「CiNii Books」で出版年を調べたところ，同タイトルは 1987 年に出版されたもののほか，東書選書として 1992 年に出版されたものがあることが分かる。

　『読売新聞』の記事検索のため，「ヨミダス歴史館」を使ったところ，1987 年 6 月 22 日朝刊に記事があることが判明する。ただし，寄稿者についての情報は確認できなかった。

　冊子体の場合，『読売ニュース総覧』(**808**)「1987 年版」によれば，その第 3 部「年間企画」のもとに，〈ちょっと気になる本〉シリーズの索引があり，このなかに"「美人進化論」村沢博人著　香原志勢(寄稿)(6.22 朝 8)"がある。したがって，1987 年 6 月 22 日の朝刊に寄稿された香原志勢の文章ということになる。

索引

凡例

1) 見出し語の読みのカナ表記を想定し，その字順により五十音順に排列した。

　なお，濁音，半濁音は清音とみなし，拗音，促音は直音とみなし，長音は無視して配列した。

2) 書名は『　』に入れ，ホームページ，データベースなどは「　」に入れて示した。

3) 参照見出しは＜→＞(を見よ)および＜÷＞(をも見よ)によって表示した。

4) 所在は該当ページ番号で示し，2ページ以上にわたるときは，最初と最後のページ番号を＜-＞(ハイフン)で結んである。なお，Google，コトバンク，Webcat Plus，NDL オンライン，Web NDL Authorities など，本文中の 15 か所以上に出現する項目は割愛した。

5) 欧文およびローマ字ではじまる項目は ABC 順に排列し，和文項目の末尾に添えてある。

■著者略歴

長澤雅男（ながさわ　まさお）

1933 年　松江市に生まれる
1958 年　慶應義塾大学文学部卒業
1961 年　ジョージ・ピーボデー大学院修了
現　在　東京大学名誉教授　2018 年 3 月逝去

石黒祐子（いしぐろ　ゆうこ）

1986 年　慶應義塾大学法学部卒業
1988 年　慶應義塾大学大学院文学研究科修士課程（図書館・情報学専攻）修了
現　在　鳥取大学地域学部非常勤講師
　　　　鳥取短期大学非常勤講師

問題解決のための
レファレンスサービス　改訂版

定　価：本体 1,800 円（税別）

1991 年 5 月 25 日　初版発行
2007 年 4 月 5 日　新版発行
2023 年 11 月 25 日　改訂版第 1 刷発行

著　者　長澤雅男，石黒祐子
発行者　公益社団法人　日本図書館協会
　　　　〒104-0033　東京都中央区新川 1 丁目 11-14
　　　　Tel 03-3523-0811（代）　FAX 03-3523-0841
デザイン　アール・ココ
印刷所　㈱丸井工文社

JLA202307　　　　　　　　　　　　　　　　　Printed in Japan
ISBN978-4-8204-2305-8
　　　　　　　　　本文の用紙は中性紙を使用しています

好評発売中！

レファレンスブックス
選びかた・使いかた
四訂版

長澤雅男・石黒祐子共著
A5　247p　定価 1400 円（税別）　ISBN978-4-8204-2001-9

レファレンスブックを有効な情報資源として使いこなそう！

レファレンスサービスではインターネット情報資源が多く活用されていますが、体系的で全体的な構成に位置づけられた情報を検索するときにはレファレンスブックを参照し確認する必要があります。本書では、インターネット情報資源とレファレンスブックを広く展望し、その種類から特徴を理解するのに役立つタイトルを選び解説しています。四訂版では、2016 年に刊行された三訂版以降、2020 年 1 月までに続刊、終刊、変更が確認された点について解説の一部書き換え、追加等を行いました。レファレンスブックへの深い理解と、より幅広いレファレンスサービスの展開に役立つ必携の 1 冊です。

【目次】

1 章　レファレンスブック・データベースの情報源
2 章　言語・文字の情報源
3 章　事物・事象の情報源
4 章　歴史・日時の情報源
5 章　地理・地名の情報源
6 章　人物・人名の情報源
7 章　図書・叢書の情報源
8 章　新聞・雑誌の情報源
タイトル索引　事項索引

発行：公益社団法人　日本図書館協会　〒104-0033　東京都中央区新川 1-11-14　出版販売係
hanbai@jla.or.jp　　　　　　　　　　Tel 03-3523-0812　Fax 03-3523-0842
（お問い合わせ・ご注文はメールでもお受けします）

公益社団法人
日本図書館協会
入会のお誘い

　日本図書館協会をご存じですか？　明治25（1892）年その前身である「日本文庫協会」の設立から約130年の間，日本の図書館事業の発展を願う会員によって支えられてきた，わが国の図書館界を代表する総合的な全国組織として知られています。2014年1月には公益社団法人の認定を受けました。

　その歴史を振り返ると，わが国のさまざまな図書館界の動きと表裏一体をなしながら，広く社会文化・学術研究の基礎となる図書館の振興運動に努めてきました。

　全国の図書館員が毎年つどう「全国図書館大会」は平成26（2014）年で100回，機関誌『図書館雑誌』は通巻1100号を超えるまでになりました。

　国際的には諸外国の図書館との交流を重ねるとともに，国際的な専門職能団体である国際図書館連盟（IFLA）とは創設以来わが国を代表する機関として，深いつながりをもち，1986年にはその世界大会を東京で開催いたしました。

　いま日本図書館協会は，今後の図書館運動を支え，ともに考え，行動し，これからの日本の図書館界に清新な活力を注いでくださるみなさまの参加を求めています。日本図書館協会への入会を心からお願いします。

＊

会費等の詳細は日本図書館協会のホームページをご覧ください。
入会案内をお送りします。日本図書館協会事務局へお申し付けください。